GUT,
DASS ES DIR
SCHLECHT
GEHT!

100%
RECYCLINGPAPIER

Stefan Reutter:
Gut, dass es Dir schlecht geht!
Projektmanagement: Marianne Nentwig
© J. Kamphausen Mediengruppe GmbH,
Bielefeld 2015
info@j-kamphausen.de

Umschlaggestaltung: Morian & Bayer-Eynck,
Coesfeld, www.morian-bayer-eynck.de
Coverfoto: © Dorottya Mathe/shutterstock.com
Layout/Satz: Wilfried Klei
Druck & Verarbeitung:
fgb - Proost Industries, Freiburg im Breisgau

www.weltinnenraum.de

2. Auflage 2015

Bibliografische Information der Deutschen Nationalbibliothek

Die Deutsche Nationalbibliothek verzeichnet diese
Publikation in der Deutschen Nationalbibliografie;
detaillierte bibliografische Daten sind im Internet
über http://dnb.d-nb.de abrufbar.

ISBN Printausgabe: 978-3-89901-872-1
ISBN E-Book: 978-3-89901-879-0

STEFAN REUTTER

GUT, DASS ES DIR SCHLECHT GEHT!

WARUM DIE SCHLIMMSTEN TAGE IM LEBEN MANCHMAL DIE BESTEN SIND

Prolog

An Tagen wie diesen

Kein Ende in Sicht.

(Die Toten Hosen)

Hallo? Entschuldigen Sie, ist alles in Ordnung mit Ihnen? Alles ok?

Kann ich Ihnen irgendwie helfen? Brauchen Sie was?

Hm. Ich spüre, dass was nicht in Ordnung ist. Es macht mir echt Sorgen, wie es Ihnen geht.

Sie können mir gerne erzählen, was los ist. Ich höre Ihnen einfach nur zu, wenn Sie möchten. Und was Sie erzählen, bleibt unter uns. Versprochen!

Was ist Ihnen denn passiert? Was bewegt Sie? Erzählen Sie mal.

Wir haben Zeit …

Teil 1

Finden Sie den Grund heraus, warum Sie am Boden sind

Kapitel 1

Weil nichts so klappt, wie Sie es wollen

*„Ich weiß nicht, ob es besser wird, wenn es anders wird.
Aber es muss anders werden, wenn es besser werden soll."*

(Georg Christoph Lichtenberg)

Der Plan, den Sie sich gemacht hatten, ging nicht auf. Sie hatten sich klare Ziele gesetzt und Sie wussten genau, was zu tun ist. Schritt für Schritt. Sie waren gut, Sie haben es richtig gemacht. Und jetzt? Jetzt ist alles anders gekommen, als Sie es sich vorgestellt hatten.

Genau das ist passiert: Es hat nicht geklappt. Es kam anders. Sie haben Stress, denn immer dann, wenn Ihre persönlichen Erwartungen und die von Ihnen empfundene Realität nicht übereinstimmen, erzeugt Ihr Gehirn Stress.

Und jetzt müssen Sie alle Pläne über Bord werfen. Ist das gerecht?

Ich verrate Ihnen was: Selbst wenn Sie Ihr Ziel erreicht hätten, wäre das bei Weitem nicht so toll gewesen, wie Sie es sich ausgemalt hatten. Das Bild, die Vorstellung von uns, wenn wir einst am

Ziel sein werden, ist fast immer übergroß, wahninnig schön – und reichlich unrealistisch.

Auf dem Weg vom Skilehrer zum Skilehrer-Lehrer, also zum Ausbilder von künftigen Skilehrern, machte ich mir eine Vorstellung davon, wie es sein würde, eines Tages zum Ausbilderteam des Schwäbischen Skiverbands zu gehören. Einer von denen zu sein, die ich bewunderte für ihr Können und ihre Autorität. Und auch für ihren Status, machen wir uns nichts vor.

Ich dachte, ich würde ein ganz ein toller Hecht sein. Die Leute würden Respekt vor mir haben. Ich würde die Lehrteam-Klamotten des Schwäbischen Skiverbands tragen, das Logo auf der Brust. Ich stellte mir wieder und wieder vor, wie es sein wird, im Stubaital mit Skistiefeln in den großen Selbstversorgerraum in der Bergstation zu stapfen. In meiner Vorstellung schauten all die Pistenkönige, Skifahrer-Cracks und auch die Skilehrer zu mir her: Wow. Da kommt einer von den Ausbildern. Der hat es geschafft. Das ist ein ganz Großer.

Irgendwann hatte ich es tatsächlich geschafft, ich war Ausbilder, nach langen harten Jahren intensiver Kurse, Trainings und Schulungen. Ich ging mit breiter Brust in den Selbstversorgerraum in der Bergstation auf dem Stubaier Gletscher, das Logo auf der Brust, um zur Mittagspause dort meine Freunde zu treffen. Und: Es fühlte sich stinknormal an.

Keiner schaute vom Mittagessen auf, als ich den Raum betrat. Meine Kumpels gratulierten mir per Schulterklopfen … das war's, die Gespräche wendeten sich Wichtigerem zu. Ich dachte: Moment, war's das? – Ja, das war's.

Mein Bild war viel schöner, bunter, aufregender gewesen als die Realität. Als das ersehnte, angestrebte Ziel dann erreicht war, zerplatzte die Seifenblase. Ich hatte die Vorstellung, dass ich am Ziel wahre emotionale Monsterwellen erleben würde. Tat ich aber nicht.

Als ich es endlich geschafft hatte, war ich völlig desillusioniert, die Zeit hatte mich ganz fies überholt, die schnöde Gegenwart hatte die herrliche Zukunft stillschweigend abgelöst, ich war am Ziel und doch am Boden.

Ich fragte mich: War das den Aufwand wert, den ich getrieben hatte? Meine Gesundheit! Ich hatte mein Knie geschunden, nur um das Training durchzustehen. Ich hatte so viele Stunden investiert für den Erfolg. War es das wert? Ich hatte mit so viel Willenskraft mein Ziel verfolgt, ich hatte dem Erfolg so viel untergeordnet und geopfert, ich hatte Menschen vor den Kopf gestoßen und zurückgewiesen, damit ich mein Ding durchziehen konnte. Ich hatte gekämpft. Für was eigentlich?

Gewinnertypen

Immer beim Kämpfen wird die Welt eng. Das ist notwendig. Der Tunnelblick, der Egoismus, die Anspannung – das ist Teil der Zielorientierung. Das kenne ich aus dem Leistungssport. Wer sich durchsetzen und das Ziel erreichen will, der muss diesen Fokus mitbringen, sonst kann er gleich einpacken. Wenn du wohin willst, kannst du nicht links oder rechts schauen. Du musst fighten! Du musst Opfer bringen! Du musst Entbehrungen akzeptieren! Das Ziel: Ankommen! Hinkommen!

Wenn Sie Ihr Ziel nicht erreichen, ist das eine herbe Niederlage, die kaum zu verkraften ist. Sie erleben das ja gerade. Es ist jedoch so: Selbst wenn Sie das Ziel erreichen, ist nicht plötzlich alles gut. Die Unausgeglichenheit, die Unzufriedenheit, die Sie dazu verführt hat, sich das Ziel zu setzen und den Kampf aufzunehmen, besteht ja weiterhin, wie Sie plötzlich feststellen.

Sie haben die Schlacht gewonnen, sind aber weiterhin dabei, den Krieg zu verlieren.

Die Ursache dafür liegt in dem Grund verborgen, aus dem heraus Sie einst losgezogen sind, um den Sieg zu erringen: Es war nicht gut so, wie es war. Sie waren nicht einverstanden, sie wollten etwas in Ihrem Leben ändern. Ich weiß nicht, was es ist. Ich weiß nur, dass Sie es besser machen wollten als zuvor. Sie wollten insgeheim vermutlich Anerkennung dafür, eine großartige Leistung zu vollbringen. Sie dachten, wenn Sie ein sehr gutes Ergebnis schaffen, dann sind Sie jemand. Im Umkehrschluss bedeutet das: Sie waren ein Niemand. Sie waren erfolglos. Sie waren nichts wert. – Das dachten Sie jedenfalls. Und das wollten Sie ändern.

Um seine Identität zu kämpfen, mit aller Macht endlich jemand sein zu wollen, das ist aller Ehren wert. Hut ab für Ihren Kampfgeist!

Bitte bedenken Sie aber, dass die Messlatte, die Sie an sich selbst angelegt hatten, reine Fiktion ist. Dass Sie etwas tun müssen, um mehr wert zu sein, das haben Sie sich selbst ausgedacht. Dass es darum geht, jemand zu werden, weil Sie noch niemand sind, das haben Sie sich selbst eingeredet.

Es ist wie in der Schule im Sport. Der Lehrer lässt zwei Schüler abwechselnd ihre Mitspieler auswählen. Alles in Ihnen schreit, dass Sie zu den ersten gehören wollen, die gewählt werden. Jeder will das. Denn diejenigen, die sofort gewählt werden, haben das Sagen. Und wer am Ende übrig bleibt, ist ein Versager. Richtig?

Hmmm.

Wer sagt denn, dass das stimmt?

Nichts zu gewinnen

Dass Sie es nicht geschafft haben, ist einfach nicht fair. Die Umstände waren gegen Sie. Da gab es Leute, die Ihren Erfolg zu verhindern wussten. Die Rahmenbedingungen waren auch nicht günstig. Sie hatten Pech. Sie hatten die falschen Leute um sich herum – vielleicht den falschen Partner, vielleicht die falschen Mitarbeiter, vielleicht die falschen Freunde, vielleicht den falschen Chef. Das Schicksal war gegen Sie, und das Schicksal tritt immer in Form von Personen auf den Plan. Eigentlich wollten Sie ganz anders, aber der oder die haben sich Ihnen in den Weg gestellt oder Ihnen Knüppel zwischen die Beine geworfen. Wenn die oder der nicht gewesen wäre, dann hätten Sie es geschafft. Und das Timing war schlecht, zu einem anderen Zeitpunkt hätten Sie vermutlich eine Chance gehabt. Und Ihre Eltern hatten Ihnen ja auch nie beigebracht, dass … Machtlos zusehen zu müssen, wie Ihnen die Butter vom Brot genommen wird, ist extrem frustrierend. Es ist zum Verzweifeln. Es ist ungerecht. Eigentlich hätten Sie es verdient gehabt.

Warum passiert das gerade Ihnen? Warum Sie? Sie sind doch kein schlechter Mensch! Warum kann es dann nicht einfach so funktionieren, wie Sie es sich vorgestellt hatten? Sie wollten doch niemandem etwas Böses!

Bemerken Sie das Muster? Sie suchen die Fehler im Außen, außerhalb von sich, bei anderen Menschen und bei Dingen, die Sie nicht beeinflussen können.

Diese Art zu verlieren ist Teil Ihrer selbst ausgedachten, selbst geschriebenen Geschichte, denn den Kampf, den Sie verloren haben, haben Sie sich selbst gesucht, indem Sie ein Ziel formuliert haben. Sie sollten wissen: Wo gekämpft wird, da gibt es einen Gegner. Und wo es Gegner gibt, da verliert einer. Wenn Sie nun auch noch sich selbst zum eigenen Gegner gemacht haben, wenn Sie sich eigentlich selbst besiegen wollten, weil Sie mit sich selbst nicht im Reinen waren, dann steht eines von vorneherein fest, egal wie die Sache ausgeht: Sie verlieren.

And the Oscar goes to ...

Als ich gegen mich selbst verloren hatte, wurde ich zum Kotzbrocken. Ich wurde arrogant. Böse. Undankbar. Wütend. Aggressiv. Verletzend. Sehr verletzend. Sogar gegenüber Leuten, die mir aufrichtig helfen wollten, weil sie mich gern hatten.

Und ich fühlte mich voll im Recht!

Mein Knie war kaputt, die U-18 Europameisterschaften liefen ohne mich, die Karriere war gelaufen. Meine Eltern schlichen um mich herum und litten mit mir. Zu jeder Sekunde meinten sie es gut mit mir, sie fühlten meinen Schmerz. Und ich: Lasst mich in Ruhe! Helfen kann mir keiner! Was maßt ihr euch an zu wissen, wie es mir geht!

Meine Mutter weinte, mein Vater war völlig konsterniert. Und ich war ein Arschloch.

Auch meine Freunde ließ ich abfahren, als ob nicht schon genug zerstört war in meinem Leben: Ihr Flachpfeifen, lasst mich in Ruhe! Ich muss das alleine machen! Ihr habt keine Vorstellung davon, was ich brauche! Hört auf mit dem Getue!

Unfreundlich zu sein, hat nicht geholfen. Es führte nur dazu, dass ich noch mehr alleine war, mich noch tiefer in die Isolation zurückzog. Alles wurde unwichtig. Nur noch eins auf der Welt war wichtig: ICH!

Mein Leid war das schlimmste. Mir ging es am schlechtesten von allen. Aus einem Gefühl der Panik, mich komplett selbst zu verlieren, hielt ich mich an mir fest und klammerte mich an mein Ego.

Das Drama, das ich aufführte, war eine Schicksalstragödie. Es hieß „Zu Unrecht verurteilt" und zeigte mich als Opfer der Umstände. Alles drehte sich in diesem Stück um mich. Es gab einen Hauptdarsteller: Mich. Und ich war grandios, nur wurde mir von der übrigen Welt übel mitgespielt. Also verfiel ich in blinde Wut und Raserei und war dabei völlig im Recht.

Die Welt durfte teilhaben, wie ich litt: Alles war grau. Alles war schwer. Meine Körperhaltung war gebückt. Mein Gesicht war leblos. An nichts hatte ich mehr Freude. Ich schaute wie Uli Hoeneß in der Steueraffäre.

Zu Beginn des Dramas hatte ich noch ein Ziel gehabt. Aber jetzt, da es mir aus der Hand geschlagen worden war, was hatte ich denn noch? Was konnte ich denn noch? Wer war ich denn noch? – Da es im Selbstdrama immer um die nackte Existenz geht, ist die Not riesig, die Angst vor dem Nichts ist überlebensgroß, entsprechend ausholend sind die Gesten.

Am Ende, nach epischem Kampf, liegen Sie am Boden und sind ganz unten angekommen. Zum ersten Mal hilft Ihnen Ihre Leistung nicht mehr weiter. Jetzt ist es egal, ob Sie hübsch, intelligent, eloquent, schlau, ausdauernd oder dreist sind. Womit Sie sich identifiziert haben, hat sich in Nichts aufgelöst. Wegen was werden Sie jetzt noch geliebt? Für was sollen Sie jetzt noch anerkannt werden? Alles, was Sie ausgemacht hat, ist plötzlich nichts mehr wert. Das heißt doch: Sie sind nichts mehr wert.

Und – das ist gut so! Endlich sind Sie dort angekommen, wo sie ankommen sollten: Bei sich.

Ich gratuliere Ihnen! Und das meine ich ernst!

Lektion gelernt!

Als ein Freund von mir noch ein Jugendlicher war, fuhr er einmal zusammen mit einem Kumpel mit dem Rennrad von Stuttgart nach Heidelberg. Das ist eine schöne Tagestour, die Strecke führt wunderbar den Neckar entlang auf einem Radweg. Da kann man Tempo machen.

Er hatte seinen Kumpel am Hinterrad und bolzte in die Pedale, den Kopf vor dem Wind eingezogen, den Blick nach unten gerichtet. Der Weg schön flach. Der Belag trocken. Das Wetter wunderschön. Die zwei Jungs in Hochform und glücklich im Geschwindigkeitsrausch.

Plötzlich ruft sein Kumpel von hinten: „Pass auf!" – Er schaut hoch und sieht mitten vor sich auf dem Radweg ein Auto parken. Der Abstand ist schon so knapp, dass er nicht mehr halten kann. Mit blockierten Bremsen knallt er hinten auf die Heckklappe des Autos. Mit dem Kinn schlägt er auf das Autodach. Dann rutscht er auf den Boden und bleibt benommen neben dem Auto auf dem Hosenboden sitzen.

Gottseidank war nichts Schlimmes passiert, keine üble Verletzung, nichts gebrochen. Ein paar blaue Flecken und ein großer Schreck, mehr war es nicht. Der Schädel brummte, die Hände taten weh und die Zähne schmerzten. Wäre die Zunge dazwischen gewesen … Das Fahrrad hatte eine nach hinten verbogene Gabel und einen Achter im Vorderrad, vom Schlag gegen die Stoßstange.

Sein Kumpel, voller Sorge, ging zum Haus, vor dem das so verhängnisvoll geparkte Auto stand und klingelte. Heraus kam just der Mann, dem das Auto gehörte. Natürlich war der ganz aufgeregt vor schlechtem Gewissen und erkundigte sich nach dem Befinden, half dem verdatterten Jugendlichen auf. Er wusste ja ganz genau, dass er mitten auf dem Radweg geparkt hatte. Wäre dem Jungen etwas Schlimmes passiert, wäre er dran gewesen, das war klar. Er half den beiden, das Fahrrad wieder fahrtüchtig zu machen, indem er die Gabel wieder nach vorne bog. Am Ende begutachteten alle zusammen das Auto und stellten eine Delle an der Stoßstange fest. Die Delle auf dem Dach, die das Kinn des Jungen geschlagen hatte, bemerkte keiner.

Der Mann fand den Schaden an der Stoßstange nicht so schlimm und sagte, dass es ja ein altes Auto und doch viel wichtiger sei, dass die Jungs wohlauf wären. Er wollte noch die Adresse, falls doch noch gesundheitliche Probleme aufträten, man wisse ja nie. Also wurden Adressen getauscht.

Die Jungs fuhren weiter. Im nächsten Radladen konnte das Fahrrad wieder restlos verkehrssicher gemacht werden, die Radtour ging weiter, es wurde noch ein schöner Tag. Nach der Übernachtung in der Jugendherberge in Heidelberg fuhren sie am nächsten Tag wieder zurück nach Stuttgart.

Abends kam mein Freund erschöpft und glücklich zu Hause an, stellte sein Fahrrad in den Keller und wurde von seinen Eltern begrüßt. Sein Vater fragte: „Und? Wie war's? Alles okay?"

Er sagte: „Gut! Alles okay."

In dem Moment holte der Vater aus und haute seinem Sohn voll ins Gesicht. Und zwar so, dass es den nach hinten umwarf, halb vor Wucht, halb vor Schreck.

Er wusste überhaupt nicht, was los war. Sein Vater schrie ihn an, er habe ihn angelogen, als er ihn gefragt habe, ob alles okay sei. Nichts sei okay. Er habe das Dach des Autos eines Mannes demoliert, der jetzt Schadenersatz haben wolle. Außerdem sei er dann einfach davon gefahren.

Der Vater hatte den Schaden sofort reguliert und die Geldforderung des vermeintlich Geschädigten überwiesen – ohne seinen Sohn zu fragen, was wirklich gewesen war. Für ihn war die Sache klar. Der Fremde war im Recht, sein Sohn log ihn an. Keine Diskussion. Und für die „Ausrede", das Auto habe auf dem Radweg geparkt, knallte er seinem Sohn gleich nochmal eine.

Der Junge fühlte sich in diesem Moment sehr, sehr ungerecht behandelt. Und das völlig zu Recht. Oder?

Für meinen Freund war das eine Schlüsselszene, die er nie vergessen wird. Es war lange Zeit sehr schwer für ihn, damit klarzukommen. Das Vertrauen in seinen Vater war erschüttert, sofort nach Schulabschluss zog er aus und suchte das Weite, brach sogar den Kontakt nach Hause völlig ab. Interessanterweise tappte er auch später im Leben immer wieder in ähnliche Situationen. Immer ging es darum, zu Unrecht beschuldigt zu werden. Mal war es sein Arbeitgeber, mal ein Kunde, mal seine Freundin, immer war er unrechtmäßig unter Verdacht und sollte bestraft werden für etwas, das er gar nicht getan hatte. Er konnte sich keinen Reim darauf machen, wie es sein konnte, dass ihm immer wieder solche Ungerechtigkeiten widerfuhren. Es war wie ein Fluch.

Irgendwann war er dann reif genug, die Situation aufzuarbeiten. Aus heutiger Sicht sieht er die Sache so: Er war unachtsam und unvorsichtig gewesen und hat nicht auf die Straße vor sich geschaut. Wäre er verantwortungsvoll gefahren, dann hätte er das Auto schon von Weitem gesehen und wäre drum herum gefahren. Er ist sogar der Meinung, dass sein Unterbewusstsein das Auto sehr wohl wahrgenommen hatte. Er sagt: Ich war es, der den Unfall herbeigeführt hat – was auch immer ich damit bezwecken wollte. Ich war es selbst.

Außerdem ist er sich heute sicher, dass sein Unterbewusstsein über die Delle im Dach sehr genau Bescheid wusste. Er hatte auch sofort gespürt, dass er diesem Menschen, dem das Auto gehörte, nicht trauen konnte. Des Weiteren kannte er seinen Vater genau und wusste, wie der tickte – dass er jedem in der Außenwelt glaubte, nur ihm nicht. Im Grunde hatte er jederzeit alle Informationen gehabt und hätte damit diese Situation völlig anders lenken können. Es gab keinen Moment, in dem wirklich die Welt irgendetwas mit ihm anstellte, ohne dass er Einfluss gehabt hätte. Er hätte sich jederzeit anders verhalten können.

Wenn er es ehrlich und hart ausdrückt, hat er mit dieser ganzen Sache ein großes Drama aufgeführt. Der Hauptdarsteller: Er selbst. Das Opfer. Der zu unrecht Verurteilte. Natürlich tat er das nicht mit Absicht, sondern völlig unbewusst und ohne es zu begreifen. Aber dennoch war er in Wahrheit nicht Opfer, sondern Hauptakteur. Und darum voll verantwortlich.

Mehr noch, er war sogar nicht nur nicht das Opfer, er war sogar der Täter: Er stellte mit dem ganzen Drama seinen Vater als einen ungerechten, naiven, bösen Menschen hin und erhob sich damit moralisch über seinen Vater.

Dass man so etwas nicht tut, was der Autohalter gemacht hatte, und dass man so etwas nicht tut, was der Vater gemacht hatte, das war ihm völlig klar. Und beides hatte er für seine Überheblichkeit benutzt, indem er diese beiden Erwachsenen vor sich an den Pranger gestellt hatte.

Wie enorm wertvoll es für ihn war, diese Sache aufzuarbeiten und seinen Part der Verantwortung zu übernehmen, zeigte sich später, als er selbst Vater geworden war: Sein Sohn war von einem anderen Schüler bei einem Lehrer angeschwärzt worden, er habe jemanden geschlagen. Als er dem widersprach, wurde er der Lüge bezichtigt und bekam eine Strafarbeit. Er weigerte sich. Und dafür bekam er Arrest aufgebrummt.

An dem Tag kam er nach Hause und erzählte dem Vater von seinem Erlebnis. Die Großeltern waren zufällig auch da und hörten alles mit an. Die Oma sagte: „Na, wenn der Lehrer das behauptet, wird ja wohl etwas dran sein!"

Der Junge blieb standhaft und sagte: „Nein, ich habe nichts gemacht."

Die Oma wollte weitermachen, das Drama kam ins Rollen: „Aber wenn der Lehrer doch …"

Da sagte mein Freund laut und deutlich: „Stopp! Mein Sohn sagt das eine, der Lehrer sagt das andere. Es ist also ganz klar: Einer von beiden lügt. Und ich glaube meinem Sohn. Punkt."

Schließlich hatte er seine Lektion ja gelernt. Er rief den Lehrer an und teilte ihm mit, dass es weder Strafarbeit noch Arrest gibt für etwas, das sein Sohn nicht gemacht hat. Damit war die Sache erledigt. Das Drama war abgesagt.

Am Wendepunkt

Sie wurden ungerecht behandelt? Das ist gut, denn dadurch haben Sie jetzt endlich die Chance, sich selbst gerecht zu werden.

Sie dürfen das Unrecht dankend annehmen. Denn Sie können jetzt sehr viel lernen. Sie können darüber nachdenken, was Sie getan haben, um in diese Situation zu kommen. Darüber, was diese Situation mit Ihnen zu tun hat. Und dass das, wonach Sie vergeblich gestrebt haben, überhaupt nichts mit Ihnen zu tun hatte. Sie haben sich verrannt. Und können jetzt Ihren Weg korrigieren.

Verzeihen, das kommt später. Verzeihen ist erst möglich, wenn alle Gefühle ihren Platz gefunden haben – auch die Wut auf andere.

Auch wenn Sie jetzt noch so desolat daliegen – Sie sind jetzt näher an Ihrem inneren Kern als jemals zuvor. Endlich kommen Sie mit sich in Berührung. Auch wenn es schmerzhaft ist, jetzt wird es echter, wahrer, wirklicher. Sie dürfen sich selbst finden.

Wie gut, dass es Ihnen schlecht geht!

Kapitel 2

Weil Sie machtlos, kraftlos oder pleite sind

„The power of love
A force from above
Cleaning my soul
Flame on burnt desire
Love with tongues of fire
Purge the soul
Make love your goal"

(Frankie goes to Hollywood)

Sie sind am Ende. Sie können nichts mehr tun. Ihnen sind die Hände gebunden. Der Radius Ihres Wirkens ist mit einem Mal nur noch ein kleiner Zirkel, ein paar Meter um Sie herum. Es fühlt sich an, als ob Ihnen der starke Arm, mit dem Sie die Welt einst so wirkungsvoll erreichten, auf brutale Weise abgeschlagen worden ist.

Ich fühle mit Ihnen. Schlimm ist nicht nur, dass die Situation, in der Sie sich befinden, ausweglos ist, viel schlimmer ist, wie Sie sich dabei fühlen: schmutzig, klebrig, eklig. Sie mögen sich selbst nicht mehr, denn machtlos, kraftlos oder pleite sein, ist peinlich.

Peinlich genug, dass jeder es sehen kann. Denn Sie haben nicht mehr die Mittel, um Ihre Schutzhülle aufrechtzuerhalten. Ihre Fassade. Ihre Maske. Heute sagen die Leute dazu: Lebensstandard.

Aus dem Nest gedrängt

Am Lebensstandard messen die Leute den Wert eines Menschen. Das ist ganz schön bescheuert, denn Sie und ich wissen doch, dass der Wert eines Menschen nichts mit der Größe des umbauten Raums seines Hauses zu tun hat. Oder mit der Anzahl der Zylinder seines Autos. Oder mit der Anzahl der Urlaubswochen zwischen Hin- und Rückflug. Oder mit dem italienischen Klang des Schneidernamens auf dem Innenfutter seines Sakkos.

Natürlich wissen Sie das. Und die Leute wissen das auch. Wenn Sie sie fragen, woran sie den Wert eines Menschen messen, dann nennen sie keine Uhrenmarken, Wohngegenden oder Mitarbeiterzahlen. Sie reden dann von inneren Werten wie Zuverlässigkeit, Freundschaft oder Großzügigkeit.

Und doch arbeiten die meisten tagaus, tagein akribisch an ihrem Lebensstandard und an den äußeren, den materiellen Werten. Am Job und an dem Titel auf der Visitenkarte. An der Quadratmeterzahl des Büros. An der Finanzierung des dritten Autos. Am Beritt des Pferds. Am Liegeplatz für die Yacht. Am Vermögensaufbau. Sie kaufen oder mieten oder leasen oder finanzieren Sachen, an denen die anderen erkennen können, dass es ihnen gut geht. Ob es ihnen nun tatsächlich gut geht oder nicht.

Warum tun die Leute das nur? Und warum haben Sie das getan?

Ich verrate es Ihnen. Sie haben das nicht getan, weil Sie ein Materialist sind. Nicht weil Sie gierig sind. Nicht weil Sie ein schlechter Mensch sind. Sondern nur aus Angst. Und das ist keine Schande.

Ihre Angst, und die der Leute, ist die Angst vor dem Verlieren. Die Angst vor dem Nichts. Vor der Nicht-Existenz. Ja, am Ende der Verlustkette wartet der Tod. Haben-wollen ist die Gegenreaktion auf Verlustangst. Verlustangst ist Existenzangst. Und Existenzangst ist nur die Angst vor dem Tod. Also ist Haben-wollen nichts weiter als die Angst vor dem Tod.

Denn wer im Kampf um die Ressourcen verliert, bleibt nunmal übrig oder wird vernichtet. Das Vogeljunge, das von seinen Geschwistern aus dem Nest gedrängt wurde, wird von der Katze gefressen. Wer obdachlos ist, bekommt keine Arbeit. Wer keine Arbeit hat, bekommt keinen Mietvertrag. Wer eine Rate nicht bezahlen konnte, bekommt keinen Kredit mehr. Wer in Lumpen ein Geschäft betritt, wird nicht bedient.

Wir Menschen, die wir in starken Gemeinschaften, in Familienverbänden, in Gemeinden, in Staaten leben, wir verlieren zwar nicht mehr unser Leben wie das Vogeljunge. Aber mit dem Verlust der Kreditwürdigkeit verlieren wir unsere Würde. Wir wissen doch genau, dass Sie ohne Geld aus dem Spiel sind. Dass Ihnen dann niemand mehr etwas zutraut. Dass Sie dann geschnitten und verachtet und gedemütigt werden. Dass Sie dann gar nichts mehr machen können. Dass Sie machtlos sind.

Wirklich?

Na, dann ist es tatsächlich schlimm zu verlieren. Dann dürfen Sie berechtigterweise Angst davor haben, Ihre Macht zu verlieren. Denn Geld und Macht sind nur zwei Währungen desselben Dings, die Sie ineinander konvertieren können. Geld verleiht Ihnen die Macht, Einfluss zu nehmen auf die Welt. Und Macht verschafft Ihnen Geld. Ein Mensch mit Macht und Geld hat Kraft, ist stark. Und ein ohnmächtiger Mensch ist nicht nur pleite, sondern kraftlos, schwach. Und wer braucht schon einen schwachen Menschen? – Schlimm, dass Sie nun schwach sind?!

Und … ja, es ist gut, dass Sie nun schwach sind.

Sie haben nun die einmalige Chance, Ihre wahre Schwäche zu fühlen: Ihr Lebensstandard, Ihr Einfluss, Ihre Strahlkraft sind verpufft. Haben sich verflüchtigt. Sind davongeweht worden. Wie Geister bei Sonnenaufgang …

Helden, Regelbrecher, Überflieger

Was ist das nur für ein verrücktes Spiel, das Sie da spielen! Ich kenne einen sehr liebenswürdigen und starken Menschen, der hat dieses Spiel einmal verloren, so ähnlich wie Sie.

Er gründete mit Anfang Zwanzig zusammen mit einem Geschäftspartner eine Werbeagentur. Weil die beiden helle Köpfchen waren, ging das Ding durch die Decke. Von null schoss die Firma auf über 30 Millionen D-Mark Umsatz hoch. Riesiges Büro. Viele Mitarbeiter. Viele Kunden. Viel Geld. Viele Freunde. Viel Lob und Anerkennung.

Warum ist jemand erfolgreich? Fragen Sie die Erfolgsratgeber: Erfolgreich ist, wer Regeln bricht, sagen die. Tu, was du willst, suggerieren die. Gewinner sind frei. Sie lassen sich nicht binden, regulieren, kontrollieren. Gewinner machen, was sie wollen und genau das macht sie erfolgreich. So sagen alle. Sie tun etwas, das funktioniert, also tun Sie es nochmal und es funktioniert wieder, also tun sie es mit doppeltem Einsatz und so weiter.

Sie brechen Regeln, sie setzen sich über Gebote oder Verbote hinweg, denn sie fühlen ihre Macht. Es geht gut, sie gewinnen, also machen sie immer so weiter.

Ich weiß, wovon ich rede. Eine kleine, scheinbar unbedeutende Episode dazu: Als ich mich sehr stark fühlte, fuhr ich mit meiner Freundin einmal im Cabrio zu einem Konzert. Ich führte sie aus. Mit all meiner Lässigkeit und Arroganz kamen wir zu spät. Der Parkplatz war voll. Würden wir weiter entfernt parken, dann kämen wir noch später. Ein Reutter läuft nicht, ein Reutter sucht keinen Parkplatz, ein Reutter parkt direkt vor dem Eingang! Und es wäre außerdem so gar nicht lässig, wenn die Freundin auch noch einige hundert Meter laufen müsste mit ihren Stilettos. Wie uncool wäre das denn!

Also zog ich kurzentschlossen in den besten Parkplatz rein, direkt neben dem Eingang, der einzige Parkplatz, der noch frei war: Der Behindertenparkplatz. Versetzen Sie sich in die Situation: Sie gehen lässig rein, hören lässig das Konzert, gehen lässig wieder raus, die Freundin untergehakt. Das Auto steht noch lässig da. Sie steigen lässig ein und fahren lässig davon. Was für ein schöner Abend.

Klar, das war nicht in Ordnung. Aber so schlimm war's auch nicht, oder? Beim nächsten Mal machen wir das wieder so … Je öfter es gut geht, desto öfter tu ich es … Die sich an die Regeln halten, sind die Loser …

Genauso definieren die meisten Leute Erfolg. Vor allem viele Erfolgreiche tun das, wenn sie anderen erzählen, wie man erfolgreich wird. Was sie dabei verschweigen: Während sie auf diese Weise erfolgreich sind, leidet die Seele. Sie leidet sehr. Und zwar im Stillen.

Wenn Sie geübt sind, erkennen Sie die Menschen in diesem Stadium: Sie wirken wie mittelmäßige Schauspieler. Ihr Verhalten hat etwas leicht Künstliches. Die Gelassenheit fehlt. Sie sind ein wenig wie Puppen, die exakt so aussehen wie sie. Schauen Sie ihnen ins Gesicht. Sie haben oft tiefe, dunkle Augenränder. Sie lachen vielleicht, aber trotzdem ist in ihren Augen etwas Trauriges. Etwas Wässriges. Die Seele hat Schmerzen. Ein Kampf, der außen kaum sichtbar ist, tobt im Innern. Nach außen sind diese Menschen nicht mehr so wach und so frisch wie früher. Nicht mehr so voller Begeisterung. Sondern voller Sorgen. Irgendwann spüren Sie, dass Sie sie nicht mehr so oft bemerken. Denn sie ziehen sich tendenziell zurück. Es ist ihnen nämlich irgendwie peinlich. Und sie lügen immer mehr, um aufrechtzuerhalten, was sie der Welt vorgaukeln.

Je größer die Diskrepanz zwischen Ihrem Schein und Ihrem Sein, je größer der Spalt zwischen äußerer Größe und innerer Kleinheit, desto mehr weint Ihre Seele. Bis sie es irgendwann nicht mehr aushält.

Und dann sorgt sie dafür, dass Sie verlieren. Damit Sie endlich sehen und erkennen, wie Sie Ihre Seele vergewaltigt haben. Genauso ist es: Ihre Seele inszeniert Ihren Zusammenbruch, denn Sie hatten noch nicht die zu Ihrer äußeren Größe passende innere Größe. Ihre Seele sorgt für sich, wenn Sie es nicht tun.

Und wie war das bei dem jungen Kerl mit seiner Agentur, der so grandiosen Erfolg hatte? Dass seine Macht schneller wuchs als seine Persönlichkeit, drückte sich bei ihm dadurch aus, dass ihm das Geld und die Macht zu Kopf gestiegen waren. Er überschätzte sich. Er gab viel mehr Geld aus als er einnahm. Er investierte nicht in das Fundament und die Grundmauern seines Werks, sondern deckte das Dach ab. Er tätigte leichtsinnige Fehlinvestitionen. Er kaufte sich fünf Autos. Er schraubte seinen Privatkonsum in die Höhe. Kurz: Er verprasste seine Reserven, weil er glaubte, er sei mächtig: Wenn's einer schafft, dann ich! Er wollte alles haben, seine Gier war erwacht. Er fühlte sich unverwundbar. Er fühlte sich wie ein Held. Wie Achilles. Wie Siegh. Wie Ikarus. Wie Alexander der Große.

Und am Ende ging es ihm genauso wie diesen Helden: Er wurde an der Ferse verwundet, jemand traf die nackte Stelle an seiner Schulter, er kam der Sonne zu nah und ihn raffte ein falscher Rat dahin.

Er ging ruckzuck pleite.

Darüber freue ich mich sehr. Denn sonst wäre er heute, viele Jahre später, nicht so ein starker, guter, liebenswürdiger Mensch, der genau weiß, was gespielt wird. Der genau weiß, was Macht eigentlich ist.

Der Akku ist leer

Macht ist nicht das, was es scheint. Dass Sie sich gestern mächtig und heute machtlos fühlen, hat nichts damit zu tun, ob Sie gestern wirklich mächtig und heute wirklich machtlos sind. Die Realität steht auf einem anderen Blatt. Worum es hier geht, ist Ihr Gefühl von Machtlosigkeit. Über nichts anderes reden wir.

Macht ist das Gefühl, überlegen zu sein. Es fühlt sich gut an, wenn Sie wissen, dass Sie die Kraft und die Energie haben, sich durchzusetzen, die Dinge voranzutreiben, etwas zu bewirken. Es fühlt sich gut an, wenn Sie an Ihre Wirksamkeit glauben, wenn Sie wissen, dass Sie einen Unterschied machen, dass es Menschen gibt, die auf Sie hören, dass Sie Ihre Ziele auch gegen Widerstand durchsetzen können. So fühlen Sie, dass Sie existieren.

Aber machen Sie sich nichts vor, es handelt sich um eine Vorstellung. Sie fühlen sich mächtig. Aus dem Gefühl entspringt der Gedanke, Sie stellen Sich vor, wie Sie mächtig handeln. Aus der Vorstellung entspringt das Handeln, Sie handeln wie ein

Mächtiger. Und schließlich schafft Ihr Handeln Realität. Sie schaffen Tatsachen.

Das ist weder gut noch schlecht. Macht wirkt. Macht verändert. Im Guten wie im Bösen.

Wenn die Vorstellung der Reichweite Ihres Wirkens recht nahe an Ihren tatsächlich vorhandenen Möglichkeiten des Wirkens liegt, dann sind Sie selbstbewusst und authentisch. Das fühlt sich gut an, und zwar auf Dauer.

Wenn Sie sich aber mächtiger fühlen als Sie sein können, dann haben Sie nicht Macht, sondern Machtgehabe. Machtgehabe zeichnet diejenigen aus, die ihre Ohnmacht kompensieren, die ihre Schwäche kaschieren, die ihre Kleinheit maskieren. Das sieht vielleicht für eine Weile gut aus, aber es fühlt sich nicht gut an. Und es ist nicht von Dauer. Denn früher oder später wird die falsche Vorstellung der eigenen Macht von irgendeinem Umstand weggeblasen und aufgelöst. Es ist nur eine Frage der Zeit.

Sie denken dann: Jemand hat Ihnen das Geld, die Position, die Möglichkeiten weggenommen. Oder Sie denken, Sie haben furchtbares Pech gehabt, die äußeren Umstände waren gegen Sie. Aber in Wahrheit haben Sie es mit sich machen lassen. Sie haben die Macht aus der Hand gegeben. Sie haben sie sich selbst genommen. Ihre Seele hat ein Schauspiel inszeniert, um sich zu reinigen und wieder gesund zu werden.

Wenn Sie den Zusammenbruch hinter sich haben, werden Sie bemerken, wie viel Kraft es Sie zuvor gekostet hat, an Ihren Vorstellungen festzuhalten. Wie viel Energie es Sie gekostet hat, den Starken zu spielen. Jetzt haben Sie die Energie nicht mehr. Der Akku ist leer. Sie sind müde.

Das Gefühl der Macht, das Sie krampfhaft erzeugen wollten, war nicht echt. Es kam nicht von innen, aus Ihrer Mitte. Es war nur aufgesetzt, Sie haben es als Schutzschild hochgehalten, weil Sie Angst vor dem Ende Ihrer Existenz hatten.

Die falsche Energiequelle hat eine Zeit lang großartig funktioniert. Diese Energie ist in Projekte geflossen, die Sie für unglaublich wichtig hielten. Sie dachten, es geht um Selbstverwirklichung. In Wahrheit ging es aber nur um Selbstinszenierung. Sie haben sich in Szene gesetzt, um die Rolle Ihres Lebens zu spielen. Sie haben andere für Ihre Zwecke eingespannt. Und ja, natürlich hat das anfangs Spaß gemacht. Sie waren gut! Ihr Ego hat sich aufgebläht. Doch jetzt ist es geplatzt. Die Energiequelle ist erschöpft. Puff. Gut, dass es vorbei ist!

Jetzt sind Sie auf dem Boden der Tatsachen angelangt: Auch Sie müssen sich von nun an an die Gesetze dieser Welt halten. Zum Beispiel an das Gesetz von Ursache und Wirkung. Oder an das Gesetz, dass alles seinen Preis hat. Sie können nun keine Regeln mehr brechen. Sie können die Welt um sich herum nicht mehr zwingen. Es ist nun nämlich einfach so, wie es ist.

Was bleibt?

Geld ist genauso nur eine Fiktion wie Macht. Geld existiert nur in unserer Vorstellung. Früher einmal vereinbarten wir, dass Gold- und Silberstücke einen bestimmten Gegenwert hätten. Heute brauchen wir kein Metall mehr dafür, sondern kreieren Geld per Übereinkunft aus Nullen und Einsen und schieben diese Zahlenkolonnen zwischen Computern hin- und her. Es ist ein gigantisches Spiel, das die Menschen auf gute und auf schlechte Weise miteinander verbindet und in Beziehung bringt. Weil wir diese Vorstellungen kollektiv teilen und solche Übereinkünfte treffen, ist Geld nichts anderes als eine Form von Kommunikation. So regeln wir beispielsweise miteinander, wer ein Haus betreten und darin schlafen darf und wer nicht. Oder wer mit einem Auto wegfahren darf und wer nicht. Oder wer in welcher Mannschaft Fußball spielt und wer nicht.

Aber bitte machen Sie sich klar, dass das Geld letztlich nur in unseren Köpfen existiert. Geld ist ein gedanklicher, geistiger Teil Ihrer äußeren Existenz. Teil Ihres Panzers, Ihrer Fassade, Ihres Lebensstandards. Geld kommt nicht aus Ihrem Inneren. Auch die mit dem Geld verbundenen Gefühle: Das Gefühl der Sicherheit, das Sie von Ihrem materiellen Besitz und Ihrer Macht ableiten, ist genauso Fiktion und Vorstellung wie Ihr materieller Besitz und ihre Macht. All das ist ein Produkt des menschlichen Geistes. Ein Spiel der Menschheit mit sich selbst.

Wenn es, puff, plötzlich weg ist, müssen Sie sich aus sich selbst heraus neu definieren: Wer sind Sie, wenn Sie all Ihre materiellen und immateriellen Besitztümer weglassen? Wer sind Sie ohne Ihren Lebenspartner? Ohne Ihren familiären Background? Ohne Ihr Geld, Ihr Haus, Ihr Auto? Ohne Ihre Firma? Ohne Ihren Arbeitsvertrag? Wer sind Sie, wenn Sie alle menschlichen Übereinkünfte, alle Fiktionen, all die Staffage nicht mehr haben?

Wenn Sie damit ernst machen – oder wenn Ihre Seele damit ernst macht und die Welt dazu bringt, Ihnen den Saft abzudrehen, dann ist das erstmal sehr schwer zu ertragen. Denn sich so nackt zu sehen, wie Sie auf die Welt gekommen sind, macht furchtbar Angst: Was ist, wenn da nichts mehr übrig bleibt?

Die große Überraschung ist: Sie sind noch immer da!

Und noch mehr: Sie sind genau derselbe Mensch wie zuvor. Im Kern Ihrer Persönlichkeit hat sich nichts geändert. Der einzige Unterschied ist, dass Sie sich jetzt sehen können. Dass Sie sich jetzt hören können. Dass Sie sich jetzt spüren können: Sie sind! Sie sind wirklich!

Sie sind kein schlechterer Mensch als zuvor. Sie sind genauso viel wert. Nur haben Sie erst jetzt eine Chance, das realistisch einzuschätzen.

Ja, Sie fühlen sich viel schlechter als zuvor, ich weiß. Aber das alles ist nur das Resultat eines Gedankenspiels. Eines furchtbar anstrengenden Gedankenspiels.

Ruhen Sie sich erstmal aus!

Kapitel 3

Weil Sie betrogen wurden

„Der dich betrügt, ist nahe bei dir."

(Afrikanisches Sprichwort)

Es ist zum Verzweifeln! Warum hat der Andere das nur getan? Was sind das für Menschen? Wie kann man nur so sein!

Sie haben sich anvertraut, haben ihre schwache Stelle bloßgelegt, haben sich verwundbar gezeigt. Na, klar! Wie will man auch anders mit Menschen zusammen sein? Sie müssen ihnen doch irgendwie vertrauen, wie soll das sonst gehen? Also haben Sie sich verletzbar gemacht. Haben Ihre offene Flanke gezeigt. Und dieser andere Mensch, was hat der getan? Der Täter! Er hat Ihnen den Dolch in die Rippen gerammt, als Sie schutzlos waren!

Die ganze Zeit hat er Ihnen etwas vorgemacht. Getäuscht hat er Sie! Ihr Vertrauen missbraucht hat er. Nie hat er die ganze Wahrheit gesagt, dieser Mensch. Über seine wahren Absichten waren Sie nicht im Bilde. Das ist verwerflich, kein Zweifel!

Sie hatten doch gar keine Chance. Der Andere hat Ihnen gar keine Wahlmöglichkeit gelassen. Nein, hintergangen hat er Sie. Hinter Ihrem Rücken wurden Dinge besprochen, die Sie sehr wohl etwas angingen. Der andere hat mit einem Dritten einen Deal gemacht, ohne Ihnen zu sagen, wie das ausgeht.

Und am Ende kommt natürlich alles auf den Tisch. Jetzt ist es raus! Dass Sie es jetzt als letzter erfahren und gelackmeiert, geleimt und gelinkt dastehen, das ist wirklich das Allerletzte! Schweinerei!

Und Sie können nun nichts mehr tun, der Betrug ist geschehen. Das Schlimmste: Sie haben nicht nur eine wertvolle Beziehung zu einem Menschen verloren, Sie haben nicht nur ein wertvolles Gut oder Geld oder eine Vorstellung vom Leben verloren. Sie haben außerdem auch ein Stück weit Ihre Würde verloren. Habe ich recht? Sie sind verzweifelt, weil Sie so chancenlos sind – und das ist entwürdigend. Da kommen Gefühle aus der Vergangenheit hoch. Sie sind nicht zum ersten Mal betrogen worden …

Das sind ganz schlechte Gefühle. Es ist merkwürdig. Natürlich sind Sie empört. Und traurig. Aber da ist auch ein Gefühl von Scham. Sie, der Betrogene, Sie schämen sich! Merkwürdig. Sollte sich nicht eigentlich der Täter schämen? Warum schämen Sie sich, Sie, der Sie das Opfer eines Betrugs sind? Interessant. Woran könnte das liegen?

Ein Leben als Opfer

Ich sage Ihnen, woran ich Menschen erkenne, die ihr Leben lang betrogen werden: Mit der Zeit gräbt es sich ihnen ins Gesicht. Nach jedem Betrug wurden sie misstrauischer. Sie verschlossen sich immer mehr, sie zogen sich immer mehr zurück.

Ihr Blick ist skeptisch. Er sagt: Pass auf! Die Menschen wollen dir nichts Gutes! Sie lassen keinen mehr wirklich nah an sich ran, ihr Gesicht ist keine Einladung. Sie wirken kalt. Nach jedem Betrug, der ihnen widerfahren ist, ein bisschen kälter. Sie schauen prüfend: Ist da der nächste Betrüger? Sie vertrauen nicht.

Ihre ganze Körpersprache ist ein Ausdruck von Misstrauen. Sie wirken verbittert. Unsympathisch. Die Haut wird irgendwann trocken und ledrig und hart. Die Mundwinkel zeigen immer nach unten, der Rest des Gesichts ist wie eingefroren, mitten in der Anspannung. Sie schauen neutral, all das Rosige, Weiche, Bewegliche, Lebendige, das früher einmal da war, ist verschwunden.

Und sie werden immer wieder betrogen. Je misstrauischer sie sind, desto häufiger wird der letzte Funken Vertrauen, wenn er mal aufglimmt, gleich wieder gelöscht. Sie werden immer wieder enttäuscht. Und so erstarren diese Menschen immer mehr.

Sie wollen so nicht enden, das weiß ich. Darum ist es so wichtig, dass Sie das Muster des Endstadiums erkennen: Menschen, die ihr Leben als permanent Betrogene fristen, sind misstrauisch. Nur sind hier Ursache und Wirkung genau anders herum als landläufig angenommen wird: Denn auf Misstrauen folgt Betrug. Misstrauen wird immer bestätigt. Denn Misstrauen ist die Saat, auf der Betrug gedeiht.

Ja, Sie können nur betrogen werden, wenn Sie vertrauen. Ich weiß. Ein Betrug ist immer ein Vertrauensmissbrauch. Und das setzt ja schließlich Vertrauen voraus. So stellen Sie es im Nachhinein vor sich selbst hin, um am Ende recht zu behalten: Sie haben nichts getan, Sie können nichts dafür. Der andere ist schuld! – Das können Sie so sehen, wenn Sie wollen. Sie können das so darstellen: Sie haben vertraut, der Andere hat Sie getäuscht. Das Problem dabei ist, dass Sie so der Betrogene bleiben. So entwickelt sich nichts weiter.

Wenn Sie aus diesem Patt herauskommen wollen, sollten Sie den Grund herausfinden, warum Sie betrogen worden sind. Darum geht es hier. Und wenn Sie das Warum verstanden haben, ist Platz dafür, den Zweck des Betrugs zu erkennen: Wozu Sie sich haben betrügen lassen? Und dann werden Sie sehen: Es war gut so!

Mir ist natürlich völlig klar, dass Sie misstrauisch sind. Warum sollte es gut sein, betrogen zu werden? – Verstehe! Darum lade ich Sie ein, einmal die Perspektive zu wechseln. Sehen Sie mal die Welt durch die Augen des Täters. Ein guter Freund, ich nenne ihn Max, stellt sich Ihnen dankenswerterweise zur Verfügung. Er lässt vor Ihnen die Hosen runter. Er vertraut Ihnen!

Max gesteht: Ich bin ein Betrüger, denn ich habe betrogen. Und ich bin kein zufälliger Gelegenheitsbetrüger wie Sie und ich, wir alle, sondern ich bin einer, der ausgerechnet den Menschen betrogen hat, den er am meisten liebt von allen.

Und das kam so …

Fremdgegangen!

Max war in einer glücklichen Beziehung mit einer Frau. Nach außen hin und zwischen den beiden lief es grandios. Max war erfolgreich im Job, Marylin unterstützte ihn und hielt ihm den Rücken frei. Eine absolut stimmige Konstellation. Ihr Liebesleben war intakt, sie fühlten sich wohl miteinander, sie waren ein tolles Paar.

Und dann traf Max Maggie – die in Wahrheit anders hieß, aber ihr Name tut hier nichts zur Sache – und verliebte sich Hals über Kopf in sie. Max ging mit ihr ins Bett und betrog die Frau, mit der er zusammenlebte.

Max wusste damals überhaupt nicht, warum er das tat. Er kennt sich selbst als einen grundehrlichen Menschen. Und doch betrog er seine Lebenspartnerin mit einer anderen. Er war verwirrt. Einerseits fand Max sich erbärmlich. Ein Betrüger fühlt sich immer irgendwie, irgendwann erbärmlich. Vor allem konnte er sich nicht mehr ohne Schuldgefühle im Spiegel anschauen.

Und trotzdem machte er andererseits weiter – und fühlte sich gut dabei, es fühlte sich merkwürdig richtig an, obwohl es so falsch war. Sein Kopf war völlig überfordert, seine Gefühle übernahmen das Kommando. Maggie gab ihm etwas, er fühlte bei ihr Dinge, die ihm im Leben zuvor gefehlt hatten – wie er erst jetzt bemerkte. Sie war irgendwie chaotisch, wild. Bei ihr fühlte er sich frei, er konnte so sein, wie er ist. Max machte ihr auch überhaupt nichts vor: Maggie, ich habe keine Ahnung wie die Sache ausgeht!, sagte Max. In ihre Gläser schenkten sie sich reinen Wein ein. Von Anfang an.

Aber die Frau seines Lebens war Marylin, die er betrog. Er fühlte es genau. Er konnte nicht ohne sie sein, er konnte sie nicht verlassen für die Neue. Obwohl er verliebt war in Maggie, konnte er nicht ohne seine Lebenspartnerin sein. Unmöglich. Es hätte sich für ihn wie Hochverrat angefühlt. Es war schwer, eine unlösbare Situation. Ihm war klar: Aus dieser Nummer kommst du nicht mehr heil raus.

Er wollte es Marylin, seiner Frau, sagen, wollte reinen Tisch machen, schleppte das mit sich rum und zögerte. Er hatte die Hosen voll. Wovor er am meisten zurückschreckte, war gar nicht so sehr seine Missetat zu gestehen und seine Schuld einzugestehen, Asche auf sein Haupt. Sondern das Allerallerschlimmste war für ihn, ihr weh zu tun. Max hatte nicht den Mut, ihre Gefühle auszuhalten. Er wollte ihren Schmerz vermeiden. Denn er liebte sie sehr! Und weil er sie so sehr liebte, konnte er die Vorstellung ihrer Verwundung nicht ertragen. Ihm fehlte der Mut, den Menschen, den er am meisten liebte, zu verletzen. Schlimme Geschichte!

Irgendwann, tat Marylin etwas, was sie noch nie zuvor getan hatte: Sie schaute heimlich in sein Handy und las eine SMS von Maggie. Und seine Antwort darauf. Sie hatte gespürt, dass etwas nicht stimmte mit ihm, darum hatte sie sein Handy kontrolliert, obwohl sie beide so etwas eigentlich schäbig finden. Aber so deckte sie seinen Betrug auf und stellte ihn zur Rede. Jetzt war es raus.

Das war die furchtbarste Nacht seines Lebens.

Natürlich war es auch für seine Frau furchtbar, aber bleiben Sie doch bitte noch kurz bei Max, dem Täter. Ich hoffe nicht auf Ihr Einverständnis, Max ist ja nicht einmal selbst einverstanden mit seinem Betrug. Aber sehen Sie, was passierte: Sein Kartenhaus fiel in dieser Nacht in sich zusammen.

Jetzt redeten die beiden Klartext. Jetzt wurde ihm klar, dass die Freiheit, die er bei Maggie so genossen hatte, dass das Gefühl, bei ihr ganz er selbst zu sein, doch nur bedeutete, dass er bei seiner Partnerin eben nicht frei war. Dass er bei ihr eben nicht ganz er selbst war. Ihm wurde plötzlich klar, dass er mit ihr nie ganz ehrlich und in der Tiefe darüber geredet hatte, was er fühlte, was er braucht, wer er ist. Er hatte stattdessen alles immer so hinbeschissen. So hingetrickst. Sich vor ihr und sich selbst so dargestellt, dass es gut aussah und sich gut anfühlte, dass es stimmig wirkte. Aber das war nicht Max.

Warum hatte er das nur gemacht? Warum hatte er sich der Frau nicht zugemutet, wie er wirklich ist? Das verrate ich Ihnen gerne, weil ich weiß, dass es Ihnen gut tut: Max hatte Angst. Er, der Betrüger, der Täter, er hatte einfach nur Angst. Das war sein Motiv. Er wollte dem Menschen, den er betrog, gar nichts Schlechtes. Im Gegenteil!

Er hatte eine Heidenangst davor, von der Person, die ihm die wichtigste auf der Welt ist, nicht angenommen zu werden, wie er ist, wenn er sich ihr so zeigte, wie er ist. Vielleicht würde sie ihn dann nicht mehr lieben.

Und jetzt stand er vor ihr und die ganze Fassade war weggefegt.

Schluss gemacht!

So, und was haben Sie davon? Sie sind ja gerade nicht der Betrüger, sondern das Opfer eines Betrugs. Wieso sollte es Ihnen helfen, die Motive des Betrügers zu verstehen?

Denken Sie mit mir weiter darüber nach: Warum hatte Max bei ihr denn so eine Furcht davor, sich zu zeigen, wie er ist? Bei Maggie hatte er diese Angst doch überhaupt nicht!

Vorsicht, jetzt wird es hart.

Weil seine Partnerin misstrauisch war.

Ich habe es Ihnen schon vorhin gesagt: Auf Misstrauen folgt Betrug. Sie war schon immer misstrauisch gegenüber dem Leben gewesen. Wenn es ihr gut ging, wollte sie es nicht glauben, dass es ihr wirklich gut geht oder dass es so bleibt. Also hat sie sich bereits vorgestellt, wie die gute Situation in ihrem Leben wieder kaputt geht. Sie hat damit gerechnet, dass es schlimm ausgehen könnte. Sie hat der Welt misstraut. Sie wartete bereits auf die Winkelzüge der Menschen, die ihr Glück zweifellos zerstören würden. Sie malte sich diese schlimmen Szenarien aus und säte damit die dunkle Saat in ihrem Leben. Die pessimistischen Gedanken beeinflussten unmerklich ihr Verhalten und so sorgte sie unbewusst Schritt für Schritt dafür, ohne bewusste Absicht, dass das Ende ihres Glücks auch tatsächlich eintraf.

Immer und immer wieder. Und da dieses Muster in ihrem Leben immer wiederkehrte, bestätigte es ihre Annahme immer weiter: Es darf ihr nicht gut gehen. Kaum geht es ihr gut, passiert etwas, das Leben schickt ihr ein Problem, und schon geht es ihr nicht mehr gut. Ihren eigenen Anteil daran verbarg sie vor sich selbst.

Dieses Muster war tief in ihr vergraben. An der Oberfläche war das überhaupt nicht sichtbar. Aber mit diesem tiefen Misstrauen gegenüber dem Leben traf sie auf Max.

Vordergründig tat sie alles für Max: Sie widmete ihr Leben Max und ihrer Beziehung. Und schuf damit die Fallhöhe, die ihr recht geben würde, wenn alles zerdeppert und in Scherben liegt: Mal wieder hätte das Leben ihr gezeigt, dass es ihr nicht gut gehen darf.

Denke negativ über Dinge und sie werden negativ! Und so war es. Max spürte ihr Misstrauen und schreckte davor zurück, sich ihr voll und ganz anzuvertrauen. Und so nahm das Unheil seinen Lauf.

Sie hatte für ihr Drama gesorgt. Sie behielt wie immer recht. Die beiden trennten sich.

Abgerechnet wird zum Schluss

Gut, jetzt sollten wir uns an dieser Stelle nur nicht missverstehen. Max übernimmt die volle Verantwortung für seine Tat. Hier geht es nicht darum, die Schuldfrage zu klären oder einen schwarzen Peter hin- und herzuschieben. Denn Schuld, und das sage ich mit Nachdruck, hat in dieser Geschichte nichts verloren. Mir ist nur wichtig, dass Sie erkennen, dass Marylin in ihrem Leben ein Drama inszeniert hat und dabei eine ganz bestimmte Rolle von vornherein verteilt hat: Die Rolle des Opfers, die Hauptrolle, die war für sie selbst reserviert. Und wo ein Opfer ist, da findet sich früher oder später ein dazu passender Täter. Und das war in diesem Fall Max.

In Wahrheit sind die Rollen aber gar nicht so klar verteilt. Betrug ist, wenn ich dem anderen etwas vormache. Aber gleichzeitig hat Max auf einer anderen Ebene sich selbst etwas vorgemacht. Und sie ja auch! Auch Marylin hatte sich etwas vorgemacht. Und auch sie hatte Max etwas vorgemacht: Sie überspielte ihr Misstrauen. Wer ist jetzt der Täter und wer das Opfer? Gar nicht mehr so klar …

Die Geschichte wird nun erst so richtig interessant, wenn Sie sich mit mir anschauen, was hinterher anders ist als vorher.

Max und Marylin waren ein Jahr getrennt. In dieser Zeit bekam Max einen viel unverstellteren Blick auf sich selbst als zuvor, er lernte sich deutlich besser kennen. Und seiner Ex-Partnerin ging es genauso. Plötzlich erkannten die beiden, was sie eigentlich brauchten. Sie waren nach der gegenseitigen Enttäuschung selbstreflektierter. Achtsamer mit sich selbst. Erwachsener. Reifer. Sie spürten sich selbst und ihre Bedürfnisse viel mehr.

Und da erkannte Max seine tiefe Loyalität ihr gegenüber. Die war nie weg gewesen. Auch in der Zeit, in der er oberflächlich-vordergründig illoyal war, war er im Grunde seines Herzens noch immer der Mann an ihrer Seite gewesen. Seine Loyalität war unerschütterlich. Und nun fehlte sie ihm so sehr …

Er nahm seinen ganzen Mut zusammen und rief sie an. Da war keine Angst mehr, er konnte ihr einfach erzählen, was er fühlte. Die beiden redeten miteinander und sie waren sich einig: Max und Marylin wollten wieder zusammen sein.

Er machte Schluss mit Maggie und kehrte zurück zu seiner Frau. Sie begannen nochmal von vorne. Und jetzt war alles anders. Max war frei, er war er selbst. Und sie vertraute ihm und ließ sich ganz auf ihn ein, ohne ihr ganzes Leben auf ihn abzustellen. Ohne die emotionale Abhängigkeit. Sie vertraute ihrem Leben endlich. Die Illusionen waren weg, aber auch das Misstrauen war weg. Stattdessen war ein neues Grundvertrauen da: Wenn es mal anders kommt im Leben – ich schaff das!

Sie hatte sich auf die harte Tour beigebracht, sich selbst anzunehmen. Das hat sie wirklich genial gemacht! Das alles erhöhte seinen Respekt und seine Achtung vor ihr. Der Respekt des Betrügers vor dem Betrogenen stieg enorm, weil der Betrug nicht umsonst gewesen war. Diese Frau hatte Größe! Wow! Sie lernten einander zu achten und zu ehren in einem Maße, wie es ihnen vorher nicht möglich gewesen wäre.

Es war also alles besser als vorher.

Verstehen Sie? Für sie war es gut, betrogen worden zu sein!

Die Spiele müssen weitergehen

Was Sie da aufgeführt haben in Ihrem Leben ist ein Drama. Vielleicht ein Beziehungsdrama, vielleicht eines geschäftlicher Natur oder ein Familiendrama, ich kann es ja nicht wissen. In jedem Drama gibt es Lug und Trug, in jedem Drama gibt es Täter und Opfer und in vielen Dramen gibt es dazu auch noch einen Retter. Die Täter-, Opfer- und Retterrolle springt manchmal im Verlauf des Dramas wild hin und her. Die Psychotherapeuten kennen das und nennen das mit dem Fachbegriff „Drama-Dreieck". Fast alle Ratgeber, die Sie lesen können und fast alle Seminare oder Therapiesitzungen, die Sie besuchen können, versuchen Ihnen beizubringen, Ihr Drama zu beenden. Ihnen zu helfen, aus Ihrem Drama auszusteigen.

Ich verrate Ihnen was: Das ist sinnlos.

Ihnen wird suggeriert: Dramen seien schlecht. Dramen müssten verhindert, beendet, aufgelöst werden. Nur ein dramenfreies Leben sei ein gutes Leben. Mit Verlaub: Das ist Bullshit!

Denn dort, wo Menschen sind, spielen sich Dramen ab. Es ist nichts Schlechtes und nichts Schlimmes, in den zwischenmenschlichen Spielen, die Menschen nun mal spielen, mal ein Täter, mal ein Opfer, mal ein Retter zu sein. Hören wir doch auf, das so schrecklich zu moralisieren! Nur weil Sie ein Spiel, das Sie spielen, dämonisieren, in den Schatten Ihres Unterbewusstseins verdrängen und so tun, als ob Sie dramenfrei glücklich wären, heißt das doch noch lange nicht, dass Sie aufgehört haben, Spiele zu spielen. Homo Sapiens tut das nun mal.

Menschen sind sich sympathisch, weil sie glauben, der andere sei so wie sie. Sie erkennen einander im anderen und beginnen vom anderen ein Bild zu erschaffen. Das Bild ist natürlich unrealistisch. Es ist ja nach dem eigenen Bilde geschaffen und selbst das ist unrealistisch. Wenn dann die Realität irgendwann zuschlägt – und das tut sie immer, und zwar mit Wucht – dann sind wir enttäuscht. Die Täuschung ist beendet. Dann erklären wir Menschen zu Tätern und Opfern und bewerten das Spiel.

Aber diese negative Bewertung, diese Moralnummer ist die von konditionierten, in ihren Ansichten beschränkten Menschen! Weiten Sie Ihren Blick, dann sehen Sie: Die Spiele, die wir spielen, sind unbezahlbar wertvoll, sie bringen uns im Leben weiter.

Manchmal lernt der eine, mal lernt der andere und manchmal lernen beide. So war es bei Max und Marylin. Sie sind noch heute ein glückliches Paar und ihre Liebe ist tiefer als jemals zuvor. Was für ein Glück, dass die beiden dieses Theaterstück aufgeführt hatten!

Und jetzt spielen sie eben andere Spiele …

Genau das ist der Punkt: Der Zweck Ihres Dramas ist Ihre persönliche Weiterentwicklung, Ihr Wachstum, Ihr Lernen. Leider sind Gewohnheiten der härteste Klebstoff der Welt. Sie lösen sich nur unter sehr starken Emotionen auf. Also erschaffen wir uns manchmal miserable Situationen, in denen es uns so richtig schlecht geht, um endlich lernen zu können.

Wenn Sie sich dann aber weigern zu lernen, wird Ihre Seele das gleiche Drama wieder inszenieren, das nächste Mal mit anderen Schauspielern, mit anderen Gewändern und Kulissen. Und eventuell mit etwas mehr Pomp. Aber das Drehbuch wird in etwa das gleiche sein. – Die Seele ist brutal.

Nein, nein, hören Sie nicht auf, spielen Sie weiter! Denn Sie sehen ja: Am Ende wird alles gut.

Achten Sie nur darauf, in Ihrem Leben nicht ständig das gleiche Stück aufzuführen …

Kapitel 4

Weil Sie krank geworden sind

Das Schiff, es fährt vom Sturm bedroht durch Angst, Not und Gefahr,
Verzweiflung, Hoffnung, Kampf und Sieg, so fährt es Jahr um Jahr.
Und immer wieder fragt man sich: Wird denn das Schiff bestehn?
Erreicht es wohl das große Ziel? Wird es nicht untergehn?

(aus „Ein Schiff, das sich Gemeinde nennt"
von Martin Gotthard Schneider)

Sie sind am Boden, weil Sie krank oder verletzt sind. Das ist übel, weil Sie jetzt nicht mehr so können, wie Sie wollen. Ihr Körper lässt Sie im Stich. Das ist wirklich gemein von Ihrem Körper! Hätte er nicht robuster sein können? Widerstandsfähiger?

Dass Sie nicht mehr so leistungsfähig sind, wie Sie wollen, dass Sie jetzt eine unüberwindliche Begrenzung erfahren, macht Sie ganz fertig. Die Abhängigkeit von Ihrem Körper, die Ihnen jetzt erst so richtig bewusst wird, bringt Sie an den Rand der Verzweiflung. Sie können nichts dagegen tun!

Die Tage verrinnen ... Sie fühlen sich nutzlos. Der einzige Daseinszweck: Aushalten. Vielleicht müssen Sie Schmerzen erdulden, vielleicht ist Ihnen übel. Vielleicht ist es bei Ihnen sogar noch schlimmer und Sie befürchten, dass Ihre Erkrankung, Ihr

Unfall, Ihre Verletzung Sie für immer einschränkt. Oder gar Ihr Leben verkürzt. ‚Das ist nicht fair!‘, denken Sie. Ich habe das nicht verdient...

Es nimmt Ihnen den Antrieb. Es macht Sie wütend. Es macht Sie schwach. So viele Ziele, die Sie umsetzen wollen, die Sie nach vorne bringen würden ... und dann? Ihnen wurde einfach der Stecker rausgezogen. Nichts geht mehr. Ihnen geht's so richtig scheiße.

Gut so.

Kaputt

Der Arzt hatte einen Mundschutz an, der Patient sah nur seine Augen. Sie verrieten nichts Gutes. Der Mann lag im Bett, die OP war vorbei, der Arzt stand vor ihm und sah ihn aus diesen ernsten Augen an – und er spürte, dass sein Leben einen Knacks bekam. Er hörte es förmlich knacken.

„Also, ...“

Innerhalb einer Sekunde spürte er, wie die Hoffnung, die tiefe Hoffnung, die Zuversicht, der feste Glaube an seine Zukunft, die Quelle seiner Kraft durch seine Haut diffundierte und im Raum verschwand. Sein Selbstvertrauen verließ ihn.

„... also es ist ein bisschen komplizierter.“

Er wollte es nicht wahrhaben. Er konnte es nicht glauben. Ausgerechnet er!

„Schau, wir haben fast den kompletten Außenmeniskus entfernen müssen.“

Sein Knie. Kaputt. Für immer. Das kann nicht sein!

Kaputt für immer? Sie können jetzt mit Fug und Recht sagen: Das ist doch nicht so schlimm! Der Meniskus ist entfernt worden, gut, was soll's. Es ist schließlich keine Amputation, oder?

Der Meniskus ist ein halbmond- oder hufeisenförmiger Knorpel im Gelenk, ein Polster. In jedem Kniegelenk haben Sie zwei davon. Er kann bei Überbelastung gequetscht werden oder reißen. Manchmal genügt eine Pause zur Erholung, manchmal muss er operativ zusammengeflickt werden, manchmal ist er so hinüber, dass er raus muss. Nach einer Entfernung ist das Gelenk nicht mehr so leistungsfähig wie zuvor, die Gelenkknorpel nutzen sich dann auch schneller ab, aber das Knie funktioniert noch. Also: Dumm gelaufen. Hinterbacken zusammenkneifen und weiter. Richtig?

Nein, das ist nicht so ganz richtig. Denn es kommt darauf an. Wenn Sie einen Bürojob haben, pro Tag nur ein paar hundert Meter zurücklegen und Ihr Kniegelenk nur im Skiurlaub für eine Woche im Jahr etwas mehr brauchen als sonst, dann ist so eine Operation nur eine kleine Ohrfeige des Lebens. Wenn Sie aber angehender Profifußballer sind, ist das schon ziemlich wesentlich. Und wenn Sie nicht Mitte dreißig und am Ende Ihrer Karriere sind, sondern keine zwanzig Jahre alt, wenn Sie Jugendnationalspieler sind und gerade kurz vor Ihrem Durchbruch stehen, so wie der Patient, der da fassungslos im Krankenbett lag, dann ist das von existenzieller Bedeutung. Dann geht's ums Leben.

Überflieger

Der junge Mann war zuvor voller Enthusiasmus gewesen. Was sollte ihm schon groß passieren? In seiner Welt gab es nur Erfolg. Einfach aus Erfahrung. Sein Körper war enorm leistungsfähig, er war verdammt gut. Er spielte im Verein Innenverteidiger und im defensiven Mittelfeld, in der Jugendnationalmannschaft im Mittelfeld, die zentrale Schaltstelle zwischen Defensive und Offensive. Auf ihn kam es an.

Gerade hatte er beim Vierländerturnier der U-18-Jugendnationalmannschaften in Casale Monferrato gegen Italien das Spiel seines Lebens gemacht. Bundestrainer Rainer Bonhof war von seiner Art Fußball zu spielen sehr angetan, das wusste er. Die Scouts und Trainer einiger Bundesligamannschaften hatten ein Auge auf ihn geworfen. Bei seinem Verein, dem VfB Stuttgart, hatte er schon oft Kontakt mit den Profis. In der DFB-Nachwuchsrunde hatte er unter Trainer Jogi Löw gespielt. Es ging steil nach oben mit ihm.

Aber das Leben sendet immer Zeichen. An beiden Knöcheln hatte er schon Verletzungen gehabt. Einmal war er umgeknickt: dreifacher Bänderriss. Bei der Behandlung schüttelte der Sportmediziner den Kopf: Du bist doch total fertig, Junge! Der Arzt machte eine Leistungsdiagnostik und die Werte gaben ihm recht: Der junge Mann war völlig übertrainiert, der Körper am Limit. Konditionell war er auf einem Abwärtstrend, er hatte zuletzt Raubbau an Muskeln, Sehnen, Knochen und Gelenken betrieben. Der Leistungswille war zu groß gewesen.

Das war also das Zeichen. Sehr deutlich. Die Reaktion? Nachdem der körperliche Zustand über Wochen in Ordnung gebracht worden war, fühlte der junge Fußballer sich besser als jemals zuvor. Er legte sich wieder ins Zeug, er trainierte härter denn je. Er erhöhte die Schlagzahl. Sein Körper hatte laut gerufen: Kümmere dich um mich! Und er hatte kalt entgegnet: Funktioniere!

Sieg und Niederlage, Glück und Pech, Topp und Hopp liegen im Leben oft nah beieinander. Gerade noch hatte er mit seiner Mannschaft ein Hallenturnier gewonnen. Und danach hatte er eigentlich frei. Doch das Leben stellte ihn vor die Wahl: Ein Kollege, der für das nächste Hallenturnier aufgestellt war, musste passen. Er konnte für ihn einspringen, musste aber nicht. Noch ein Turnier spielen oder Schonung für den Körper? Er entschied zu spielen!

Und dann kam es, wie es kommen musste.

In einer typischen Spielsituation sprang der Ball vor ihm auf, sein Gegenspieler griff ihn an. Er hatte drei Möglichkeiten: Die konservative Variante hieß Ballbesitz – den Ball annehmen, den Körper zwischen Ball und Gegner bringen und einen Sicherheitspass spielen. Die angeberische Variante hieß Austanzen – den halbhohen Ball mit einem Kontakt über den Gegner heben, ihn ins Leere laufen lassen, sich vorbeischlängeln, den Ball runterholen und dem Szenenapplaus zuhören. Die heldenhafte Variante hieß Angreifen – den Ball sauber am Gegner vorbeilegen, sofort lossprinten und im Laufduell den Gegner überwinden.

Er entscheidet. Er wählt die Heldenvariante. Sein Leben konzentriert sich auf eine Sekunde. Später wird ihm diese Szene immer wieder wie in Zeitlupe vor seinem inneren Auge ablaufen. Immer und immer wieder: Er legt den Ball am entgegenkommenden Gegner vorbei und startet. In diesem Moment der höchsten physischen Belastung trifft ihn das eine Bein des Gegners seitlich am rechten Schienbein, das andere knapp über dem rechten Knie. Er hört ein Krachen. Er liegt am Boden. Pfiff. Foul. Er steht auf und will den Freistoß ausführen. Und plötzlich geht es nicht mehr. Sein Knie gibt nach. Die Stabilität ist weg. Er fällt beinahe um. Humpelnd und wie betäubt verlässt er das Spielfeld. Plötzlich hat er Angst. In ein paar Monaten ist das Europameisterschafts-Qualifikationsturnier der U-18 Junioren. Da will er unbedingt dabei sein.

Er ahnt nicht, dass nicht nur sein Plan von der Teilnahme an der Europameisterschaft, sondern sein kompletter Lebensplan in dieser einen Sekunde vom Leben ausradiert worden war.

Angetäuscht

Ja, der junge Mann, das war ich. Alles hat sich genau so abgespielt vor über zwanzig Jahren. Mein Leben war zerstört. – Aber halt! War wirklich mein Leben zerstört? Ich lebe heute noch immer und mir geht es gut ... Was war es wirklich?

Ich hatte damals meinem Körper vertraut. Darum war ich ja auch so enttäuscht, weil mein Körper mich hängen ließ. Es war eine Ent-täuschung, das Ende der Täuschung, der Abbruch meines Versuchs, die Welt und mich selbst zu täuschen.

Der Arzt hatte das Zimmer verlassen. Ich hing in den Seilen. So wie Sie jetzt. Weil das Vertrauen in meinen Körper erschüttert war und mein Körper ein Teil von mir ist, war damit auch mein Selbstvertrauen erschüttert. Logisch. Darum war ich nach dem jähen Ende meiner Profikarriere, noch bevor sie richtig begonnen hatte, nur noch ein Häufchen Elend. Klar. Krankheit und Verletzung ist ein Vertrauensthema. Ihr Vertrauen in Sie selbst und in die Welt geht kaputt.

Das Einzige, was es daran zu verstehen gibt, was aber so schwer zu akzeptieren ist: Vertrauen ist immer eine Sache auf Gegenseitigkeit! Seinem Körper nicht mehr vertrauen zu können heißt, sich selbst nicht mehr vertrauen zu können: Habe ich meinen Körper gepflegt? Habe ich mich um ihn gekümmert? Habe ich ihn beschützt? Habe ich Entscheidungen in seinem Sinne getroffen? War ich selbst vertrauenswürdig?

Wie Sie es gemacht haben, dass Sie krank sind, müssen Sie selbst herausfinden. Ich jedenfalls hatte meinen Körper nur benutzt. Man muss eine Menge tun, um ein Knie zu ruinieren! Ich war in meiner Arroganz über meine körperlichen Bedürfnisse hinweggegangen. Schließlich bestimme ich selbst, was ich tue! Ich höre nur auf einen Herrn, und das bin ich selbst! ... Das war meine Haltung.

Meine Enttäuschung war nur eine Projektion. Ich selbst war es, der meinen Körper im Stich gelassen hatte. Ich selbst war es, der die Warnzeichen nicht sehen wollte. Ich selbst hatte dafür gesorgt, dass es so kam. Ich selbst hatte meine Fußballerkarriere zerstört. Aber meine Fußballerkarriere … das sah nur so aus wie mein Leben. In Wahrheit war es nur eine Seifenblase, die geplatzt ist. Welche Seifenblase ist bei Ihnen gerade geplatzt?

Der Schmerzensweg

Ihr Körper ist das Spiegelbild Ihrer Seele. Wenn ich meinen Körper am Nasenring durch die Bühne des Lebens zerre wie einen Tanzbär, dann tue ich genau das meiner Seele an, mir selbst. Aber die Seele hat eine Bestimmung im Leben, eine Aufgabe. Was Sie jetzt, da Sie krank sind, lernen dürfen, was auch ich, als ich damals flach lag, lernen durfte: Ihre Seele fordert ihre Bestimmung ein, egal was Sie tun. Wenn Sie nicht auf sie hören – wenn Sie also auch nicht auf ihr Spiegelbild, den Körper hören – dann zwingt Sie eine überdimensionale Kraft auf den für Sie vorgesehenen Seelenweg. Und das tut weh.

Dann liegen Sie da, ein Häufchen Elend, und bekommen eine neue Chance, sich mit Ihrem Weg auseinanderzusetzen. Ihre große Chance ist jetzt: Nichts tun, Verzweiflung spüren, aufhören Pläne zu machen, in die Wüste gehen, sich klar werden, wer Sie eigentlich sind und was Sie hier auf der Erde eigentlich zu suchen haben.

Ich war damals auf dem Holzweg unterwegs: Meine Überheblichkeit, meine Erfolgssucht, mein Drang die Welt zu zwingen, hatte aus mir in jungen Jahren ein so charmantes wie arrogantes Bürschlein gemacht, dem es ganz entschieden an Demut fehlte. Ich spielte der Welt ein ziemliches Arschloch vor und behandelte einige Menschen um mich herum auch so. Das Leben war mir ein strenger Lehrmeister, es führte mich auf dem Weg des Schmerzes zu mir selbst zurück und gottseidank entdeckte ich in mir dann einen anderen Menschen, der deutlich sympathischer war.

Bitte machen Sie sich klar: Dass eine Krankheit oder eine Verletzung vom Himmel fällt, ist ein Märchen. Jedes Symptom hat eine Ursache. Und bei so gut wie jeder Ursache haben Sie unbewusst selbst die Finger im Spiel gehabt. Ich weiß, es ist schlimm, so etwas zu sagen, vor allem bei schweren, gar lebensbedrohlichen Krankheiten. Aber diese Erkenntnis ist Ihr einziger Ausweg.

Jemand anders sein zu wollen als Sie sind, der Versuch sich und die Welt zu täuschen, endet immer in Enttäuschung. Das Traurige ist, dass so viele von uns versuchen, so zu leben. Wir sind so eingefahren in unseren Mustern, die wir übernommen haben, wir folgen diesen Mustern, anstatt unserem Herzen, unseren Gefühlen, unserer Intuition. Wir haben den Zugang zum Innersten der Welt verloren.

Und jetzt liegen Sie auf der Nase. Aber Sie sind noch am Leben! Und Sie haben damit die Chance, Körper und Seele wieder miteinander in Verbindung kommen zu lassen und dann ein neues Kapitel aufzuschlagen.

Meistens genügt uns die eine Chance nicht. Dann braucht es mehrere Tiefschläge. Das Leben schickt sie in steigender Intensität. Wann haben Sie genug?

Und manche kapieren es nie. Sie sterben im Frust, in Angst, in Selbstmitleid, in Klagen. Andere brauchen nur wenige Nackenschläge, oder nur eine einzige Quittung. Und dann fassen Sie sich ein Herz, gehen mutig den nächsten Schritt auf sich selbst zu und beginnen, der Welt wieder zu vertrauen.

Gerichtet

Sie sind also am Boden, weil Sie krank geworden sind? – Hm. Erkennen Sie Ihren Irrtum?

Die Wahrheit ist genau anders herum: Sie sind krank geworden, weil Sie am Boden sind. Werden Sie es jetzt endlich erkennen? Das wünsche ich Ihnen, denn dann hatte der Tiefschlag, den Sie eingesteckt haben, einen Sinn.

Kapitel 5

Weil Sie verlassen wurden

„Das muss was Entsetzliches sein, sich verlassen zu fühlen."

(Johann Wolfgang von Goethe)

Nun sind Sie alleine. Das ist traurig. Was Ihnen abhandengekommen ist, ist vielleicht ein geliebter Mensch, der eine Leere in Ihrem Herzen hinterlässt. Oder ein für Sie nützlicher Mensch, ohne den Sie sich schwerer tun. Oder es ist gar kein Mensch – vielleicht hat Sie das Glück verlassen. Oder Ihre Gesundheit oder Ihr Geld oder was auch immer. Jedenfalls haben Sie Grund zu trauern. Etwas Ihnen Zugehöriges ist von Ihnen gewichen. Wie auch immer und warum auch immer. Und Sie bleiben zurück.

Mein herzliches Beileid – ich bin bei Ihnen in Ihrem Leid. Und ich wünsche Ihnen, dass Sie nach einer Weile den Wert erkennen, der darin liegt, dass Sie nun ohne denjenigen oder dasjenige auskommen, wen oder was auch immer Sie vermissen.

Im Moment tiefer Traurigkeit ist das kaum zu begreifen. Aber dennoch freue ich mich einfach nur für Sie, dass Sie noch da sind. Die Frage ist: Schaffen Sie es nun, sich treu zu bleiben?

Meins!

Wenn Sie das Gefühl haben, ein Teil von Ihnen sei zusammen mit dem Verlorenen weggegangen, ein Teil, der vorher zu Ihnen gehört hat, dann haben Sie sich sehr damit identifiziert. Das heißt, Sie haben das definiert als Ihnen zugehörig. Als Ihnen eigen. Als Eigentum.

Ein Mensch, der Sie lange umgibt, der mit Ihrer Persönlichkeit und Ihrem Leben verwoben ist, wirkt, als ob er zu Ihnen gehört. Am Ende glauben Sie das noch selbst … Das ist gefährlich!

Wenn Sie sich mit diesem Mensch identifizieren, dann fühlen Sie: meiner! Euch anderen gehört der nicht. Er ist meiner! – Ihr Besitz dient Ihnen zur Abgrenzung von anderen. Das hilft Ihnen bei der Identitätsfindung.

Sie benutzen also einen anderen Menschen oder eine Sache dazu, um Ihren verständlichen Wunsch nach Selbstfindung auf sehr eigennützige Weise abzukürzen. Der Besitzanspruch, den Sie unbewusst erheben, lässt Sie fühlen: Ich bin dieses Haus, ich bin dieser Beruf, ich bin diese Position, ich bin dieses Auto, ich bin diese Frau, ich bin diese Kinder, ich bin dieses Vermögen. Sie identifizieren sich mit ihrem Besitz. Das führt dazu, dass Sie glauben zu wissen, wer Sie sind. Und wenn Sie die Menschen, die Sie als Ihr Eigentum betrachten, anschauen, dann sehen Sie, dass Sie da sind. Uff! Das tut gut, denn nichts ist schlimmer als die Angst, nicht zu existieren. Es ist die größte Angst, die Sie haben können. Und Sie haben sie.

Ich übrigens auch. Wir alle haben diese Existenzangst mehr oder weniger stark. Wir gehen nur sehr unterschiedlich damit um.

Wenn Sie so damit umgehen, dass Sie sich Menschen einverleiben und sich darüber definieren, dann laufen Sie Gefahr, verlassen zu werden und dann in eine tiefe Krise zu stürzen.

Wenn Sie plötzlich merken, dass Ihr Eigentum wieder der Allgemeinheit zur Verfügung steht, wenn jetzt plötzlich jeder diesen Mensch „haben" kann, dann macht Sie das wütend und traurig und verwirrt. Vielleicht stellen Sie sich insgeheim vor, was die anderen Menschen mit „Ihrem" Menschen so anstellen könnten. Sie merken: Sie gönnen es den anderen nicht, das haben zu können, was einmal Ihres war.

Erkennen Sie, wie überzogen Ihr Anspruch war? Sie dachten, Sie hätten einen Anspruch gegenüber der Welt auf diesen Menschen, der Sie verlassen hat. Sie hatten den Ehrgeiz, für diesen Menschen der Tollste, Beste, Größte zu sein, Sie dachten, Sie wären so einzigartig, dass dieser Mensch ein Teil von Ihnen sein wollte und für immer bei Ihnen bleiben und zur Not mit Ihnen untergehen würde.

Eifersüchtig verteidigen Sie Ihren Besitzanspruch. Eifersucht heißt, dass Ihr Eifer nach Momenten sucht, die ihn süchtig machen. Der Eifer, das Allerwichtigste zu sein für Ihr Eigentum.

Jetzt, da Sie verlassen worden sind, verpufft Ihre Illusion. Übrig bleibt eine tiefe Leere. Die Energie ist weg. Ja, vorher hatten Sie viel Energie! Deswegen wollen wir ja Menschen besitzen: Damit sie uns Kraft geben. Sie haben den Stecker in seine Steckdose gesteckt und haben Energie abgesaugt. Sie haben von dieser Verbindung profitiert.

Ja, gut möglich, dass der Energiefluss beiderseitig war. Aber wenn Sie nun spüren, dass Sie weniger Lebensenergie haben als zuvor, dann war die Energiebilanz offensichtlich nicht ausgeglichen. Sie haben den anderen netto unterm Strich angezapft und damit Ihre Schwäche und die Leere in Ihnen aufgefüllt.

„Ich brauche dich!"

Sie können nur verlassen werden, wenn Sie sich auf jemanden verlassen haben. Wenn Sie sich auf jemanden eingelassen haben. Das stimmt. Und das ist etwas Schönes. Wir alle gehen mitunter enge Beziehungen mit anderen Menschen ein, indem wir diesen Zyklus durchlaufen: Einlassen. Verlassen. Loslassen. Und dann wieder von vorne.

Wenn Sie mit einem Menschen zusammenleben, dann durchlaufen Sie diesen Zyklus täglich, vielleicht mehrmals am Tag. Am Morgen, wenn Sie sich nach dem Aufwachen zum ersten Mal sehen, lassen Sie sich aufeinander ein. Vielleicht haben Sie dazu ein Ritual – „Guten Morgen, mein Schatz!". Wenn Sie sich verabschieden, um zur Arbeit zu gehen oder am Abend vor dem Einschlafen, dann verlassen Sie sich. Und wenn der andere gegangen oder eingeschlafen ist, dann lassen Sie los und können selbst gehen oder einschlafen. In größeren Lebenszyklen ist das nicht anders. Am schwersten tun wir uns damit, auf immer loszulassen.

Weil es schön ist, mit dem anderen zusammen zu sein. Natürlich. Und schön ist es, weil wir uns in dem Du selbst entdecken. Ein Mensch, mit dem Sie kommunizieren, spiegelt Ihre Existenz wider. Er reagiert auf Sie, weil es Sie gibt. Das vermittelt Ihnen Sicherheit und Geborgenheit in der Welt.

Dazu müssen Sie ihn aber nicht besitzen. Problematisch wird es dann, wenn wir dem anderen Menschen die Verantwortung für unser Gefühl der Geborgenheit zuschustern: Du musst dafür sorgen, dass ich mich gut fühle! Wenn Sie das so anstellen, dann brauchen Sie den anderen. Dann gebrauchen Sie ihn. Dann verbrauchen Sie ihn. Dann missbrauchen Sie ihn.

Wenn Sie dann verlassen werden, katapultiert Sie das auf brutale Weise auf Sie selbst zurück. Die Frage ist also: Wie können Sie sich auf den anderen einlassen, ohne ihn zu brauchen?

Wenn ein nahestehender Mensch geht oder stirbt und Sie können nach einer Phase der Trauer gut alleine weiterleben und mit sich selbst auskommen, dann ist alles gut. Stefan Zweig hat es so ausgedrückt: „Wer einmal sich selbst gefunden hat, der kann nichts auf dieser Welt mehr verlieren. Und wer einmal den Mensch in sich begriffen, begreift alle Menschen."

Wenn aber nicht, wenn Sie aus Ihrer Wut und Trauer nicht mehr herausfinden, dann waren Sie süchtig. Abhängig. Dann sterben Sie nun ein Stück weit mit. Dann hatten Sie sich selbst noch nicht gefunden.

Wenn Sie nun am Boden sind, weil Sie verlassen wurden, dann ist dies nichts weiter als eine Aufgabe, die Ihre Seele Ihnen stellt: Kommen Sie ein Stück weit näher zu sich.

Hachi

In Bolivien, in der Großstadt Cochabamba, lief ein Hund jeden Morgen eine Strecke hinter seinem Herrchen her, der auf seinem Mofa zur Universität fuhr. An einer bestimmten Stelle schickte der junge Mann seinen Hund wieder nach Hause und fuhr dann weiter. Jeden Morgen.

Alle konnten sehen, wie sehr dieses Ritual den beiden Freude machte. Doch eines Morgens kollidierte der Student auf einer Kreuzung mit einem Taxi und starb bei diesem Unfall. Er starb vor den Augen seines Hundes.

Seit diesem Morgen verlässt der Hund diese Kreuzung nicht mehr. Der Unfall ist mittlerweile über fünf Jahre her, ein halbes Hundeleben, der Hund ist noch immer dort. Die Anwohner der

Kreuzung und die ansässigen Markthändler geben dem Hund Futter und Wasser, aber ansonsten hält er sich von allen Menschen fern. Er liegt einfach nur da und winselt. Er winselt stundenlang. Seit Jahren.

Die nicht enden wollende Trauer des Hundes rührt die Menschen sehr. Die Familie des verstorbenen Studenten hatte versucht, ihn einzufangen und zu sich zu holen, um ihn zu versorgen. Aber der Hund lief davon und ließ sich nicht schnappen. Er wollte einfach weiter an diesem Ort bleiben, an dem sein Herrchen verschwunden ist. Das beeindruckt die Menschen. Dieser Hund scheint die totale Verkörperung der Treue zu sein. Treue bis über den Tod hinaus.

Dementsprechend nennen die Leute den Hund „Hachi" nach dem berühmten Hund „Hachiko", der vor knapp hundert Jahren in Tokio ein ähnliches Schicksal hatte. Hachikos Geschichte wurde sogar vor ein paar Jahren verfilmt, Richard Gere spielte darin das Herrchen. Der japanische Name „Hachiko" bedeutet „Treue". Das ist es, was die Leute in dem Verhalten dieses Hundes sehen. Und diese Treue bewundern die Menschen.

Mittlerweile kommen sogar Touristen an die Kreuzung, um den trauernden Hund zu fotografieren. Über das Internet verbreitet sich die Geschichte über die ganze Welt, auch die Deutsche Presseagentur sorgte für Berichte in diversen Zeitungen im deutschsprachigen Raum.

Warum finden die Menschen diesen Hund so toll? Warum bewundern sie ihn? – Weil sie einer Fehlinterpretation aufliegen. Und weil sie ihre eigenen Wünsche auf den Hund projizieren. Der winselnde Hund mit den traurigen Augen ist eine Projektionsfläche für den Wunsch der Menschen, selbst auch einmal eine solche Treue zu erfahren. Unbewusst stellen sie sich vor, wie schön es wäre, wenn ein anderer Mensch ihnen so treu ergeben wäre und sie auch so sehr betrauern würde. Wie groß muss die Liebe gewesen sein, wenn solche Trauer möglich ist! Und wie liebenswert muss dieser Mensch gewesen sein. Das hätten sie auch gern. Wie wertvoll sie dann wären! Die Treue wertet das Objekt der Treue auf.

Die Geschichte ist romantisch. Aber um was es dabei geht, ist keine Treue. Sondern Abhängigkeit. Wer nach dem Verlust am Boden liegt und nicht mehr aufstehen kann, der hat sich in dem anderen verloren und findet sich nicht mehr.

Echte Treue nach dem Verlust sieht anders aus. Wer einem anderen treu sein kann, der kann zuerst einmal sich selbst treu sein. Und wer sich treu bleibt, der bekommt nach einem schweren Verlust sein Leben wieder in den Griff. Und lässt sich danach irgendwann wieder auf das Leben ein.

Wer einem Menschen treu ist, kann ihn auch frei geben. Sie können den geliebten Menschen darin ehren, dass Sie weiterleben und den anderen immer im Herzen tragen. Ihm zu Ehren können Sie aus Ihrem Leben noch etwas machen. Sie können den gemeinsamen Vorstellungen und Werten treu bleiben, auch wenn der andere gegangen ist und ihn dadurch in Ihrem Leben verwirklichen.

Und wenn Sie den Verlust verarbeitetet haben, was immer eine Zeit lang dauert, können Sie sich selbst neu finden und sich erneut öffnen und auf andere Menschen einlassen. Das wäre echte Treue, die der Trauer einen Sinn gibt.

Auf der Flucht vor sich selbst

Vielleicht hat Sie aber auch das Glück verlassen. Oder vielleicht fühlen Sie sich von Gott verlassen. Dann ist in Ihrem Fokus, dass irgendetwas in Ihrem Leben nicht richtig funktioniert, so wie Sie das wollen.

Entschuldigung, aber das klingt, als ob Sie ein Abonnement auf das Glück hätten. Oder einen Anspruch auf Zuwendung von oben. Die Frage ist, woher nehmen Sie denn diesen Anspruch?

Vielleicht verwechseln Sie da etwas. Glück bedeutet nicht, dass alles leicht geht. Dass alles Spaß macht. Dass es keine Mühe erfordert. Wir haben keinen Anspruch auf Spaß und ein Leben in rosarot. Auf ein Leben ohne Tod oder Verluste. Wenn ich mich abwende, sobald etwas so richtig schlecht läuft im Leben und ich mich von Menschen, von Dingen oder vom Glück oder von Gott verlassen fühle, wenn ich einschnappe, sobald ich mal in einer Sackgasse des Lebens lande, dann etabliere ich eine ständige Von-weg-Bewegung. Dann laufe ich immer im Rückwärtsgang weg von den Schwierigkeiten und Herausforderungen. Dann gehe ich allen Anstrengungen aus dem Weg, auch der Anstrengung, die eine intensive Auseinandersetzung mit anderen Menschen oder mit mir selbst mit sich bringen würde.

Ja, sich auf etwas oder jemanden zuzubewegen kostet Anstrengung. Sich erneut zu öffnen erfordert Anstrengung. Sich erneut einzulassen erfordert Anstrengung. Ja, ich muss mich anstrengen, um das Gefühl von Glück aufrechtzuerhalten oder wieder zu bekommen. Es gibt das Glück nicht gratis oder im Vorteilspaket zum Jubiläumsrabatt frei Haus. Tut mir leid.

Allein sein oder allein gelassen werden ist auch überhaupt nicht der Punkt. Sie lamentieren, von Gott, dem Glück, einem Menschen oder der Welt verlassen worden zu sein – anstatt zu schauen, wer Sie selbst sind. Mit der Trauer, die Sie empfinden und an der Sie festhalten, lenken Sie sich davon ab, sich mit sich selbst zu befassen.

Vielleicht lenken Sie sich sogar dadurch ab, dass Sie resignieren: „Ich werde ja sowieso immer verlassen!" Sie strahlen aus: Ich bin einer, der verlassen wird ... Glauben Sie, das ist attraktiv? Glauben Sie, andere Menschen wollen bei Ihnen sein, wenn Sie so eine Ausstrahlung haben?

Sie machen so alles nur noch schlimmer. Einen Kampf mit dem Leben können Sie nicht gewinnen. Sie können das Glück nicht festhalten oder erkämpfen. Sie können den Menschen, der Sie verlassen hat, nicht zurückbekommen, indem Sie ihren Anspruch geltend machen.

Aus Ihrer Verzweiflung entspringt gar nichts. Wenn Sie jetzt verzweifeln, dann war es wohl keine gute Beziehung, die Sie mit dem verlorenen Menschen hatten. Dann war es weniger Treue und mehr Abhängigkeit, wie beim Hund „Hachi". Das Gute ist: Da Sie Ihre Verzweiflung selbst herbeigeführt haben, können Sie sie auch selbst wieder beenden.

Endlich unterwegs

Das Einzige, was Sie dafür machen müssen, ist den Zyklus zu vollenden: Nach dem Einlassen und dem Verlassen kommt das Loslassen. Lassen Sie los! Und spüren Sie das Loch, das in Ihnen zurückbleibt. Das ist es, womit Sie sich befassen sollten: Lassen Sie sich endlich auf Ihre Identitätskrise ein. Denn darum geht es: Um Sie!

Eine Identitätskrise ist eine gute Sache. Denn in ihr können Sie alle Ablenkungen ausschalten und sich selbst auf den Grund gehen. Um sich zu ergründen. In sich werden Sie die Quelle finden, aus der heraus Sie Ihre eigene Energie schöpfen. Sie brauchen keinen anderen Menschen, um Energie zu zapfen oder Ihren Minderwertigkeitskomplex zu kompensieren. Sie können diese Krise nutzen, um sich selbst Anerkennung zu geben. Sich selbst zu finden. Ein Stück weit mehr Sie selbst zu sein.

Vieleicht braucht das mehrere Anläufe. Gut. Sich selbst zu erforschen ist mit die schwierigste Reise Ihres Lebens. Aber immerhin: Jetzt kann es losgehen!

Gut, dass Sie nun auf sich selbst zurückgeworfen wurden. Gut, dass Sie jetzt die Riesenchance haben, sich zu finden und sich selbst treu zu sein.

Kapitel 6

Weil Ihr Leben Spaß macht, aber freudlos ist

„Ich freue mich, dass ich mich an das Schöne
und an das Wunder niemals ganz gewöhne ..."

(Mascha Kaléko)

Jetzt ist Ihnen der Spaß abhandengekommen. Das Lachen ist Ihnen gründlich vergangen. Die Welt, die mal bunt und fröhlich war, ist jetzt grau in grau. Alles ist so ernst geworden. Alles ist anstrengend. Alles ist so schwer. Wenn Sie jetzt noch was bewegen wollen, ist es ein Kampf.

Was können Sie da tun? Es könnte gut sein, dass da eine Stimme in Ihrem Kopf ist – oder auch eine reale Stimme in Ihrer Umgebung –, die Sie jetzt antreibt: Sie müssen sich eine Strategie überlegen. Sie müssen die Lage analysieren. Sie müssen dem Problem auf den Grund gehen. Sie müssen strukturieren, planen, kontrollieren! Keine Ausreißer! Disziplin! Nach A kommt B! Setzen Sie sich ein vernünftiges Ziel! Planen Sie die Schritte zum Ziel! Laufen Sie los! Erreichen Sie das Ziel! – Und wenn Sie es dann geschafft haben, dann können Sie ja ruhig wieder feiern. Und Spaß haben ...

Ja, man wird doch wohl noch Spaß haben dürfen im Leben, oder? Nein, mehr noch: Spaß muss sein! Es muss!

Ok. Spaß beiseite. Glauben Sie das alles wirklich? Ich jedenfalls glaube, dass diese Stimme es zwar gut mit Ihnen meint, aber gut gemeint und gut gemacht sind zwei Paar Stiefel. Ich kann Ihnen versichern: In dieser ernsten Lage, in der Sie sich befinden, müssen Sie erstmal gar nichts. Schon gar nicht Spaß haben.

Da liegt der Hase auch gar nicht im Pfeffer. Ob Sie mehr oder weniger Spaß haben, das macht Sie nicht so fertig, wie Sie sich jetzt gerade fühlen. Außerdem: Sie haben sehr wohl Spaß gehabt in der letzten Zeit. Und es wäre kein Problem für Sie, sich wieder Spaß zu verschaffen. Richtig? Sie sind kein Sauertopf, der zum Lachen in den Keller geht. Sie wissen, wie das geht, Spaß haben. Nur: Es hat Ihnen nichts geholfen. Und es würde Ihnen auch künftig nichts helfen. Bei allem Spaß in Ihrem Leben stehen Sie nun trotzdem hier und wissen nicht weiter. Sie wissen nur, dass es so nicht weiter geht.

Ganz offensichtlich müsste es Ihnen doch eigentlich gut gehen. Sie haben doch alles. Ich bin sicher, bisweilen macht Ihnen sogar die Arbeit Spaß. Und Hobbys haben Sie bestimmt auch.

Und doch sind Sie verzweifelt.

Nach dem ersten Schultag

Verzweifelt. Sie zweifeln am Leben. Wenn Sie zweifeln, dann deshalb, weil etwas in Ihrem Leben „zwiefältig" ist, zweifach, gespalten, jedenfalls nicht eindeutig. Sie sind sich mit sich selbst nicht einig. Warum? Weil sie sich nicht sicher sind, dass das, was Sie tun, das Richtige ist? Nein, es fühlt sich nicht richtig an. Darum sind Sie nicht mit sich im Reinen. Und das ist ein Gefühl, das kein Mensch auf Dauer ertragen kann. Oder Sie fühlen sich der

Situation nicht gewachsen. Sie zweifeln an sich und haben kein Vertrauen ins Leben. Ob Sie nun Spaß haben oder nicht, das geht auch unter einer fröhlichen Fassade massiv an die Substanz.

Schauen Sie sich dieses Gefühl ruhig noch ein wenig näher an. Graben Sie tiefer. An der Oberfläche hatten Sie Spaß mit Ihren Freunden. Sie hatten Spaß bei der Arbeit. Sie haben Ihre Lieblingsmusik, die Ihnen Spaß macht, die Sie mitsingen, wenn Sie alleine im Auto sind. Sie haben Ihre Lieblingsschauspieler in Hollywoodfilmen. Und so weiter. Gut. Aber darunter fühlten Sie sich mit allem, was sie tun, nicht in Berührung mit Ihrem eigentlichen Dasein. Die Dinge, mit denen Sie sich befassten, haben keinen tieferen Sinn. Ihre Tätigkeiten und die Dinge, mit denen Sie umgingen, vor allem in Ihrer Arbeit, waren nicht verknüpft mit Ihren wichtigsten Werten, also mit dem, was Ihnen wirklich wichtig ist. Die Gespräche, die Sie führten, waren zum größten Teil hohl und windig, billig und schal. Meistens dringend, aber selten von Bedeutung.

Vielleicht ist Ihnen nicht einmal bewusst, was Ihnen wirklich wichtig ist. Trotzdem spüren Sie, dass das, was Sie täglich tun, sagen, hören, auf keinen Fall Ihre wahre Aufgabe im Leben sein kann. Dazu wäre es nicht nötig gewesen in diese Welt hineingeboren zu werden. Das, was Sie tun, hätte auch ein anderer tun können. Oder vielleicht würde in China auch kein Sack Reis umfallen, wenn diese Tätigkeit überhaupt niemand erledigen würde. Traurig.

Was ist es nun, was Ihnen eigentlich fehlt, wenn es nicht der Spaß ist?

Es ist dasselbe, das auch einem Erstklässler gegen Weihnachten fehlt. Schulanfänger gehen zu Herbstbeginn meistens strahlend und tief bewegt zum ersten Mal in dieses riesige Haus und vertrauen sich diesen fremden Erwachsenen an, lassen sich auf diese vielen neuen Kinder ein. Sie sind ganz schön eingeschüchtert, aber mutig. Ihnen ist mulmig, aber trotzdem klopft ihnen das Herz nicht aus Angst, sondern aus Stolz bis zum Hals. Sie freuen sich schon Wochen vorher, sie bekommen eine Schultüte versprochen, sie wissen, es ist ein großer Moment in ihrem Leben: Endlich ein Schulkind! Es ist wichtig. Es ist richtig. Sie tun etwas Großes. Es hat Bedeutung für ihr Leben.

Sie wissen, Sie werden in der Schule die wichtigen Sachen lernen: Lesen, Schreiben, Rechnen. Sie werden erfahren, wie die Welt funktioniert. Sie werden zeigen dürfen, was sie drauf haben, es geht darum, sich die geistige Welt zu erschließen. Sie sind voller Neugier, Interesse und Offenheit.

Doch nach nur wenigen Wochen ist das meistens verflogen. Achten Sie mal drauf. Nach nur wenigen Tagen erzählen die Kinder von den ersten Negativerlebnissen. Oder sie verstummen und sagen plötzlich gar nichts mehr. Die Schule, wie wir sie heute kennen, schafft es, den Kindern das Strahlen aus dem Gesicht zu entfernen. Manchmal haben die Kinder Glück und erwischen einen Lehrer, der selbst noch strahlt. Dann dauert es bis zum ersten Lehrerwechsel, aber irgendwann ist sie verloren. Was ist verloren? Die Freude.

Mascha

Freude ist der Zustand, wenn Sie mit sich und der Welt um Sie herum im Reinen sind. Dazu muss die Welt nichts leisten für Sie. Wenn Sie sich freuen, dann unabhängig davon, wie die Welt um Sie herum beschaffen ist. Die Erwartungshaltung, dass die Welt die Aufgabe hat, Ihnen große Erlebnisse zu bescheren, macht Sie nur unglücklich, denn den Gefallen tut Ihnen die Welt leider nicht.

Freude ist keine große Sache. Wenn Sie mit sich und Ihrem Leben identifiziert sind, anstatt mit anderen Menschen und materiellen Dingen. Wenn Sie zufrieden sind nur mit sich. Und wenn Sie grundsätzlich einverstanden sind mit dem, was ist. Dann empfinden Sie Freude an jedem Tag. Freude ist Ihr natürlicher Zustand. Sie ist klein, unscheinbar, aber tief.

Niemand hat das für mich so treffend ausgedrückt, wie Mascha Kaléko. Dieses Kind des 20. Jahrhunderts wurde 1907 in einer Kleinstadt in Polen geboren – als uneheliches Kind eines russischen Juden und einer österreichischen Jüdin. Das waren damals ziemlich schlechte Startbedingungen, wie wir im Nachhinein wissen. Und tatsächlich verlief das Weitere ganz typisch: Der erste Weltkrieg begann, die Familie floh vor den Pogromen nach Deutschland, der Vater wurde eingesperrt, weil er Russe war und Deutschland gerade Krieg mit seinem Herkunftsland führte. Mascha zog mit ihrer Mutter zweimal um, bis sie in Berlin landeten.

Dann fand der Krieg sein Ende und die schönste Zeit für Mascha begann. In den schwierigen Jahren zuvor hatte sie gelernt, die Welt zu sehen, wie sie ist. Für einen jungen Menschen war sie wohl schon ziemlich desillusioniert. In Berlin waren nun aber die Goldenen Zwanziger angebrochen und die junge Frau Mascha besuchte Abendkurse in Psychologie und Philosophie, tauchte in die Künstlerszene ein, traf Else Lasker-Schüler und Joachim Ringelnatz und entdeckte ihr eigenes Talent: Sie schrieb Gedichte. Überhaupt machte ihr die Sprache die allergrößte Freude. Sie lernte zum Beispiel an der Hochschule Werbetexte schreiben. Die Sprache und das Schreiben erschlossen ihr die Welt.

Ihre Gedichte sind nüchtern, sachlich, einfach. Doch in der Einfachheit sitzt jedes Wort. Schnörkellos. Direkt. Wenn ich

Gedichte von ihr lese, spüre ich die große Achtsamkeit, mit der sie in die Welt schaute, die feine Zärtlichkeit und die schlichte Klarheit, mit der sie beschrieb, was sie wahrnahm. Die Gedichte lächeln leise, sie sind Freude pur – und mir ziehen sie die Mundwinkel nach oben, treiben mir die Farbe ins Gesicht und machen mir die Augen feucht: Ich freue mich!

„Man kann nicht alles mit dem Kopf verstehn!", schreibt Mascha Kaléko. Freude über die Welt und die kleinen Dinge in ihr entspringt eher der Kunst der Wahrnehmung mittels der Sinne, ob Sie nun verstehen und erklären können, was Sie sehen, riechen, hören, spüren, oder nicht. Genau: Oft sind es die kleinen Dinge: „Ich freu mich, dass am Himmel Wolken ziehen", schreibt Mascha Kaléko.

Das Problem ist: Manchmal geht es Ihnen so schlecht, dass Sie sich über diese kleinen Dinge nicht mehr freuen können. Schlimmer noch: Sie bemerken sie gar nicht mehr.

Ich kenne das selbst. Ich hatte Phasen in meinem Leben, da sah ich zum Beispiel ein staunendes Kind, das einen Schmetterling beobachtete und sich ganz offensichtlich über die Welt freute wie – ja, wie ein kleines Kind eben. Und ich stand daneben und fühlte eine geistige Entfernung zu diesem Kind von einer Million Lichtjahren. Wie kann ich mich nur je wieder über etwas so freuen wie dieses Kind, dachte ich!

Wie wirst du der Beste?

Ihnen geht es wohl wie den meisten von uns: Würden wir stehen bleiben und innehalten und staunend eine kleine Sache betrachten wie ein Kunstwerk, dann würden wir nach nur wenigen Sekunden blinzeln, uns schütteln und uns fragen: Was bringt das? Was erreichen wir damit? Was muss ich gerade eigentlich tun? Nur keine Zeit verschwenden! Das Ziel, dem wir uns verschrieben haben, ruft uns zu: Weiter geht's! Nicht stehen bleiben! Trödel nicht rum! Zeit ist Geld! Wenn du schon dastehst und glotzt, dann mach was draus! Kannst du es verkaufen? Kannst du einen Deal machen? Wenn nicht, lasse es und komm, auf geht's, mach was Vernünftiges!

Als Junge hatte ich die größte nur vorstellbare Freude am Fußballspielen. Ich hatte Freude am Ball und wie ich ihn beherrschte. Fußball, das war pures Glück. Ich wollte jede Sekunde, die man mich ließ, mit dem Ball verbringen. Wenn ich kickte, lebte ich in meiner Traumwelt.

Logisch, dass ich verdammt gut wurde. Ich wurde entdeckt: Ein großes Talent! Ich kam zum VfB Stuttgart, einem der fünf größten Fußballclubs Deutschlands und bekannt für die beste Jugendarbeit. Dort würde aus meinem Talent etwas gemacht werden. Und so wurde ich auf die Karriere als Profifußballer vorbereitet und ausgebildet.

Das war einerseits traumhaft schön, weil ich dort auf dem höchsten Niveau Fußball spielen durfte. Auf der anderen Seite kam dann irgendwann das Geld ins Spiel. Plötzlich wurde ich zu einem Wertgegenstand im Business. Und das raubte mir die Freude.

Das hätte aber gar nicht sein müssen. Geld und Freude sind nämlich überhaupt keine Gegensätze. Wenn ich heute Fußballer sehe, die Weltstars sind, wie Mario Götze, Thomas Müller, Lionel Messi, Zlatan Ibrahimovic oder auch Zinedine Zidane, als er noch aktiv war – die strahlen eine Freude aus, pure Freude am Kicken. Die leuchten von innen. Die haben sich durch das Geld die Freude nicht verderben lassen. Die machen auf dem Platz die verrücktesten Sachen, sie spielen noch immer, sie arbeiten nicht Fußball.

Oder beobachten Sie mal Tiger Woods auf dem Golfplatz: Einerseits geht es um Millionen Dollar. Aber das, was Sie sehen, ist einen in seine Aufgabe versunkenen Mann, der tiefe Freude an seiner Aufgabe ausstrahlt. Freude kann mit Spaß verbunden sein, auch mit materiellem Erfolg, muss aber nicht. Wenn Sie den weltbesten Riesenslalomfahrer Ted Ligety am Start sehen: Hoch konzentriert. Gebündelte, gefesselte Energie. Voll fokussiert. Voll bei der Sache. Das soll Spaß sein? Nein, das ist Freude! Und dann stürzt er sich den Hang hinunter und reizt die Physik bis ans Limit aus und macht mit dem Skihang und dem gesteckten Kurs, was er will. In Aktion ist das die pure Freude, er malt sie mit den Skiern in den Schnee.

Wenn Sie an Ihrer Aufgabe, an Ihrer Beziehung, an Ihrer Arbeit keine solche Freude empfinden können, dann deshalb, weil die Tiefe fehlt. Und wie kommen Sie in die Tiefe? – In die Tiefe kommen Sie nur, wenn Sie sich selbst auf den Grund gehen: Was hat das, was Sie tun, mit Ihnen zu tun? Erfüllen kann Sie nur etwas, das Sie sind.

Ob Sie das spüren oder nicht, hängt damit zusammen, wie Sie das Leben führen: Sind Sie hier, um das, was Sie haben und sind, als Geschenk zu nehmen? Neugierig zu sein, was noch kommt? Offen zu sein und zu lernen? Oder sind Sie hier, um der Beste zu sein? Etwas zu erreichen?

Sie müssen sich entscheiden: Entweder Sie fühlen das Streben oder das Glück. Wenn Sie auf ein Ziel hinarbeiten, dann kann das Spaß machen, aber Freude stellt sich nicht ein. Denn unterwegs begleitet Sie das Gefühl: Ich bin noch nicht am Ziel angekommen!

Kontrollverlust

Das Ziel ist in der Zukunft, aber die Freude liegt im Augenblick. Deswegen: Wenn Sie Ihr Leben Ihren Zielen und Ihren Plänen und Ihrem Erfolg verschreiben, dann verschieben Sie die Freude auf die Zukunft. Dann beginnen die Momente zu verblassen, dann entfernen Sie sich von der gegenwärtigen Realität. Die Welt wird abstrakt. Mittel zum Zweck. Und das Gemeine: In der Zukunft stellt sich die Freude nicht ein, selbst wenn Sie dann ihr Ziel erreichen. Denn Sie sind dann gar nicht in dem Zustand der Achtsamkeit, den Sie brauchen, um tiefe Freude zu empfinden.

Sie sind umgeben von Menschen, die so leben. Alle kontrollieren ihre Emotionen. Politiker zum Beispiel. Lehrer. Die Leute im Fernsehen. Darum glauben wir ihnen ja auch nicht. Sie sind alle nicht echt. Denn sie alle wollen erfolgreich sein. Und wenn zwischendurch einer einfach Freude pur ausstrahlt dann bewundern oder belächeln wir ihn wie einen Exot.

Die meisten Leute glauben, dass sie nur erfolgreich sein können, wenn sie sich unter emotionaler Kontrolle behalten. Aber aus meiner Sicht ist freudloser Erfolg kein Erfolg. Mehr noch: Aus meiner Sicht ist es sogar unmöglich, mit emotionaler Kontrolle erfolgreich zu sein. Mir ist die Welt zu ernst. Ich will sie nicht spaßig oder klamaukig, ich will sie nicht albern, schenkelklopfend oder übertrieben fröhlich. Aber ich will sie mit Freude.

Denn ein freudloses Leben ist es nicht wert, gelebt zu werden. Ich will Ihnen nicht zu nahe treten, aber der wahre Grund, warum Sie Ihre Freude verloren haben, ist: Weil Sie den Respekt verloren haben. Den Respekt vor dem Leben. Sie lassen das Leben nicht geschehen, sondern Sie versuchen, es zu zwingen. Ihnen fehlt die Achtung vor dem, was einfach ist, so wie es ist. Sie wollen die Dinge um sich herum verändern, noch bevor Sie gelernt haben, sich über sie zu freuen. Das ist wirklich nicht schön.

Wenn Sie so über Ihre ganz natürlichen Emotionen hinweggehen, dann fehlt Ihnen nicht nur der Respekt vor der Welt, sondern insbesondere der Respekt vor Ihnen selbst. Selbstrespekt. Sie töten Ihre Freude. Die sachliche Ebene in Ihrem Leben ist deutlich unwichtiger, als Sie glauben!

Warum tun Sie das? Welche Angst verfolgt Sie bei der Vorstellung, etwas mit Freude zu tun? Was könnte passieren, wenn Sie es zuließen? Was würden Sie verlieren? Was würden Sie dann tun?

Die Maske fällt. Sie haben Angst vor sich selbst. Das heißt: Sie machen sich eng vor sich selbst. Sie schränken sich ein. Anstatt sich für sich selbst zu öffnen. Sie haben Angst vor dem, was in Ihnen steckt.

Gut so, dass Sie nun an einem Punkt sind, an dem Sie sich dieser Angst stellen. Jetzt lernen Sie sich endlich mal kennen. Freuen Sie sich!

Teil 2

Verstehen Sie
Ihre Misere

Kapitel 7

Fragen Sie sich, ob Sie unachtsam, machtbesoffen oder verantwortungslos sind

„Bitte, bitte, bitte gib mir nur ein Wort."

(Wir sind Helden)

In Ordnung, lassen wir es gut sein. Das Warum haben Sie geklärt. Sie wissen jetzt, wie es kam, dass es Ihnen den Boden unter den Füßen weggezogen hat. Das ist nun Vergangenheit, Sie können es nicht mehr ändern. Nun geht es um's Wozu: Welchem Zweck dient Ihre persönliche Krise? Wie können Sie sie verstehen? Wie funktioniert sie?

Sie müssen nicht um die Welt reisen, um sich zu finden. Sie müssen nicht in einen Ashram gehen und meditieren, um das alles zu verstehen. Es wäre lediglich ratsam, wenn Sie sich mit sich selbst und Ihrer Situation ehrlich und aufrichtig auseinandersetzen. Einen Blick nach innen werfen und sich mit sich selbst beschäftigen. Die Frage, die Ihnen kaum jemand beantwortet, ist nur: Wie geht das?

Pssst

Als Erstes: Suchen Sie die Stille auf. Das Beste, was Sie jetzt tun können, ist alleine sein. Begeben Sie sich auf den Rückzug vor den Menschen. Gehen Sie am besten raus in die Natur. Und das nicht mal eben für einen Spaziergang mit dem Hund oder mal alleine in die Stadt. Ich meine wirklich allein sein. Und wirklich draußen. Und wirklich über viele Stunden. Sonst melden sich die Stimmen in Ihnen, die es seit Jahren gewohnt sind, übertönt zu werden, erst gar nicht.

Das Erste, was Ihnen passieren wird, wenn Sie auf sich selbst zurückgeworfen sind, ist Verwirrung. Wow! Da sind so viele verschiedene Dinge in Ihrem Kopf und auf Ihrem Herzen! Lassen Sie einfach alles zu, was sich zeigt. Nehmen Sie es so an, wie es kommt. Sie müssen gar nichts damit machen. Nur wahrnehmen. Wenn Sie nichts als dichten Nebel wahrnehmen: Gut so. So ist es eben.

Irgendwann wird sich der Nebel lichten, früher oder später. Lassen Sie sich Zeit. Und dann können Sie genauer hinschauen: Wie genau erleben Sie Ihre Gefühlslage? Welche Gefühle zeigen sich? Können Sie sie benennen? Fühlen Sie überhaupt was? Wenn nicht: Wie fühlt sich die Gefühllosigkeit an?

Wehren Sie nichts ab: Nehmen Sie wahr, was sich in Ihnen zeigt. Auch Ihre Ungeduld. Auch Ihre Langeweile. Auch Ihre Angst. All die Wut. All die Traurigkeit. Ihre Niedertracht, Ihr Hass, Ihre Armseligkeit, Ihr Selbstmitleid. So ist es eben. Sie können die Gefühle spüren, wehren Sie sich nicht, es ist ja keiner da, der Ihnen einen Strick daraus drehen könnte. Die Gefühle, die sich in Ihnen zeigen, müssen sie alle integrieren. Achten Sie auch auf Ihren Körper: Wie verändert sich Ihr Atem? Spüren Sie die Enge?

Gut, jetzt sind Sie bereit: Fragen Sie sich, wie Sie es geschafft haben, sich herunterzuwirtschaften, fragen Sie sich, welchem Motiv Ihr Handeln diente: Waren Sie unachtsam, machtbesoffen oder verantwortungslos?

Ganz woanders

Du kannst nur einem Herrn dienen, sagt die Bibel. Wenn Sie im Geiste ganz woanders sind als in der Situation, in der Sie sich befinden. Wenn Sie nicht zuhören, obwohl jemand zu Ihnen spricht. Wenn Sie nicht wahrnehmen, was im Raum zwischen Ihnen und der Welt schwingt und pulsiert. Wenn Sie das Dazwischen ignorieren. Wenn Sie die Details nicht beachten. Wenn Sie abschweifen. Wenn Sie nicht in dem Moment sind sondern in der Vergangenheit oder in der Zukunft, wenn Sie geistig nicht an dem Ort sind, an dem Sie sich physisch befinden. Dann sind Sie unachtsam.

Wer unachtsam ist, nimmt den Prozess, in dem er sich gerade befindet, nicht wahr. Die meisten Menschen sind die meiste Zeit auf diese Weise neben der Spur. Das zu können – im Prozess sein – wäre aber von großem Gewinn für Sie. Ich nenne das: präsent sein. Die größten, erfolgreichsten, charismatischsten Menschen der Welt haben alle eine Eigenschaft gemeinsam: permanente Präsenz. Das lässt sich übrigens wunderbar trainieren, reine Übungssache.

Aber dies ist keine Trainingsstunde. Was mich interessiert: Zu welchem Zweck sind Sie so unachtsam? Was haben Sie davon? Der Moment, dem Sie aus dem Weg gehen, könnte der vielleicht unangenehm für Sie sein? Klar, es könnte ja eine echte Begegnung mit echten Gefühlen daraus entstehen. Was wäre so schlimm daran? Oder haben Sie viele unerledigte Dinge im Kopf und Ihre Gedanken kreisen unermüdlich um die gleichen Themen?

Eine Führungskraft, die ich coachte, gestand mir einmal, wie er mit seinem Sohn Fußball spielte. Er wusste, es ist gut für die Vater-Sohn-Beziehung, wenn er sich mit seinem Sohn beschäftigt. Also spulte er sein Programm ab. Ganz mechanisch. Er schießt. Der Sohn hechtet wie ein Torwart nach dem Ball. Er schaut auf sein Handy, ob eine Mail kam. Er schießt. Der Sohn hechtet. Er überlegt, was noch zu tun ist. Er schießt. Der Sohn hechtet. Er denkt an das Meeting des nächsten Tages. Er schießt ...

Im Geschäft würde das genauso ablaufen, erzählte er mir. Er sitzt im Meeting und tut so, als ob er zuhören würde, er kritzelt irgendetwas auf seinem Block, seine Gedanken sind jedoch ganz woanders. Er bekommt nicht wirklich mit, was sein Mitarbeiter sagt. Ab und zu schaut er auch aus dem Fenster ...

Natürlich war es im Coaching nach kurzer Zeit auch nicht anders. Einerseits suchte er bei mir um Hilfe. Aber seine Gedanken tauchten bei mir genauso weg wie bei seinem Sohn, bei seiner Frau, bei seinen Kollegen und seinen Mitarbeitern.

Ich kenne das auch aus Mitarbeitersicht. Als ich noch angestellt war, kam ich mit einem für mich sehr wichtigen Anliegen zur entsprechenden Führungskraft des Projektteams. Während ich mein Anliegen vorgetragen habe, begann dieser irgendwann, in einer Akte zu blättern, während ich mit ihm redete.

Ich sprach ihn darauf an. Er nickte und versuchte, sich auf mich zu konzentrieren. Aber schon kurz darauf passierte es ihm wieder.

Ich sagte: Bitte hören Sie mir zu, sonst gehe ich wieder. Ich brauche Ihre volle Aufmerksamkeit, sonst fühle ich mich nicht ernst genommen.

Doch, doch, ich bin ja bei Ihnen, sagte er.

Nein, ich brauche Ihre komplette Aufmerksamkeit. Ich, nicht die Akte!

Er schaffte es aber nicht. So sehr war er aus der Übung, seine Gedanken festzuhalten und im Moment zu bleiben. Dieser Mann war ständig auf der Flucht vor sich selbst. Ich will gar nicht darüber nachdenken, welche großen Momente und Chancen er auf diese Weise verpasst hat.

Anmaßung im Übermaß

Wenn Sie unachtsam sind, heißt das nichts anderes, als dass Sie sich nicht für andere interessieren. Ihnen geht es um Sie selbst. Die Welt dreht sich um Sie. Möglicherweise bilden Sie sich ein, dass Sie alle Probleme in Ihrem Leben selbst lösen können. Nur: Die Anzeichen sprechen ja wohl dagegen, oder? Hören Sie auf zu glauben, dass Sie der Einzige sind, der weiß, wie Ihr Leben funktioniert!

Unachtsamkeit ist direkt verbunden mit Machtbesoffenheit. Macht heißt: Ich kann. Und Sie können, stimmt's? Sie können immer! Und Sie stehen über den anderen. Darum reden Sie auch gerne schlecht über andere, zumindest denken Sie schlecht über sie. Sie bemerken die Fehler der Menschen, die Unvollkommenheit, die Schwächen. Wozu bemerken Sie sie? Natürlich, damit Sie sich überlegen fühlen können. Wozu erheben Sie hohe moralische oder intellektuelle Anforderungen gegenüber den anderen? Damit sie daran scheitern und Sie im Gegenzug spüren können, wie stark, wie intelligent und wie mächtig Sie sind.

So funktioniert das. Fragen Sie sich in einer ruhigen Minute doch mal: Wann und wo haben Sie es mit Ihrer Stärke übertrieben? Wann und wo und wem gegenüber waren Sie zu mächtig?

Wenn Sie zu mächtig sind, wird Ihnen schnell vieles gleichgültig. Vor allem andere Menschen. Ein Chef, den ich kennenlernte, sah sich als eine Art Großmogul in seinem Unternehmen. Die meisten fanden ihn arrogant, er selbst fand, er sei schlicht der Beste von allen. Er war ja auch gut, keine Frage. Und so zog er die Macht an sich. Alles lief über seinen Schreibtisch. Er hatte das Sagen. Alles gehörte ihm. Alles musste nach seinen Regeln laufen.

Wenn er den Raum betrat, dann knallte, donnerte und rummste es. Grüß Gott!, schmetterte er, als er mich begrüßte. Hat man Sie gut behandelt? Haben Sie Kaffee bekommen? – Nachdem er die Lage gecheckt hatte, übernahm er das Kommando und dann zwitscherte er wieder ab.

Das Problem bei seiner Art der Führung: Wenn eine Führungskraft in der Hierarchiestufe unter ihm irgendetwas entschied, was dem Mitarbeiter nicht passte, dann ging der jeweilige Mitarbeiter einfach direkt zu ihm, zum Chef. Natürlich fiel er dadurch seiner Führungskraft in den Rücken und löste das Problem kraft seiner Allmacht. Er mischte sich in alles ein. Hielt sich selbst an keine einzige Regel, die er aufgestellt hatte. Was dazu führte, dass seine Führungskräfte lieber gar nichts mehr taten. Die Qualität der Ergebnisse nahm ab und der Stress für den Chef nahm zu. Wenn hier einer was richtig macht, dann bin ich das!, dachte der. Und wetterte über seine inkompetenten Leute.

Als ich ihn darauf ansprach, dass er selbst das Problem sei und dringend ein Coaching bräuchte, schmiss er mich beinahe aus dem Büro: Sagen Sie mir nicht, wie ich mich verhalten soll! Ich brauche das nicht! Ich mache das, wie ich es für richtig halte! Der Erfolg gibt mir recht! Was maßen Sie sich an!

Er wollte nicht hören. Darum ließ ihn seine Seele fühlen. Als Erstes bekam er gesundheitliche Probleme. Er fiel um, mitten in der Firma. Sein Körper sagte ihm: Denk mal nach! – Doch er ging darüber hinweg.

Dann wurde er hinausgeworfen. Er erkannte plötzlich, dass seine Herrschaft doch nicht unangefochten war, denn da war noch der Verwaltungsrat, der die Eigentümer vertrat. Und die entfernten ihn aus der Firma, mitsamt seinem Vorstandskollegen.

Nach dem Suff kommt der Kater. Nach der Machtbesoffenheit kommt die Depression.

Keine Antwort

Wer unachtsam und machtbesoffen ist, handelt in der Folge verantwortungslos. Dass an der Misere, in der Sie stecken, die anderen schuld sind, fühlt sich irgendwie unrund an, das können Sie so langsam zugeben, hoffe ich. Obwohl die anderen schuld sind, bleibt bei Ihnen eine Unzufriedenheit zurück. Es macht Sie nicht zufrieden, dass Sie keine Verantwortung tragen sollen. Eine leise Stimme, die immer lauter wird, sagt Ihnen, dass Sie keine Lösung finden, weil Sie selbst Teil des Problems sind.

Das ist schwer. Die Verantwortung am Ende doch noch zu übernehmen, das ist wirklich ein hartes Stück Brot. Zu Beginn hatten Sie einen Impuls, Sie hatten Lust etwas zu tun. Sie hatten Erfolg. Dann kam die Gier. Sie handelten. Unmittelbar, entschlossen, sofort. Ohne Nachdenken. Ohne Antwort auf die Frage, welche Konsequenzen Ihr Handeln hat. Sie machten einfach. Und das machte Spaß. Fühlte sich irgendwie geil an. Sie zogen das voll durch, ohne Rücksicht.

Später kam dann die Reue. Heimlich und versteckt. Waren Sie etwa schuld an dem, was passiert ist? Wer muss die Folgen tragen? Sie schoben die Verantwortung weg – und distanzierten sich damit von sich selbst. Jedes Mal, wenn Sie die Verantwortung für Ihr Handeln nicht übernahmen, entfernten Sie sich ein Stückchen weiter von Ihrer inneren Mitte.

Dabei ist das nur eine schlechte Angewohnheit. Das Gute wollen und viel davon. Aber ohne den Preis dafür zu bezahlen. Das ist verständlich. Aber auf Dauer kommen Sie da nicht heil raus. Vor allem Ihre Seele leidet. Sie bringen sich um Ihren Frieden. Denn Sie überhören Ihr Gewissen.

Wenn Sie Ihr lange verschüttetes Gewissen mal wieder wahrnehmen wollen, gebe ich Ihnen einen Tipp: Die ersten Minuten nach dem Aufwachen können Sie es hören, wenn Sie wollen. Legen Sie einfach ein Notizbüchlein neben Ihr Bett und schreiben Sie morgens direkt nach dem Aufwachen ein paar Minuten lang für sich auf, was Ihnen in den Sinn kommt. Gedanken, Gefühle, Dinge die Sie erledigen wollen … Voilá. Da ist es, Ihr Gewissen! Ich nenne das Gedankenhygiene. Und bitte denken Sie daran: Schreiben Sie alles auf was Ihnen einfällt, auch wenn das chaotisch und unstrukturiert wirkt.

Verantwortung ist nichts anderes als eine gute Antwort auf eine Frage, die Ihnen das Leben stellt. Ein reifer Mensch hat eine Antwort parat. Ist bereit, sich für etwas einzusetzen. Hat einen Standpunkt. Verzichtet auf manches, lässt vieles sein, tut vieles nicht. Darum kann er sich immer selbst in die Augen schauen. Er ist klar. Stabil. Unbestechlich.

Das Leben fragt, Sie antworten. Es ist eine Entscheidung. Sie tragen nicht die ganze Zeit Verantwortung, sondern nur in der Sekunde der Antwort. Und wenn die Antwort ehrlich ist, dann ist die Sache erledigt.

Wenn die Antwort aber nicht kommt, dann wiederholt Ihre Seele wieder und wieder die Frage. Sie geraten in ein Fegefeuer, aus dem Sie nicht herauskommen, bis Sie endlich bereit sind, wie ein reifer Mensch zu antworten.

Das kann sich hinziehen … bei einem Mann zog es sich über Jahre. Er war ein echter Gewinnertyp, sah super aus und strahlte. Geschäftlich hatte er großen Erfolg. Alles, was er in die Hand nahm, wurde zu Gold.

In einem unachtsamen Moment, in dem er machtbesoffen nach Gierbefriedigung strebte, fing er an zu zocken. Er wurde zum Spielsüchtigen. Und als er eine, wie er es sagen würde, Pechsträhne hatte, machte er auch vor den Rücklagen der Familie nicht halt. Dabei liebte er aber doch seine Frau und sein Kind und wollte immer nur das Beste für die beiden. – Die Frage, die ihm seine Seele stellte, überhörte er einfach. Er versuchte einfach, beides zu haben. Familienglück und Spaß beim Zocken.

Beim Spielen lernte er einen anderen Spieler kennen. Der Kollege hatte selbst auch eine Frau und zwei Kinder zu Hause. Aber ehrlich über die Spielsucht mit dem Partner zu sprechen, stand bei ihm genauso wenig zur Debatte. Und so schrieben sich die beiden heimlich in der Nacht, während sie nach außen die Fassade der finanziell abgesicherten Familie aufrechterhielten. Er kommt von der Arbeit heim, begrüßt Frau und Kinder. Und nebenher, nachts, spielt er und tauscht sich mit seinen Zockerkollegen aus. Ab und zu trifft er den verschworenen Kumpel heimlich. Fast zwei Jahre lang ging das so.

Wenn die Spielgemeinschaft dachte, sie könnte so weitermachen … so spielt das Leben nicht. Natürlich stellte es die Frage eindringlicher: Das finanzielle Polster, das Ersparte ging förmlich den Bach runter.

Das Ganze lag immer schwerer auf seiner Seele. Irgendwann wurde es zu viel. Er machte reinen Tisch. Er sagte es seiner Partnerin. Sie trennte sich von ihrem Mann, als Sie von dem jahrelangen Vertrauensmissbrauch erfahren hatte. Er konnte nun ohne Geheimnisse seiner Zockerleidenschaft nachgehen. Aber es war noch immer nicht gut. War das die richtige Antwort gewesen? Plötzlich spürte er seine Gefühle für seine Frau. War es richtig, ihr so lange nichts gesagt zu haben? War das nicht eine wichtige Lektion für ihn, dass sie sich von ihm getrennt hat? Und er spürte, dass ihm seine Familie fehlte. Plötzlich trat das Abenteuer zurück und andere Werte kamen zum Vorschein: Vertrauen, Loyalität, Sicherheit.

Der Mann war noch immer nicht bereit zum Verzicht.

Es wurde immer schlimmer. Und das sah man ihm auch an. Gar nichts strahlte mehr. Er sah richtig schlecht aus. Sein Gesicht wirkte verlebt, er bekam Sorgenfalten, er wurde hager, ausgemergelt. Die Energie war aus ihm gewichen. Vieles wurde ihm egal, sein Antrieb war dahin. Ab und zu holte er sich die Frische zurück, wenn er eine Glückssträhne hatte. Aber das war nie von Dauer.

Das Leben will eine Antwort! Sonst eskaliert es …

Wir sind auf der Welt, um ein besserer Mensch zu werden. Darum stellt Ihnen das Leben Fragen. Sie können die Antwort nicht verweigern. Sonst wird alles schlimmer. Es ist nie erledigt. Nicht zu antworten ist Feigheit vor sich selbst. Wahre Freiheit bedeutet immer Disziplin: Entscheiden Sie sich. Und halten Sie sich daran. Stehen Sie zu sich. Wenn Sie achtsam sind und sich nicht zu wichtig nehmen, dann finden Sie die Antwort leicht.

Verstehen Sie jetzt, wie Sie sich Ihre Krise gemacht haben?

Kapitel 8

Was Sicherheit in Wahrheit ist

„Wenn uns etwas aus dem gewohnten Gleise wirft,
bilden wir uns ein, alles sei verloren;
dabei fängt nur etwas Neues, Gutes an."

(Leo Tolstoi)

Natürlich sind Sie verunsichert. Das ist verständlich. Denn eins ist sicher: Sie sind nicht sicher! Und Sie haben nicht recht behalten. Die Welt, wie Sie sie wahrgenommen haben, hat sich von einer ganz anderen Seite gezeigt. Eine Seite, mit der Sie nicht gerechnet haben. Das wirft natürlich Fragen auf: Sie sind sich Ihrer Weltsicht nicht mehr sicher. Was Sie über die Welt dachten, wie sie gestaltet ist und wie sie funktioniert, wurde widerlegt – von der schlichten Wucht der Realität zertrümmert. Was sollen Sie jetzt denken? Was ist noch sicher? Was könnte als Nächstes passieren? – So fühlt sich die Welt an, wenn Ihnen der Teppich der Sicherheit unter den Füßen weggezogen wurde.

Sie dachten, Sie seien gesund. Jedenfalls fühlte es sich so an. Und nun ist Ihr Körper plötzlich nicht mehr unversehrt und der Tod klopft schon mal leise an: Ja, Sie sind nicht unsterblich!

Sie dachten, Ihre Partnerschaft sei etwas für die Ewigkeit. Jedenfalls wäre das Ihr Wunsch gewesen. Und nun ist die Beziehung angeschlagen oder kaputt.

Sie dachten, für Ihre Finanzen gibt es nur eine Richtung: weiter nach oben. Jedenfalls deutete alles darauf hin, dass es immer weiter bergauf geht. Und nun haben Sie die größte Mühe, mit Ihren Verlusten klarzukommen.

Ja, ich spekuliere. Ich weiß nicht, was es bei Ihnen ist. Ich weiß nur: Die Festung Ihrer Sicherheit wurde in den Grundmauern erschüttert. Und jetzt sind Ihre Zweifel erdrückend.

Einbildungssache

Es ist schade, aber wahr: Der Fluss des Lebens ist nicht beständig. Das Einzige, was tatsächlich beständig ist, ist der Wechsel aus Loslassen und Neuanfang in Ihrem Leben. Das wäre nicht weiter tragisch. Das Dazwischen ist jedoch das eigentliche Problem: Nach dem Neuanfang kommt allzu oft das verbissene Klammern, die Illusion, dass Sie festhalten können, was gut ist. Dabei werden Sie früher oder später doch gezwungen loszulassen. Unausweichlich. Und nach dem unfreiwilligen Loslassen kommt die Panik, der Zweifel, die Verunsicherung, die so lange dauern, bis Sie sich wieder auf einen Neuanfang einlassen können. Die Zwischenphasen sind es, die Sie fertigmachen: Die illusorische, eingebildete Sicherheit und danach die totale Verunsicherung.

Was Sie nun lernen dürfen: Beides ist nicht die Realität. Beides haben Sie sich nur in Ihrem Kopf gemacht. Das eine, die Scheinsicherheit, haben Sie sich durch Ihre Überheblichkeit gestaltet. Das andere, den Abgrund der Verunsicherung, haben Sie sich eingebrockt, weil Sie noch immer an der Vorstellung festhalten, dass es Sicherheit geben müsste – und Sie sie nur noch nicht gefunden haben.

Die nackte Wahrheit aber ist: Die Welt ist in Bewegung. Alles ist nur auf Zeit. Nichts ist von Dauer und alles kann sich jederzeit ändern. Aus Freunden werden Feinde und aus Feinden werden Freunde. Aus Mächtigen werden Bettler und aus Underdogs werden Herrscher. Aus Krüppeln werden Geheilte und aus Helden werden Lahme. Aus Klein wird Groß und einstmals Gigantisches schrumpft und bröckelt. Der Wind dreht sich. „Gestern noch ham d'Leut ganz anders g'redt", singt Hubert von Goisern.

So ist die Welt. Ihr Absturz führt Sie nun auf diese Realität zurück. Und das ist hart. Sie dürfen nun begreifen, dass Sie sich nicht über die Dinge stellen sollten – denn von dort oben ist der Fall tiefer und der Aufprall härter. Sie schaffen es einfach nicht, festzuhalten, was Ihnen gefällt und zu bestimmen, was sich ändern soll. Sie sind nicht besser, toller, schöner, schlauer, schneller als das Leben. Das Leben, das bunte, verrückte, chaotische Leben überholt Sie früher oder später immer.

Und doch dürfen Sie vertrauen! Denn am Ende wird alles gut. Wo Leben ist, da ist auch Glück. Das verspreche ich Ihnen.

Die Herausforderung für Sie besteht nun darin, zu akzeptieren, dass das Leben so eine launische, unbeständige, unzuverlässige Diva ist – und zu lernen, mit ihr zu tanzen. Hören Sie auf damit, Häuser für die Ewigkeit auf Sand zu bauen. Hören Sie auf, sich über das Leben hinwegsetzen zu wollen. Hören Sie auf, recht behalten zu wollen. Und beginnen Sie, zu leben wie ein Erwachsener. Wie ein reifer Mensch. Wie ein freier Mensch: Ohne Illusionen, aber voller Hoffnung.

Habe ich recht?

Sie gewöhnen sich an eine Sache. Sie werden darin von außen bestärkt. Jemand gibt Ihnen recht. Sie glauben, Sie liegen richtig. Sie gewinnen mehr und mehr Selbstsicherheit. – Genau so läuft das immer. Am Ende geben Sie sich selbst recht. Und das ist dann endgültig ein Akt des Selbstbetrugs. Wenn Sie sagen oder denken: Ich habe recht. Dann belügen Sie sich. Und meistens noch andere mit dazu.

Denn Sie sitzen nur Ihrem Glaubenssatz über die Welt auf. Und dann treffen Sie auf einen anderen Menschen, der etwas anderes glaubt. Und der genauso wie Sie Bestätigung von außen bekommen hat, der genauso recht bekommen hat. Der genauso glaubt, richtig zu liegen. Er hat sich eben einen anderen Glaubenssatz über die Welt im Kopf zurechtgebaut.

Und wenn Sie beide nun mit den Köpfen zusammenknallen, dann spielen Sie das Richtig-oder-Falsch-Spiel. Nur einer von Ihnen beiden kann recht haben, richtig?

Wir erzählen uns ständig Geschichten von richtig und falsch. Einem Armen, der freundlich fragt, eine Geldspende verweigern – das ist falsch. In Führung liegend zuerst mal das eigene Tor absichern – das ist richtig. Nach der Wahl etwas anderes machen, als vor der Wahl versprochen wurde – das ist falsch. Einen Aggressor mit wohlwollenden Gesten beschwichtigen – das ist richtig. Wir hängen sehr an diesen Geschichten. Wir gewöhnen uns an sie, bis wir sie nicht mehr hinterfragen. Bis wir eines Tages eines besseren belehrt werden, wenn jemand genau das Gegenteil tut und sich dabei genauso im Recht fühlt.

Wir verwenden Richtig oder Falsch als feststehende Kategorien, um die Welt zu ordnen in Gut und Böse. Das gibt uns Sicherheit. Doch nur zum Schein, denn nichts in der Welt ist richtig oder falsch. Sie können Sachen besser machen oder schlechter, ja das geht, aber Sie können unmöglich etwas richtig machen. Denn was richtig ist, ist nur ein Konstrukt des menschlichen Verstandes. Ein altes Erlebnis, das eine Weile lang bestätigt wurde. Eine Vorstellung, ein Provisorium, eine Annahme, eine Gewohnheit. Aber auf gar keinen Fall richtig …

Die Frage ist: Warum halten wir so sehr an diesen Kategorien fest? Warum klammern wir uns daran, dass doch irgendetwas bitteschön richtig zu sein hat? – Es wurde uns in die Wiege gelegt. Richtig oder Falsch ist sozusagen Kinderkram. In der Erziehung von Kindern hat es seinen Platz: Die Eltern wollen nicht, dass den Kindern etwas passiert. Sie sind dafür verantwortlich, einen sicheren Rahmen zu bauen, um das Überleben der Kinder zu sichern. Davon hängt alles ab. Also ziehen Sie Linien in die Welt, Trennlinien, die den inneren, sicheren Raum und den äußeren, gefährlichen Raum der Welt voneinander scheiden. Die Linien müssen gut sichtbar sein, damit die kleinen Kinder sie verstehen. Und sie dürfen keinen Interpretationsspielraum zulassen: Sie müssen glasklar sein, damit die Kinder auf jeden Fall in Sicherheit bleiben und sich nicht zu weit vorwagen. Innerhalb der Trennlinie ist: Richtig! Außerhalb der Trennlinie ist: Falsch!

So hält man kein Messer, das ist falsch! Ja, lauf hier auf der Innenseite des Gehwegs, so ist es richtig! Nein, gib dem Jungen seine Schaufel zurück, das ist nicht deine, das ist falsch! Ja, wenn die Erzieherin etwas sagt, musst du folgen, das ist richtig. Nein, wenn ein Fremder etwas zu dir sagt, darfst du nicht mit ihm reden, das ist falsch.

Es liegt in unserer Natur, dass wir immer wieder in diesen sicheren Raum des Richtigen zurückkehren wollen. Wir wollen immer wieder Kinder sein. Es ist schön angenehm, ohne Verantwortung zu sein. Wenn ich mich nur an das halte, was richtig ist, dann wird alles gut. Mama und Papa passen auf mich auf. Und wenn ich mal was falsch gemacht habe, dann helfen mir Mama und Papa und machen es wieder gut für mich.

Kinder sind sicher. Und unfrei. Das ist gut so – besser geht es nicht. Aber wenn Sie ein Erwachsener sein wollen, wenn Sie frei sein wollen, dann müssen Sie auch die Unsicherheit akzeptieren. Dann können Sie das Richtig-Falsch-Spiel getrost vergessen. Machen Sie Ihre Dinge so gut Sie können, aber hören Sie bitte endlich auf, sie richtig machen zu wollen!

Der Geist des Pioniers

Eltern, die es mit dem Beschützen übertreiben, verhindern, dass ihre Kinder eigene Erfahrungen sammeln. Die Angst der Eltern, dass ihrem Kind etwas passieren könnte, macht aus dem Kind ein ängstliches Wesen. Ein sicherheitsbedürftiger Mensch wächst heran, der es gewohnt ist, innerhalb des Gewohnten zu bleiben. Denn außerhalb des „Richtigen" beginnt die Sphäre der Unsicherheit. Und die fühlt sich extrem unangenehm an für diesen Menschen. Alles was neu ist, macht unsicher. Aber, lieber Erwachsener, diese Unsicherheit ist nicht falsch! Sie ist normal! Notwendig! Schön!

Wie kommen wir dazu, ein Leben in Sicherheit zu fordern? Welche Anmaßung ist das, von anderen Menschen zu verlangen, dass sie für unsere Sicherheit sorgen? Was wir da bekommen, ist doch nur eine Illusion: Wir schieben die Verantwortung weg und bürden sie den Politikern, den Lehrern, den Ärzten, der Polizei und was weiß ich noch wem auf. Die vermeintliche Sicherheit, die wir uns so kaufen, ist ein gutes Geschäftsfeld, sicher. Aber am Ende nützt alles nichts: Wenn ich kein Polster fürs Alter zurücklege, werde ich in Armut sterben – da helfen keine Politiker. Wenn ich keinen Sport treibe und mich schlecht ernähre, dann werde ich möglicherweise krank – da helfen keine Ärzte. Und wenn das Schicksal es will, dann passieren schlimme Dinge – trotz Vorsorgeuntersuchungen, trotz Beratung, trotz Versicherungspolicen.

Nein, die Unsicherheit, die Sie durchdringt, wenn Sie zum ersten Mal oben an einem Tiefschneefeld stehen und Sie wissen, dass Tiefschneefahren eine völlig neue Erfahrung für Sie als Skifahrer ist, diese Unsicherheit ist schön. Sie führt dazu, dass Sie wackelig auf den Brettern stehen, dass Sie schlechter fahren, als Sie es könnten, dass Sie schon nach wenigen Metern das Gleichgewicht verlieren und stürzen. Dass Sie einen Ski verlieren und eine Viertelstunde danach graben müssen. Ja, das passiert.

Erhöhen Sie nun Ihr Bewusstsein für Ihre Unsicherheit. Nehmen Sie sie wahr. Hören Sie auf, sie wegmachen zu wollen. Spüren Sie sie stattdessen noch genauer. Die wackeligen Knie, die nach vorne gezogenen Schultern, das eingefrorene Gesicht, die kratzige Stimme …

Es ist ok, Sie dürfen sich unsicher fühlen, denn Sie sind es ja auch. Sie sind auf unbekanntem Terrain. Das ist gut. Das liefert neue Ergebnisse. Sie dürfen neue Erfahrungen machen. Ich gratuliere. Sie leben. Und das Leben bringt Glück …

Und jetzt kommt das Verrückte, das Paradoxe, das Verblüffende! Ich stehe beispielsweise auf einem Podium und spreche zu einem Publikum. Die Leute sind für mich neu, der Saal ist für mich neu, die Situation ist für mich neu – also bin ich unsicher. Gut. Aber da ist noch etwas anderes: Dieses Gefühl, die Situation nicht zu kennen, dieses mulmige Gefühl kenne ich irgendwie schon. Ich bemerke es, weil ich mich darauf einlasse. Es kommt mir vertraut vor.

Wenn ich das nun so oft wie möglich wiederhole – ich mich also nicht nur so oft es geht auf ein Podium wage und frei zu fremden Leuten spreche, sondern wenn ich mich so oft wie ich es aushalte unsicheren Situationen aussetze – dann wird die Unsicherheit, die ich dabei empfinde, immer vertrauter. Und das gibt mir Sicherheit in unsicheren Situationen. Sozusagen eine Sicherheit höherer Ebene. Ich gewöhne mich an die Unsicherheit. Und irgendwann beginne ich mit ihr zu spielen: Ich fühle mich sicher in der Unsicherheit. Auf einmal macht es mir Freude, denn ich merke: Dort, in der Unsicherheitszone, da lerne ich. Da wachse ich. Da entwickle ich mich. Und Entwicklung macht Freude.

Kapitel 9

Wie das Leben mit Ihnen spielt, wenn Sie respektlos sind

„Vorsicht ist die der Rücksicht zugewandte Seite der Umsicht."

(Peter E. Schumacher)

Vielleicht bekommen Sie gerade die Quittung für Ihre Respektlosigkeit. – Was? Sie? Respektlos? Ich meine damit nicht, dass Sie unverschämt waren. Ich meine das eher im wahren Sinne des Wortes.

„Re-spekt" bedeutet „Rück-schau". Voller Respekt sind Sie immer dann, wenn Sie wohlwollend zurückblicken auf das, was war: Auf das, was Sie gemacht haben, auf das, was andere gemacht haben. Haben Sie Respekt vor dem, was andere vor Ihnen errichtet, gewagt oder versucht haben?

Alles gewonnen!

So wie Pep Guardiola bei seiner ersten Pressekonferenz als neuer Trainer des FC Bayern München: Es war die bis dahin größte Pressekonferenz in der Geschichte des größten Sportvereins Deutschlands. 240 Medienvertreter aus elf Ländern waren gespannt auf die ersten Worte des damals erfolgreichsten Fußballtrainers der Welt. Lauter Superlative. Da spricht jemand auf dem Zenit seines Erfolgs, ein absolut anerkannter Fachmann, eine Autorität seines Sports, einer, der niemandem mehr etwas beweisen muss, außer vielleicht sich selbst. An seinem ersten Tag in Deutschland, an seinem ersten Tag bei seinem neuen Arbeitgeber. Und was sagt er? Er sagt: „Guten Tag und Grüß Gott meine Damen und Herren!" – auf Deutsch! Guardiola hatte die Monate vor seinem Job genutzt, um die Landessprache zu lernen und bereits am ersten Tag direkt und ohne Übersetzer zu den Menschen zu sprechen, die ihm zuhörten. Zum ersten Mal sprach er öffentlich deutsch – eine implizite Respektbekundung. Das bedeutete: Ich achte eure Sprache. Ich weiß, wer ich bin und wo ich herkomme. Ich weiß, dass ich hier der Gast bin und Ihr die Gastgeber. Ich berücksichtige die Gesamtsituation!

Damit überraschte er alle. Doch noch bemerkenswerter war, was er dann sagte: Für ihn sei es ein Geschenk, ein Glück, dass der FC Bayern überhaupt daran gedacht hatte, ihm die Aufgabe anzuvertrauen. Er wolle sich dafür bedanken. – Dabei war er es, der die Wahl gehabt hatte unter unzähligen Angeboten der besten Clubs der Welt. Er berücksichtigte also die wahren Verhältnisse: Der Club ist der Arbeitgeber und gibt ihm einen Job. Er ist derjenige, der Danke sagt. Nicht umgekehrt! Er berücksichtigt, was ist!

Dann hält er Rückschau: Sein neuer Club hat in der Vorsaison alles gewonnen, was es zu gewinnen gab – das Triple aus Meisterschaft, Vereinspokal und Champions League. Eine Bürde für ihn? – Davon will er nicht sprechen. Stattdessen würdigt er die Arbeit seines Vorgängers Jupp Heynckes, der Vereinsführung und der Spieler. Voller Respekt. Er berücksichtigt, was vor ihm war!

Doch nicht nur das. Stolz hält er auch Rückschau auf seine eigenen Erfolge: Beim FC Barcelona habe er als Trainer ebenfalls alles gewonnen, sagt er. In seiner ersten Saison als Trainer holte er dort das Triple, gewann 14 Titel in vier Jahren. Das sagt er ohne anzugeben, in der gleichen Selbstverständlichkeit, in der er die Erfolge des FC Bayern anerkennt. Hier hat einer auch Respekt vor seinen eigenen Leistungen, Selbstrespekt. Er berücksichtigt auch sich selbst!

Interessant auch, was nicht über seine Lippen kam, was Sie aber insbesondere bei den Antritts-Pressekonferenzen junger Trainer oft sehen und hören können: Als Antwort auf die Fragen der Presse kommt Kritik an der Mannschaft oder am Vorgängertrainer. Beobachtungen, was ihm zuvor am Spiel der Mannschaft nicht gefallen hat und was er besser machen möchte. Analysen der Stärken und Schwächen der Mannschaft. – So etwas ist am ersten Tag, nachdem noch nichts geleistet ist, allerdings respektlos. Guardiola tappt nicht in diese Falle.

Stattdessen ist die Grundregel des Respekts: Anerkennen was war und was ist. Nicht mehr und nicht weniger.

Das klingt so leicht, aber wenn Sie ehrlich zu sich selbst sind, dann erkennen Sie an, wie schwer das ist. Ihre eigene Respektlosigkeit ist manchmal sogar für Sie selbst offensichtlich, aber meistens eben doch schwer zu erkennen. Bei anderen fällt es Ihnen eher auf.

Diese Blicke, wenn Menschen anderer Meinung sind: abschätzig, irritiert, missgünstig. Die Blicke drücken aus: Der andere hat nicht recht, seine Meinung ist bescheuert, er ist ein Idiot, ein Depp, ein Schwätzer. Dieser Gesichtsausdruck, wenn Menschen etwas sagen: von oben herab, sich über den anderen stellend, despektierlich. Die Miene drückt aus: Man will dem anderen gar nicht zuhören. Diese Körpersprache, wenn andere im Mittelpunkt stehen: Die Arme verschränkt, verschlossen, verkrampft. Diese Haltung drückt aus: Ich erkenne deine Leistung nicht an. Ich müsste es sein, der im Mittelpunkt steht. Du bist nicht gut genug.

Und wenn der Respektlose dann spricht, dann fallen ihm jede Menge Themen ein, dann ist viel zu sagen, es fällt nur kein Wort der Würdigung. Keine Anerkennung für die positive Absicht der anderen, auch wenn die Bemühungen vielleicht keinen Erfolg hatten.

Respekt ist eine alte Tugend. Und sie ist so selten geworden, dass sie nicht mehr selbstverständlich ist. Aber selbstverständlich ist sie wertvoll für Sie, wie jede Tugend. Respekt stiftet nämlich Frieden. Frieden in Ihrem Innern.

Im Clinch

Überlegen Sie mal: Wie reden Sie über das Finanzamt? Voller Respekt? Oder despektierlich? Wie reden Sie über Ihren Vater und Ihre Mutter? Respektvoll oder abschätzig? Wenn Sie Chef sind: Wie reden Sie über Ihre Mitarbeiter? Haben Sie Respekt vor ihnen? Wenn Sie Mitarbeiter sind: Wie reden Sie über Ihren Chef? Wie reden Sie über Politiker? Was denken Sie über Beamte? Wie ist Ihre generelle Meinung über Lehrer? Welchen Stand haben bei Ihnen alleinerziehende Mütter? Die Jugend von heute? Rentner? Dicke? Ich könnte da noch lange weitermachen – und es gibt wenige, die voller Überzeugung jedes Mal nicken können und innerlich Frieden fühlen: Ja, erkenne ich an. Ist gut so. Passt für mich. Habe Hochachtung. Die machen das gut. Die sind wichtig. Die leisten Großes. Die sind in Ordnung. Davor habe ich Respekt …

Ich lade Sie zu einem Gedanken ein: Wovor Sie keinen Respekt haben, dagegen kämpfen Sie! Erst wenn Sie beginnen zu respektieren, anzuerkennen, zu achten, erst dann löst sich der Kampf auf. Erst dann ist die im Kampf gebundene Energie frei und es kann Neues entstehen.

Solange Sie kämpfen, blockieren Sie Ihre eigene Entwicklung. Das ist nicht sehr respektvoll gegenüber Ihnen selbst. Am Ende – durchdenken Sie es bitte – am Ende ist es immer fehlender Selbstrespekt.

Wenn Sie respektlos gegenüber Dummen oder Dicken sind, dann fehlt Ihnen die Anerkennung Ihrer selbst. Ihre Verachtung ist nämlich nichts anderes als eine Projektion: Sie sehen sich in dem Dummen oder Dicken selbst: Sie finden sich selbst zu wenig erfolgreich. Zu wenig intelligent. Zu wenig attraktiv. Zu wenig diszipliniert. Insgeheim hassen Sie sich für Ihre Schwächen. Natürlich ist Ihnen das im Alltag nicht bewusst. Sie haben Ihre Selbstungerechtigkeit unbemerkt in den Schatten geschoben – darum meldet sich Ihr Unbewusstes ja auch treffsicher über die Projektionen: In der spöttischen Bemerkung über den fetten Chef oder den etwas einfältigen Kollegen reagieren Sie ab, was Sie ansonsten wütend, traurig oder verzweifelt werden ließe: Dass Sie nicht so erfolgreich sind wie der Dicke – wie macht der das nur! – und dass Sie nicht so fröhlich sind wie der Einfältige – wie kann ein Mensch nur so gelassen sein, verdammt!

Wie wäre es, wenn Sie sich stattdessen endlich mal mit sich selbst anfreunden würden? Das wäre auf alle Fälle energiesparender. Und Sie wären ein deutlich sympathischerer Zeitgenosse.

Auf dass du lange lebst und es dir gut geht

Ganz furchtbar wird es, wenn Ihre Unzufriedenheit mit sich selbst sich ihren Weg auf die Projektionsfläche Ihrer Eltern sucht. Respektlosigkeit im Elternhaus ist weit verbreitet. Viele Menschen in unseren Breitengraden erlauben es sich, den Kontakt nach Hause einzuschränken oder abzubrechen. Weihnachten wird zur Pflichtveranstaltung. Geburtstage werden erduldet. Telefonanrufe werden auf Smalltalkformat geschrumpft. Wenn der Vater redet, werden die Augen gerollt. Wenn die Mutter anfängt, melancholisch zu werden, wird das Weite gesucht. Pampige Antworten, giftige Widerworte und hintenrum Geläster und Gespotte: „Ach ja, meine Mutter wieder. Und der Alte ist unverbesserlich. So langsam setzt der Altersstarrsinn ein. Und was für ein jämmerliches Leben die führen … Immer wenn ich sage, ich will keinen Kuchen mehr, sagt sie: Nimm noch ein Stück! Die werden es nie lernen. Die werden mich nie respektieren. Warum können die mich nicht einfach so lassen, wie ich bin …" – Oha!

Ja, zugegeben, es gibt auch respektlose Eltern. Keine Frage. Aber wissen Sie was? Das ist deren Ding. Das gibt Ihnen noch lange nicht das Recht, selbst respektlos zu sein. Man kann sehr gut respektlosen Leuten mit Respekt begegnen. Das ist sogar unsere eigentliche Aufgabe! Dann zeigt es sich erst, wie ernst Sie es mit sich selbst meinen …

Beim vierten Gebot wird oft der wichtige Zusatz weggelassen: „Du sollst deinen Vater und deine Mutter ehren, damit du lange lebst und es dir gut geht." – Es hat einen guten Grund, warum das so in der Bibel steht. Die Eltern in Ehren zu halten, egal was passiert, hat nämlich einen weit größeren Effekt auf Sie selbst als auf Ihre Eltern. Im fehlenden Respekt den Eltern gegenüber zeigt sich eine seelische Wurzelkrankheit:

Das Fundament Ihrer Persönlichkeit ist ernsthaft angegriffen, wenn Sie sich selbst so wenig leiden können, dass Sie Ihren Stammbaum diskreditieren.

Was ich Ihnen wünsche, ist die Größe, sich selbst zu vergeben und danach Ihren Eltern zu vergeben – sodass Sie endlich all Ihre Kraft zum Leben zurückbekommen und nach vorne schauen können.

Wenn ich es mal etwas dramatisch formuliere: Wenn Sie respektlos sind, dann fehlt Ihnen am Ende einer langen Kaskade der Respekt vor dem Leben. Eben auch vor Ihrem eigenen Leben. Sie erkennen Ihre Seele nicht an. Nicht anerkennen heißt: nicht annehmen, was Sie erkennen. Also: Nicht wahrhaben, was Sie erkennen. Also: die Wirklichkeit verfälschen. Also: Illusionen bauen. Gedankengebäude. Glaubenssätze, falsche Wahrheiten, Meinungen. Selbstlügen. Und dann werden Sie zum Opfer Ihrer Selbstlügen.

Interessant!

Ansonsten: Am Ende der Selbstverachtung lauert die Depression. Das Leben bringt respektlosen Menschen mit Nachdruck Respekt bei. Und zwar auf äußerst unangenehme Weise. Sie werden unachtsam, machtbesoffen und verantwortungslos. Sie wissen genau, wovon ich rede! Dann zerbricht irgendetwas in ihrem Leben und sie werden wütend, traurig oder einsam oder alles auf einmal – damit sie eine neue Chance bekommen, Bescheidenheit zu lernen.

Wie das gehen soll? Wie Sie bescheiden werden, respektvoll werden und dann respektiert werden? Von sich selbst und von anderen? – Nun, letztlich durch Ihr Verhalten. Ihr Verhalten ist aber ein Spiegel Ihrer Gedanken. Die Frage lautet also etwas präziser: Wie beeinflussen Sie Ihre Gedanken so, dass Ihr Verhalten sich so verändert, dass Sie am Ende Respekt bekommen?

Auch da werden Sie wieder in der Sprache selbst fündig: Respekt heißt auch Rücksicht. Nehmen Sie die anderen Menschen und sich selbst einfach mit ein wenig mehr Rücksicht wahr. Mit etwas mehr Vorsicht. Mit etwas mehr Behutsamkeit, Achtsamkeit, Bescheidenheit. Oder anders gesagt: Schauen und hören Sie bitte mal etwas genauer hin.

Der kleine Trick dabei ist: Sagen Sie sich das nächste Mal, wenn Sie etwas bei anderen bemerken, was Ihnen nicht gefällt, einfach zu sich selbst: interessant … Und meinen Sie es auch so! – Sie werden sehen, ab diesem Moment ist es unmöglich, rücksichtslos zu sein.

Die Mutter hört Ihnen nicht zu. Interessant. Was ihr wohl stattdessen im Kopf rumgeht? Ihr Vorgänger hat Ihnen einen Scherbenhaufen hinterlassen. Interessant. Wie er sich dabei wohl gefühlt hat? Die Frau vor Ihnen ist furchtbar dick. Interessant. Wer steckt in dem Körper? Der Bankangestellte ist arrogant und herablassend. Interessant. Was macht ihn wohl derart unzufrieden mit seinem Job?

Was Sie dabei entdecken: Die Menschen haben Stärken und Schwächen. Wie Sie selbst. Nehmen Sie es doch einfach, wie es ist.

Kapitel 10

Warum Wissen und Können Sie nicht erfolgreich gemacht haben

Yes, there were times, I'm sure you knew,
When I bit off more than I could chew.
But through it all, when there was doubt,
I ate it up and spit it out.
I faced it all and I stood tall;
And did it my way.

(„My Way" von Paul Anka)

Das Leben kannst du nur vorwärts leben – und verstehen kannst du es nur rückwärts. Ja, natürlich geht es Ihnen jetzt darum, Ihre Misere zu verstehen: Warum ist es gerade Ihnen passiert? Warum? Was haben Sie falsch gemacht? Sie möchten wissen, was dahinter steckt. Denn wenn Sie das Muster nicht erkennen, können Sie es nicht verändern.

Das große Warum. Das ist eine ernsthafte Frage. In Ordnung. Also, was haben Sie falsch gemacht? Wann, wo, gegenüber wem und wie haben Sie sich falsch verhalten? Sie lassen sich Ihr Leben durch den Kopf gehen: Soll ich vielleicht grundsätzlich etwas ganz anderes machen? Soll ich den Weg ändern? Habe ich mich für das Falsche eingesetzt?

Das Schlimme an solchen Grübeleien ist die Erkenntnis, die irgendwann kommt: Ja, natürlich hätten Sie alles irgendwie anders machen können. Aber waren das wirklich Fehler? War es wirklich falsch? – Das ist es in den seltensten Fällen. Und was ist schon richtig und was ist falsch? Im jeweiligen Moment haben Sie Ihr Bestes gegeben. Einen wirklichen Fehler werden Sie selten finden. Meistens ist es nicht zu verstehen, warum es so weit kommen musste.

Aber wissen Sie was? Darum geht es ja auch gar nicht. Die Frage nach dem Warum oder besser gesagt nach dem Wozu lohnt sich trotzdem – nicht wegen der Antwort, sondern wegen dem Kontakt, den Sie mit sich selbst aufnehmen. Sie beginnen endlich mit dem, was Sie jetzt am Dringendsten brauchen: Selbstreflexion. Nachdenken über Ihr Leben. Ihnen fallen Bilder ein, Szenen, Situationen. Die rätselhafte Person, die darin immer wieder vorkommt, das sind Sie! Lernen Sie sich besser kennen! So langsam sind Sie bereit, sich selbst zu durchleuchten.

Sie werden Ihr Leben und seinen aktuellen Tiefpunkt darum noch lange nicht verstehen. Aber wenn Sie den Mut dazu aufbringen, werden Sie nach und nach wieder spüren: Das bin ich!

Die Wahrheit ist auf der Matte

Die Lösung Ihres Problems finden Sie nicht in Fachbüchern, kein Expertenrat kann Ihnen helfen. Als es Ihnen noch gut ging, lag das nicht an Ihrem vorhandenen Wissen oder Können. Und am Tiefpunkt sind Sie jetzt nicht, weil Ihnen im entscheidenden Moment das Wissen oder Können gefehlt hat.

Was Sie verstehen dürfen ist, dass es hier nichts zu verstehen gibt. Wenn es aber nichts zu verstehen gibt, wenn es Ihnen nicht am Wissen fehlt, nicht am Können – woran dann? Die Antwort hört sich einfacher an, als sie ist: Es fehlt Ihnen an – Erfahrung.

An Erfahrung? Exakt! Um es ganz deutlich zu sagen: Die Summe der selbst gemachten, persönlichen Lebenserfahrungen hat für Sie ganz offensichtlich nicht ausgereicht. Die Bewältigungs- oder Lösungsstrategien, die Sie in Ihrer Situation gebraucht hätten, sind bislang noch nicht dabei gewesen. Denn sonst wären Sie nicht in die Schwierigkeiten geraten, in denen Sie momentan stecken.

Das Leben muss gelebt, also erfahren, nicht verstanden werden. Denn verstehen können Sie Ihr Leben jetzt im Moment nur an der Oberfläche. Später, wenn Sie ein Buch lesen oder ein Seminar besuchen oder mit einem klugen Freund sprechen, werden Sie alles nachvollziehen können. Aber in dem Augenblick, wenn Sie vor dem Tor stehen, durch das Sie hindurch wollen, ist es mit sieben Siegeln verschlossen. Den Schlüssel zu suchen ist sinnlos: Sie können es nicht öffnen. Sie können es nur – durchleben ...

Als Frank Stäbler sich in den Katakomben der Halle in London warmmachte, war er sehr nervös. Eigentlich war er ja jetzt am Ziel seiner Träume: Olympia! Seit Jahren hatte er darauf hingearbeitet. Alle Bausteine hatten dabei bislang für ihn perfekt zusammengepasst: Seine Familie stand hinter ihm, mit seinen Trainern passte es, sein Arbeitgeber hielt ihm den Rücken frei. Seine komplette Vorbereitung war perfekt gelaufen, im Vorfeld des olympischen Turniers war er sogar Europameister geworden: Frank Stäbler war im Frühjahr 2012 erwiesenermaßen einer der besten Ringer der Welt – und eine der deutschen Olympiamedaillenhoffnungen in London.

Seine Trainer hatten ihm alles beigebracht, was er wissen und können musste. Seinen ungarischen Gegner im ersten Kampf kannte er gut. Er war perfekt vorbereitet. Ihm war völlig klar, was er gleich, wenn es losging, auf der Matte zu tun hatte. Er hatte sogar einen Mentaltrainer gehabt, um sich auf dieses erste Großereignis in seiner Karriere vorzubereiten. Im Leichtgewicht im griechisch-römischen Stil herrscht eine enorme Leistungsdichte in der Weltspitze, aber er wusste, dass er so gut ist, dass er mit großer Wahrscheinlichkeit eine Medaille holen wird. Wissen: perfekt. Können: perfekt. Vorbereitung: perfekt. Körperliche Verfassung: perfekt. Einstellung: perfekt. Selbstvertrauen: perfekt.

Jetzt ist er dran, sein Kampf wird aufgerufen. Es ist so weit. Durchatmen. Aus den Katakomben führt ein schmaler Gang in die Halle. Er kommt raus ...

... und alles überwältigt ihn. Alles ist anders. 10.000 Zuschauer in der Halle und Millionen vor den Fernsehbildschirmen. Sie strahlen eine Energie auf ihn ab, der er nicht standhalten kann. Diese Lautstärke. Diese Dichte. Diese Bedeutung. Seine Knie werden weich. Die besten Ringer der Welt, die besten Trainer der Welt, die besten Ringer-Experten der Welt – alle zusammen in einer Halle. Fernsehen – die ganze Welt schaut zu. Er bekommt keine Luft mehr. Der Kampf geht los. Er ist noch gar nicht bereit.

Aber es geht los. Und Frank hat ... die totale Blockade. Er kann sein Potenzial nicht abrufen. Der Ungar spielt Katz und Maus mit ihm. Frank verliert seinen ersten Olympiakampf als Favorit haushoch. Als er geschlagen und besiegt aus der Halle schleicht, ist seine Enttäuschung riesig. So hatte er sich das alles nicht vorgestellt.

Die Umstände waren einfach so völlig anders gewesen, als er es sich vorher zusammengereimt hatte. All die Beschreibungen und Vorbereitungen im Vorfeld hatten nichts genützt. Was da in dieser Halle passiert ist, das hatte ihm keiner beigebracht.

Leben Lernen Lieben

Nicht beigebracht? – Wie auch! Das geht ja gar nicht. Wenn etwas außerhalb Ihres Erfahrungshorizonts ist, dann liegt es eben außerhalb Ihres Erfahrungshorizonts. Da nützt keine noch so gute Vorbereitung. Da nützen keine noch so guten Trainer, Lehrer oder Mentoren. Das einzige, was es in Ihren Erfahrungshorizont hineinbringen kann, sodass Sie damit umgehen können, ist die Erfahrung: Sie müssen es erlebt haben.

Als Frank Stäbler mir von seinem enttäuschenden Olympia-Erlebnis erzählte, war er genervt: Alle Trainer und die erfahreneren Ringer hatten ihm auf die Schulter geklopft und ihm grinsend zu verstehen gegeben: Hey, das ist ganz normal. Freu dich auf die nächste Olympiade!

Und das ist der entscheidende Punkt: Freu dich auf die nächste Chance! Bei der nächsten Olympiade wird Frank nicht unbedingt mehr Wissen oder mehr Können oder eine bessere Vorbereitung haben. Und trotzdem wird er ganz anders in das Turnier gehen. Warum? Weil er die Erfahrung bereits einmal gemacht hat. Sein enttäuschendes Erlebnis wird auf lange Sicht zu einer wertvollen Erfahrung reifen.

Also: Sie müssen gerade vielleicht erst mal scheitern, verlieren, vor die Wand laufen. Sorry.

Im Umkehrschluss bedeutet das: Sie können jemandem nichts beibringen, solange derjenige es nicht selbst durchlebt. Lernen heißt Erfahrungen machen. Lehren heißt Erfahrungen machen lassen. Erst hinterher verstehen wir, wie das gemeint war, was uns beigebracht werden sollte.

So, und wenn Sie jetzt akzeptieren, dass Ihr Leben nichts anderes als Ihr persönlicher Lehrmeister ist, dass Ihr Leben einfach Lernen bedeutet, dann erscheint die Situation, in der Sie gerade stecken, plötzlich in einem ganz anderen Licht: Nichts und niemand hätte Sie darauf vorbereiten können, was Sie gerade erleben. Sie haben nichts falsch gemacht, Sie haben nichts versäumt. Sie waren einfach noch nicht so weit, diese Situation zu meistern, weil Ihnen bisher im Leben die Erfahrung gefehlt hat.

Das Gute daran ist: Gerade jetzt erwerben sie diese Erfahrung!

Das Schlechte daran ist: Für den Moment hilft Ihnen das auch nicht weiter.

Menschenverständige

Sein berühmtes Kommunikationsquadrat brachte mir der deutsche Psychologe und Kommunikationswissenschaftler Friedemann Schulz von Thun mit seinem Dozententeam persönlich bei. Das war eine Ehre. Irgendwann fühlte ich mich damit aber reichlich unwohl. Ich erlebte meine Realität in der Praxis ganz anders, als in diesem Modell beschrieben. Irgendwann sagte ich es ihm, so halb in der Erwartung, dass er sich ärgern oder mich dafür geringschätzen würde. Aber: Das Gegenteil war der Fall! Schulz von Thun lachte und sagte mir, dass das doch gut sei: Er habe das schließlich auch immer so gemacht!

Was hat er auch immer so gemacht? Na, selber denken! Selber erfahren, selber durchleben und erst dadurch wirklich lernen.

Die meisten Fachexperten haben das nicht verstanden. Alle reden über Kompetenzen, Wissen und Können. Keiner redet über persönliche Erfahrung. Und wenn wir dann in eine Krise stolpern oder in einem Schlamassel aufwachen, dann tun wir so, als ob wir die Welt nicht mehr verstünden. Dabei ist es doch so:

Wenn wir ganz ehrlich uns selbst gegenüber sind, dann müssen wir zugeben, dass wir die Misere selbst herbeigerufen haben, dass wir selbst zu ihr beigetragen haben, dass es unser eigenes Leben ist, das uns diese Aufgabe stellt. Darum brauchen wir in solchen Situationen eines ganz bestimmt nicht: Noch mehr fachliche Bildung.

Leider gibt es um uns herum jede Menge Fachexperten und Sachverständige – aber nur wenige Lebensexperten und Menschenverständige. Fachexperten und Sachverständige können Ihre Misere nicht verstehen, denn sie gehen nur kognitiv-rational an die Sache heran. Die Kompetenz, die Sie brauchen, ist aber auf einer ganz anderen Ebene.

Besonders schlimm finde ich, dass die meisten Menschen glauben, mit Sach- und Fachkompetenz Führungskraft werden zu können. Wie soll ich aber Menschen führen, wenn ich nur Fachexperte und kein Menschenexperte bin? Menschen führen heißt auch notwendigerweise, sie durch Krisen zu begleiten. Das kann ich nur, wenn ich selbst ähnliche Krisen durchlebt habe. Einen Schritt weitergedacht heißt das auch: Die Fähigkeit zu entwickeln, andere Menschen zum Erfolg zu führen und selbst erfolgreich zu sein, ist keine Fachbildungsfrage.

Diese Wahrheit hat dramatische Folgen, denn unser gesamtes Bildungssystem steht damit auf tönernen Füßen: Wir bilden Führungskräfte aus – wie Lehrer, Trainer, leitende Angestellte, Manager – die nach ihrer Ausbildung genauso wenig von Menschen verstehen wie zuvor. Die Ausbildung gibt ihnen gar keinen Raum, um sich neben all dem Zuwachs an Fachwissen als Persönlichkeit zu entwickeln, indem sie wertvolle Erfahrungen machen. Und sie lernen nicht, dass Führen vor allem darin besteht, Menschen Raum zu geben, um Erfahrungen zu machen. Wenn Sie mir darin folgen, dass es in den meisten Unternehmen zu wenige Menschenversteher gibt, dann haben Sie die Erklärung, warum in fast allen Unternehmen Egoismen und Politik den Tag bestimmen und alle gemeinsam leistungsmäßig unter ihren Möglichkeiten bleiben: Zu viel Fachkompetenz und zu wenig Lebenskompetenz, vor allem bei den Führungskräften.

Die meisten Erfolgreichen werden erfolgreich, indem sie intensiv leben und Erfahrungen machen: Jupp Heynckes hat nie aufgehört, sich als Persönlichkeit weiterzuentwickeln, darum ist sein erfolgreichstes Jahr im Fußball das letzte seiner Trainer-karriere, als er den FC Bayern zur besten Mannschaft der Welt gemacht hat. Wusste er in dieser letzten Saison plötzlich mehr als in den Jahren davor? Bestimmt nicht. Konnte er in dieser letzten Saison besser mit Menschen umgehen als in allen Jahren zuvor? Da bin ich sicher!

Lernzielkontrolle

Lassen Sie mich Ihnen eine Reihe von Menschen aufzählen: Richard Branson, der Gründer von Virgin, ist einer der erfolg-reichsten Unternehmer unserer Zeit. Li Ka-shing ist Investor in Hongkong und der reichste Mann Asiens. Amancio Ortega Gaona, der Gründer der Unternehmensgruppe Inditex, zu der unter anderem das Bekleidungshaus Zara gehört, ist im Moment der reichste Europäer. Dhirubhai Ambani war der erfolgreichste und reichste Unternehmer Indiens. Milton Hershey hat Schoko-lade produziert und wurde damit zu Beginn des 20. Jahrhunderts einer der erfolgreichsten Unternehmer der USA. Asa Griggs Candler gründete die Coca-Cola-Company, die heute eine der wertvollsten Marken der Welt ist. Mayer Amschel Rothschild, Kaufmann und Bankier, war Begründer des berühmten Hauses

Rothschild, der einflussreichsten Dynastie von Finanziers des 19. Jahrhunderts, die Eigentümer der damals weltgrößten Bank und die wohl erfolgreichste Familie aller Zeiten. Coco Chanel, Walt Disney, Henry Ford ... die Reihe ließe sich endlos fortsetzen und Apple-Gründer Steve Jobs habe ich nur deshalb ausgelassen, weil von ihm ohnehin jeder redet.

Meine Frage ist: Was haben all diese Menschen miteinander gemein? – Ja, natürlich, Sie sind oder waren überragend erfolgreich, enorm einflussreich und unglaublich vermögend. Aber das meine ich nicht. Welche Eigenschaft teilen sie sich außer ihrem Erfolg außerdem noch?

Die Antwort ist für viele in heutiger Zeit überraschend: Sie haben keinen höheren Bildungsabschluss! Ja, sie hatten gar keine Zeit übrig, um sich an Universitäten mit Wissen volllaufen zu lassen, weil sie stattdessen etwas Wichtigeres machen mussten: Leben, Leiden, Ausprobieren und Erfahrungen sammeln.

Gesunder Menschenverstand wird an Schule oder Uni nicht gelehrt – er wird vorausgesetzt. Aber das ist ein Irrtum. Den bekommen Sie durchs Leben, und zwar nicht alleine durch die Höhen des Lebens, sondern insbesondere auch durch die Tiefen.

Jobs war kaum beschulbar und brach später sein Studium ab. Branson war Legastheniker, verließ die Schule ohne Abschluss, ging mit seinem ersten Unternehmen pleite und landete beim Versuch, Steuerzahlungen zu umgehen, im Gefängnis. Li Ka-shing verließ die Schule mit 15 um in einer Fabrik 16 Stunden pro Tag arbeiten zu gehen. Gaona begann mit 14 als Verkäufer zu arbeiten. Ambani ging immerhin bis zum Alter von 16 Jahren zur Schule, um anschließend als Tankwart zu arbeiten. Hershey brach die Schule nach der vierten Klasse ab, um eine Malerlehre zu machen. Candler brach die Schule im Alter von 10 (!) Jahren ab. Rothschild drückte nach seinem 13. Lebensjahr nie wieder die Schulbank. Chanel, Disney, Ford ... sie alle schafften keinen höheren Schulabschluss und studierten nicht.

Ganz offensichtlich haben all diese Lichtgestalten der Selbstverwirklichung eines nicht gebraucht: formale Bildung. Was sie alle dagegen gemacht haben: früh im Leben hart und viel arbeiten – und dabei jede Menge Erfahrungen sammeln.

Wenn Ihnen also irgendjemand erzählt, fachliche Bildung sei der Schlüssel zum Erfolg, dann dürfen Sie den Kopf schütteln. Formale Bildung ist nichts Schlechtes, und selbstverständlich kann man auch trotz eines höheren Bildungsabschlusses erfolgreich sein (sofern man genug Zeit findet, nebenher zu leben), aber formale Bildung ist im Vergleich zur Herzensbildung, zu Menschenkenntnis, zu durchlebten Krisen und gemachten Erfahrungen schlichtweg unwichtig!

Und die Frage muss erlaubt sein, warum Sie für einen höheren Bildungsabschluss Jahre Ihres Lebens in Unterordnung, Folgsamkeit und Fremdbestimmung verbringen sollten, während Sie stattdessen ein paar wertvolle Krisen und einige echte Erfolge durchleben könnten. Formale Bildung wird in unserer Gesellschaft überbewertet! Die Studierten nehmen sich zu wichtig, die Nichtstudierten glauben zu wenig an sich. – Und das sage ich, obwohl es derzeit weiß Gott nicht politisch korrekt ist, so etwas zu sagen.

Viel wichtiger, als still zu halten, während Ihnen Fachexperten, Fachlehrer oder Professoren einen Trichter über den Kopf halten und Wissen hineinlaufen lassen, wäre es, Begeisterungsfähigkeit, Entdeckerfreude und Inspiration zu fördern. Die Tätigkeit zu finden, bei der Sie sprühen vor Begeisterung. Die Tätigkeit, bei der die Frage, warum Sie das eigentlich lernen sollen, überhaupt keine Bedeutung hat, weil es Ihnen schlicht egal ist. Die Tätigkeit, in der so viel Energie steckt, dass Sie Ihre Begabungen und Talente entfalten und zum Blühen bringen können. Die Tätigkeit, bei der Erfolg eine zwangsläufige Begleiterscheinung ist, weil Sie ohnehin lieben, was Sie tun.

Wenn Sie heute also in einer Krise stecken, dann dürfen Sie sich jetzt die Frage gefallen lassen, ob es nicht sogar zu viel Wissen und Können war, das Sie in diese Lage gebracht hat, anstatt zu wenig davon. Denn vor lauter Ratio haben Sie womöglich die Emotio verloren. Vor lauter Perfektion haben Sie womöglich die Persönlichkeit vernachlässigt. Vor lauter Wissen, wie die Welt im Außen funktioniert, haben Sie womöglich das Gespür verloren, was gut für Sie im Innern ist.

Weiter, immer weiter

Sie sind also am Boden? Ja, so ist das, mein Freund. Mir gegenüber können Sie's ruhig zugeben. Ich nehme Ihnen das nicht übel. Eine Krise macht Sie nicht zu einem schlechten Menschen. Es ist so, wie es ist: Sie sind platt, kaputt, so richtig fertig. Und Sie wissen bereits: Wenn Sie so weitermachen, wird es nur noch härter.

Dass Sie beruflich gescheitert sind, oder dass Ihnen das Geld ausgegangen ist, dass Ihre Partnerschaft den Bach runtergegangen ist, dass Sie gesundheitlich lädiert sind, dass Ihnen etwas Schlimmes passiert ist, was auch immer – das alles ist neben all den damit verbundenen negativen Emotionen vor allem eins: eine der wertvollsten Erfahrungen in Ihrem Leben.

Und es ist eine Aufgabe, die Ihnen das Leben stellt, eine Prüfung. Die Aufgabe lautet: Vertrauen Sie sich und Ihren Fähigkeiten ausgerechnet jetzt erneut!

Was das Leben von Ihnen jetzt will, ist nichts mehr und nichts weniger als einen neuen Anlauf – genau dafür ist diese Erfahrung gedacht.

Sie sind am Ende. Ok. Aber das ist noch nicht alles. Gleichzeitig sind Sie jetzt am Anfang. Dass Sie wütend, sauer oder enttäuscht sind, ist klar. Seien Sie ruhig sauer. Aber bitte gehen Sie jetzt einen Schritt weiter und werden Sie sich klar: Auf wen sind Sie wirklich sauer?

Kapitel 11

Auf wen Sie eigentlich sauer sind

„Die ganze Welt ist eine Bühne
und alle Frauen und Männer bloße Spieler."

(William Shakespeare)

Na, klar, Sie wissen bereits, worauf ich hinaus will: Der Mensch auf dieser Welt, auf den Sie jetzt gerade, da Sie ein paar der schlimmsten Tage durchleben, am meisten sauer sind, das sind natürlich Sie selbst: Ihre Ergebnisse widersprechen Ihren eigenen Vorstellungen. Ihre eigenen Ansprüche und Erwartungen haben Sie nicht erfüllt. Sie sind sich selbst nicht gerecht geworden.

Ihr Ideal war es, gesund und fit zu sein, treu und ehrlich zu sein, reich und erfolgreich zu sein, stark und mächtig zu sein, glücklich und beliebt zu sein. Sie dachten, Sie seien jemand, der immer schafft, was er anpackt. Sie wollten ein schöner, angesehener, attraktiver Mensch sein. Einer der etwas leistet, einer, der Gutes tut, einer der im Sonnenschein steht. – Nur, jetzt gerade ist es wahrlich nicht so. Und das macht Sie sauer. Dabei wäre es doch Ihr Ideal gewesen, dass … ja, genau. Denken Sie mal über Ihre blöden Ideale nach!

Im Spiel

„Mensch ärgere dich nicht" ist ein Spiel, mit dem Kinder das Verlieren lernen. Die Kunst, mit Freude zu verlieren. Es ist schwer, aber Kinder können das lernen. Meine Frage ist: Haben Sie es auch gelernt?

Sie haben gespielt, das war ein Spiel mit Ihnen selbst, ein Spiel, das um Sie selbst kreist. Sie haben die Regeln selbst aufgestellt und Sie haben freiwillig angefangen zu spielen. Das Spiel heißt offiziell Business, Karriere oder Beruf. Es heißt Sport, Fitness oder Gesundheit. Es heißt Beziehung, Partnerschaft oder Ehe. Es heißt Besitz, Eigentum oder Geld. Es heißt Posten, Position oder Macht ... Es gibt viele Varianten, die Sie sich selbst aussuchen. Sie stellen Ideale auf und erreichen sie – oder nicht. Sie stellen Ziele auf und erreichen sie – oder nicht. Sie postulieren Werte und Tugenden und messen sich daran, erfolgreich – oder nicht. Sie definieren Richtig und Falsch. Oder Sie übernehmen Definitionen von anderen. Und dann schauen Sie, ob Sie recht behalten – oder nicht. Sie können gewinnen oder verlieren, aber diesmal ... ja, diesmal haben Sie verloren. Und zwar haushoch verloren. Das ist blöd. Sie verlieren nicht gerne.

Sie können jetzt die Würfel hinschmeißen, Sie können den Mitspielern Betrug vorwerfen, Sie können aufstehen und sich schmollend zurückziehen, Sie können wütend auf Ihre Mitspieler sein wie ein Teufel. Das, was unreife Kinder eben tun, solange sie nicht gelernt haben zu verlieren.

Das alles sind aber nur Ablenkungsmanöver. Sie sind nur deshalb ein schlechter Verlierer, weil Sie mit Ihrer eigenen Unvollkommenheit noch nicht klarkommen. Sie sind ja nur deswegen wütend auf Ihren Partner, Ihre Mitarbeiter, Ihren Chef, Ihre

Kunden, Ihre Familie, den Staat oder den lieben Gott, weil Sie damit Ihre Wut auf sich selbst umlenken.

Es geht Ihnen bei Ihrem Lebensspiel, das Sie verloren haben, eigentlich darum, dass Sie sich selbst fertigmachen. Mit Ihrem Scheitern erniedrigen Sie sich und bestrafen sich. Sie sind richtig fies zu sich selbst. Und damit wir uns nicht falsch verstehen: Sie machen das, ohne es bewusst zu wollen. Unbewusst! Aber trotzdem: Sie sind es, Sie sind der Aggressor in Ihrem Spiel ...

Das ging ins Auge

Damit Sie das nicht auf die leichte Schulter nehmen, was Sie da gerade mit sich treiben, erzähle ich Ihnen eine so schlimme wie wahre Geschichte von mir selbst. Ich gestehe Ihnen, wie es wirklich war:

Ich bereitete im Skigebiet die Feier unseres Skiverbandes vor. Wir haben den ganzen Tag verschiedene Formationsfahrten geübt, die wir am Folgetag präsentieren wollten. Mit dabei waren ein paar supernette Leute, darunter eine Frau, die ich höllisch attraktiv fand. Am Vorabend feierten wir. Weil ich frisch verheiratet war und mein Ideal der Ehe auch Treue einschloss, sagte ich mir: Fang mit der bloß nichts an! Lass die Finger davon! Da war aber noch eine andere Stimme in mir. Diese zweite Stimme war durchsetzungsstark. Also ließ ich die Finger nicht von dieser Frau.

Am nächsten Morgen begann das Elend. Recht geschah es mir! Ich fühlte mich wie das Allerletzte. Ich kam mit der Entscheidung, die ich getroffen hatte, nicht mal ansatzweise klar. Ich war damit völlig überfordert. Mein Kopf war leer wie eine Flasche nach Gebrauch. Ich zermarterte mir das Hirn: Warum hast du das nur gemacht, du blöder Esel? Du hormongesteuerter

Gockel? Warum hast du deine Werte, deine eigenen Ideale in den Schmutz gezogen?

Ich war deprimiert, niedergeschlagen, ich wollte gar nicht erst aufstehen. Am liebsten wäre ich im Boden versunken und für immer verschwunden. Ich schämte mich vor mir selbst.

Aber ich hatte ja eine Aufgabe: Am Morgen mussten wir draußen noch ein großes Banner unserer Sponsoren aufhängen, um die Feierlichkeiten vorzubereiten. Beim Frühstück redete ich mit niemandem und wälzte mich in meinen finsteren Gedanken. Konnte ich den gestrigen Abend nicht einfach ausradieren?

Ich ging mit meinen Holzschuhen mit Fußbett und Fell raus, in den tiefen Schnee, um das Banner an einem Zaun zu befestigen. Die Frau war auch dabei. Wir sprachen kein Wort miteinander. Wir waren beide voll neben der Spur. Zuerst hängten wir das Banner falsch herum auf. Also mussten wir die Kabelbinder wieder durchtrennen.

Ich nehme ein scharfes Messer, ziehe am ersten Kabelbinder. Zack. Die Hand mit dem Messer fliegt mir entgegen, das Messer sticht mir ins Auge. Dann fällt es mir aus der Hand. Ich drehe mich um zu der Frau, schaue sie an und sage: Habe ich da was?

Sie schreit. Ruft Hilfe. Die anderen kommen zu uns. Ein Ausbilderkollege sagt: Du hast dir ins Auge gestochen. In dem Moment steigt die Panik in mir auf.

Dann schaltete ich auf Überlebensmodus. Ich nahm ein Taschentuchset und hielt es ans Auge und die Kollegen legten mir einen Verband an. Ich sagte: Gebt mir meine Skischuhe und meine Ski, ich fahr ins Tal. Die Kollegen sagten: Du spinnst. Du fährst mit der Seilbahn runter. Ein Ausbilderkollege begleitete mich in der Gondel Richtung Tal. Ich war froh, dass er bei mir war und mir sagte, dass ich gerne auch ohnmächtig werden darf, er kennt sich damit aus. Und dann war ich kurz weg. Als ich wieder zu mir kam, saß ich auf einer Bank an der Talstation. Ich war völlig ruhig und dachte nur: Du hast es nicht anders verdient. Wenn du jetzt dein Auge verlierst, dann geschieht es dir recht. Dann ist es ok so. Alles ist gut.

Ich habe losgelassen, habe mich in meinen Selbstbestrafungsakt ergeben.

Der Krankenwagen kam und der Ersthelfer sagte: Wir haben drei Stunden um Ihr Augenlicht zu retten. Also stellte ich meine Stoppuhr auf drei Stunden. Der Helikopter landete. Ich dachte: Es kommt, wie es kommt.

Am Ende behielt ich mein Auge. Der Tränenkanal war durchstochen, das Augenlid war durchtrennt und der Augapfel angekratzt. Das Lid wurde genäht. Ich trug lange Zeit noch einen Faden im Tränenkanal, der verhindern sollte, dass er zuwächst. Ich trug eine Narbe davon, die ich noch heute, wenn ich ganz genau hinschaue, jeden Tag sehen darf, wenn ich in den Spiegel schaue. Ihre Narben zeigen Ihre Stationen des Lebens. Hoffentlich hat sich's jeweils gelohnt …

„Sie sind ja nicht ganz dicht!"

Ich war aber noch nicht durch meine Krise durch. Zunächst einmal war ich völlig verunsichert. Ich zweifelte an allem. Auch an meiner Entscheidung zu heiraten. Bin ich überhaupt der Typ, der heiraten sollte? Wer bin ich überhaupt? Wo gehöre ich überhaupt hin? Welche der beiden Türen muss ich jetzt schließen?

Meiner Frau sagte ich erstmal gar nichts. Das Auge war irgendwann wieder ok. Also weiter … Ich ging wieder Skifahren. Zwar hatte ich mich selbst bestraft für meinen Seitensprung, aber die Strafe reichte noch nicht aus. Nichts kapiert hatte ich. Beide

Türen hielt ich offen. Ich brauchte eine härtere Lektion. Eine hässlichere Narbe.

Zwar wusste ich, dass das, was ich tat, überhaupt nicht in Ordnung war, aber trotzdem gab es mir Energie. Ich fühlte mich irgendwie mächtig. Ich redete mir ein: Ich brauche beides, sowohl den sicheren Hafen als auch die Freiheit zu machen, was ich will. Ich machte mir vor, ich käme damit durch, ohne den Preis zu bezahlen, ohne die Konsequenzen erdulden zu müssen. Ich versuchte, dem Leben ein Schnippchen zu schlagen.

Wir gingen wieder zum Skifahren, nach Italien, meine Frau war mit dabei. Eines Abends ging ich mit zum Après-Ski, lauter Skilehrer in Feierlaune. Wir bestellten einen riesen Stiefel Weizenbier und ließen ihn in der Runde rumgehen. Die Regel lautete: Derjenige, dessen Nachfolger den Stiefel leer macht, der muss ihn bezahlen.

Als ich drankam, war noch sehr viel Bier drin. Aber ich war in so einer komischen Stimmung. Ich wollte gewinnen. Darum beschloss ich: Das Ding sauf ich aus. Dann muss der Kollege zahlen.

Die ersten Schlucke liefen mir die Kehle hinunter, da merkte ich: Das ist verdammt viel, aber es geht. Ich trank weiter. Die anderen merkten, dass ich auf's Ganze ging. Würde ich es nicht schaffen, dann hätte mein Nachfolger leichtes Spiel, dann müsste ich den Stiefel bezahlen. Ich schluckte und schluckte. Alle um mich herum johlten und feuerten mich an. Das Bier lief mir am Hals herunter, ich schluckte und schluckte. Mein Magen blähte und spannte sich, ich trank weiter. In meinem Kopf gingen wieder die Stimmen durcheinander: Das schaffst du! – Reutter, du bist wahnsinnig! – Sauf den aus! – Platz doch!

Ich schaffte es. Ich setzte den Stiefel ab, stand auf und ging raus um zu erbrechen. Da kam natürlich nur Schaum. Den Rest des Abends war mir übel. Der Alkoholflash kam, aber ich spürte irgendwann: Da ist was nicht in Ordnung, da ist was kaputt. Ich aß nichts, schlief schlecht, hatte Bauchschmerzen.

Am nächsten Morgen dachte ich, komm schon, das ist wahrscheinlich eine Zerrung oder so was. Ich ging auf die Piste. Als wir Buckelpiste fuhren, wurden die Schmerzen schlimmer. Bei jedem Buckel, bei jedem Schlag spürte ich einen höllischen Schmerz durch den Bauch jagen. Es wurde immer unerträglicher. Ich fuhr weiter.

Irgendwann wollte ich dann doch abbrechen und bat meine Frau in einer Apotheke ein Abführmittel zu holen oder einen Einlauf oder sowas, weil ich spürte, dass mit meinem Darm etwas nicht stimmte. Glaubte ich. Doch dann ging schon nichts mehr. Ich bekam hohes Fieber. In meinem Bauch hatte ich Schmerzen, als ob mir alle zehn Minuten einer ein im Bauch steckendes Messer umdrehte. Ich wollte nicht in Italien ins Krankenhaus, darum setzten wir uns ins Auto und fuhren einfach immer weiter, bis wir in Deutschland waren. Meine Frau fuhr das Auto und ich saß nebendran. Mittlerweile hatte ich alle fünf Minuten Stiche im Bauch. Dann jede Minute. Ich schaffte es irgendwie ins Krankenhaus. Notoperation.

Es stellte sich heraus, dass mein Blinddarm durchgebrochen war. Der Arzt sagte, dass es verflucht knapp gewesen war. Überall in meinem Bauchraum schwamm schon der Kot herum. Eine halbe Stunde später und ich hätte tot sein können.

Wie haben Sie es mit solchen Schmerzen überhaupt aushalten können? Das geht doch gar nicht! Der Arzt staunte.

Ich war Skifahren, sagte ich.

Mit einem Durchbruch Skifahren? Sie sind ja nicht ganz dicht! Sie können froh sein, dass Sie noch am Leben sind!

Ich lachte. Da hatte ich ja noch einmal Glück.

Aber er verstand keinen Spaß: Das ist nicht lustig!

Also lag ich da im Krankenhaus, erholte mich von meinem Höllentrip und hatte nur noch ein Bedürfnis: alleine sein. Am liebsten wollte ich gar keine Besuche. Ich wollte niemanden mehr sehen. Und sobald es ruhig war und ich nachts aus dem großen Fenster des Krankenhauses starrte, wurde mir klar, dass ich das alles nicht mehr aushielt.

Irgendwann durfte ich nach Hause. Ein Häufchen Elend. Mein Stolz war weg. Noch immer war ich nicht bereit, noch immer machte ich nicht reinen Tisch. Also musste das Drama weitergehen: Die Narbe von der Notoperation brach auf. Über mehrere Wochen wollte sie nicht zuwachsen. Immer wieder musste sie ausgespült werden. Sie verheilte nicht. Das war das Symbol der offenen Wunde meines Lebens.

Nach mehreren Wochen konnte sie dann endlich erneut zugenäht werden. Ich war bei der Ärztin und sie wollte mir eine Narkose geben. Ich sagte: Nein, brauchen wir nicht.

Sie schaute mich an und merkte sofort, dass es mir ernst war. Ich wollte den Schmerz. Ich akzeptierte keine Betäubung. Sie zuckte die Schultern und nähte mich ohne Betäubung zu. Mein Selbstbestrafungsprogramm ging weiter. Es hatte fast schon etwas Irres.

Die Fäden waren noch drin und ich ging schon wieder Skifahren. Die Fäden störten, ich zog sie mir am Abend selbst, klebte einen Tape-Verband drüber, fertig. Am nächsten Tag fuhr ich weiter.

Natürlich ging es mir weiter schlecht. Ich lief in meiner Sackgasse hin und her und fand nicht heraus. Na ja, was heißt schon, fand nicht heraus. Ich wusste ja, wo der Ausgang war, ich drückte mich nur davor.

Irgendwann war ich dann weichgekocht. Ich stand oben auf dem Schaufeljoch in 3200 m Höhe und schaute über den Horizont. Im Osten sah ich in der Ferne den Großvenediger. Irgendwo dort hinten musste auch der Großglockner sein. Ich drehte mich um 180 Grad und schaute nach Westen. Da ist die Wildspitze. Nach Süden konnte ich weit nach Südtirol hineinschauen. Irgendwo da hinten hinter den Bergen ist der Gardasee. Ich hatte die volle Orientierung. Dann schaute ich vor mir das Schaufeljoch hinunter und wusste: Wenn du jetzt nicht umkehrst, stirbst du. Plötzlich war mir glasklar, was zu tun war. Das Chaos in mir löste sich in einer Ordnung auf. Ich fühlte mich wieder mit mir im Reinen.

Vom Stubaital aus fuhr ich zu dieser Frau und machte Schluss. Sie fand das nicht lustig. Dann fuhr ich zu meiner Frau und erzählte ihr alles. Wir klärten das miteinander. Endlich hatte ich meinen Respekt vor mir selbst wieder zurückgewonnen. Darum konnte ich auch wieder aufrichtig zu meiner Frau sein. Ab da ging es wieder bergauf mit mir.

Ich bin sehr froh darüber, denn ich bin sicher, dass ich sonst heute nicht mehr am Leben wäre. Ich hätte mich auf irgendeine merkwürdige Weise totgemacht.

Bitte merken Sie sich: Wer sich im tiefsten Inneren verachtet, der wird sich selbst gegenüber so aggressiv, dass er sich irgendwann selbst tötet. Wer sich selbst nicht verzeihen kann, bringt sich um. Und Ihr bewusster Verstand bekommt das gar nicht mit.

Das alles ist Teil des Spiels, dass Sie mit sich selbst spielen. Sie können einfach aufhören damit. Indem Sie sich vergeben.

Kapitel 12

Hören Sie auf zu glauben, es könnte alles wieder wie vorher werden!

„Nie dem Leben aus dem Wege gehen! Keinen Tag! Keiner Frage!
Es ist verkehrt. Das Leben kommt dir nach und packt dich wieder;
dies zweite Mal aber hinterrücks!"

(Gorch Fock)

Wenn du den Gipfel erklommen hast, wirst du ein anderer Mensch sein. Dieser Kalenderspruch gilt genauso auch für jedes durchschrittene Tal. Ich verstehe sehr gut, dass Sie am liebsten vieles ungeschehen machen möchten, als ob nie etwas passiert wäre. Als ob Sie niemandem wehgetan hätten, auch nicht sich selbst. Aber alles, was Sie getan haben und alles, was Sie unterlassen haben, hat Konsequenzen. So läuft das. Die gesamte Situation – egal wie Sie hineingerieten – hat Sie verändert. Sie sind buchstäblich nicht mehr der gleiche Mensch.

Das was Sie erleben, ist gelebtes, verursachtes, gemachtes, erfahrenes Leben. Das zu leugnen ist einfach nur eine weitere Variante, nicht zu sich selbst zu stehen. Ein weiterer Versuch, vor sich selbst abzuhauen. Eine weitere Illusion. Ein weiterer Selbstbetrug, der früher oder später auffliegt.

Mutprobe

Ich kann das nachvollziehen. Der letzte Zustand, als noch alles in Ordnung war. Der letzte Zeitpunkt, an dem Sie in Sicherheit waren. Die letzte Situation, als Sie noch alles im Griff hatten, zumindest scheinbar – dahin sehnen Sie sich zurück. Es wäre so schön, wenn Sie einfach die „Rewind"-Taste drücken könnten, wie bei einem alten Tape-Rekorder. Das Magnetband des Lebens würde zurücksurren bis zu der Zeit vor dem ganzen Schlamassel. Sie könnten dann „Stopp" drücken, dann „Play" und hätten eine neue Chance.

Damals, als Sie sich noch einigermaßen geborgen fühlten, war es vielleicht auch nicht perfekt, aber es war immer noch besser als jetzt, richtig? Es war sicherer. Außerdem kannten Sie das alles schon.

Das Neue auszuhalten, blind am Bug zu stehen und nach vorne zu schauen, ohne wirklich zu sehen, wohin Sie das Leben durch den Nebel der Zeit bringt, das ist vergleichsweise unangenehm. Es macht Angst. Das auszuhalten ist viel schwieriger als das Vergangene nochmal zu durchleben und dabei das eine oder andere besser zu machen.

Doch eigentlich ist das nur Feigheit.

Es geht gar nicht darum, keine Angst vor dem Leben zu haben. Denn diese Angst gehört zum Menschsein dazu. Das ist der Preis, den Homo Sapiens dafür bezahlt, dass er ein Bewusstsein hat. Hinter der Angst, die hinter dem Unbehagen vor der ungewissen Zukunft steckt, verbirgt sich die Todesangst. Mit ihr haben Sie zu leben, ihr haben Sie sich zu stellen. Etwas zurückzudrehen, etwas wieder in Ordnung zu bringen, ist im Spiel des Lebens leider ein verbotener Zug. Das ist nicht vorgesehen. So sind die Regeln. Sie können nur nach vorne leben. Und das bedeutet: Sie sind gezwungen, Angst zu haben, dass am Ende alles ein großes Nichts ist. Dass Sie alles falsch machen. Dass Sie am Ende nicht von Bedeutung sind. Dass Sie einfach spurlos aufhören zu existieren. Dass Sie schon jetzt ein Nichts auf Abruf sind, ein Mensch, der im Vorzimmer des Todes darauf wartet, aufgerufen zu werden. Ganz konkret: Sie haben Angst völlig egal zu sein. Das Schlimmste, was wir erleiden müssen, ist die Angst vor der Sinnlosigkeit unserer Existenz.

Und das Fiese daran ist: Es stimmt auch noch! Sie sind nichts. Sie sind nur ein Staubkörnchen im Universum, wie es immer so schön blumig heißt. Das ist tatsächlich wahr, so leid es mir tut. Ihre Angst ist also vollkommen berechtigt.

Aber gleichzeitig ist genauso wahr: Sie sind alles! Sie sind in der Lage, Ihrem individuellen Leben Sinn einzuhauchen. Sie können sich der Angst stellen und TROTZDEM ein sinnvolles Leben führen. Sie können Ihre Aufgabe wählen und erfüllen und damit Spuren hinterlassen. Sie können dafür sorgen, dass es nicht egal war, dass Sie gelebt haben.

Dazu gehört, dieses unperfekte, unvollkommene Leben mit viel Mut weiterzuleben. Ja, Sie haben Mist gebaut. Das passiert. Nein, das Leben ist nicht großartig. Sondern leider nur völlig normal. Ja, Sie haben beschränkte Mittel. Das haben wir alle. Nein, Sie können nicht jederzeit alles schaffen. Das ist ein verlockender Gedanke, den uns manche vorgaukeln, aber Sie sind nicht allmächtig.

Ein gutes Leben führen Sie alleine dadurch, dass Sie bei aller Unsicherheit und Angst, es nicht gut hinzubekommen, einfach immer nur das tun, was am besten zu Ihnen passt. Es ist ganz einfach. Solange Sie bei sich bleiben, solange Sie sich nicht verführen lassen, etwas gegen Ihre Natur zu tun, solange ist alles gut.

Solange können Sie gar nichts falsch machen. Der Punkt ist nur: Dazu müssen Sie eben schon wissen, wer Sie eigentlich sind. Was Ihnen entspricht. Wie Ihr Charakter gestrickt ist.

Und wie finden Sie das heraus? – Sie müssen es austesten. Um zu erkennen, wer Sie sind, müssen Sie sich ganz einfach ausprobieren. So wie das jedes Kind instinktiv tut. Versuch und Irrtum. Und jetzt mal ganz schlicht und wahr: Ihre gegenwärtige Krise ist genau das! Sie haben etwas versucht und Sie sind damit grandios gescheitert. Das war notwendig – um Ihnen selbst ein Stückchen näherzukommen. Sie sind gescheitert, um sich selbst zu erkennen. Insofern haben Sie alles richtig gemacht!

Asche auf mein Haupt!

Das gesamte System ist in Bewegung. Durch das, was geschehen ist, woran Sie nicht unmaßgeblich beteiligt waren, ist alles anders geworden: Sie haben neue Erkenntnisse, neue Erfahrungen, haben die Konstellationen, in denen Sie sich bewegen, verändert. Sie haben auch andere Menschen um Sie herum beeinflusst. Sie haben viele Steine ins Rollen gebracht. Sie können nicht einmal abschätzen, was genau alles durch Sie beeinflusst wurde. Die ganze Situation ist so komplex, so interaktiv, so interdependent, dass Sie Ihre Wirkung auf das Ganze überhaupt nicht klar abgrenzen können. Ja, Sie haben jede Menge in Bewegung gebracht. Aber was genau? Und was eher durch andere Akteure verändert wurde? Das kann niemand sagen.

Klar ist nur: Das Dazwischen, die Sphäre zwischen den Menschen, auf die Sie eingewirkt haben, ist jetzt manifeste Realität geworden. Es waren nur Worte, aber daraus wurden Entscheidungen, hinter die niemand mehr zurückkann. Aus bloßen Gedanken wurden Zustände: Ihr Gesundheitszustand, der Zustand

Ihres Bankkontos, der Zustand Ihres Beziehungsnetzwerks, der Zustand Ihrer Familie – das sind Realitäten geworden. Erkennen Sie es endlich an! Es ist so.

Und schauen Sie mal: Es muss auch gar nicht so werden wie zuvor. Denn es ist gut so, wie es ist. Auch wenn Schlimmes passiert ist. Sie haben damals alles richtig gemacht. Sie haben es so gut gemacht, wie Sie konnten. Vielleicht erkennen Sie jetzt mehr und haben einen besseren Überblick. Das ist gut! Damals aber wussten Sie vieles noch nicht, was Ihnen heute klar ist. Damals haben Sie Ihr Bestes gegeben. Mehr dürfen Sie nicht von sich verlangen. Sie kannten sich selbst damals eben noch nicht besser.

Festhalten, klammern, beharren und kämpfen – das ist naiv. Wer entscheidet zu kämpfen, der findet sich plötzlich in einer Kampfarena wieder und hat Gegner vor sich. Das Leben antwortet. Druck erzeugt Gegendruck. Kämpfen erzeugt Gegner. Festhalten bewirkt, dass Sie verlieren, was Sie nicht loslassen wollen.

Merken Sie, worüber wir hier reden? Bei alledem geht es um Schuld und Sühne. Begreifen Sie jetzt, dass Schuld nicht wirklich existiert? Schuld ist nur ein Verstandeskonstrukt. Das ist Menschenwerk. Kopfsache. Aber es hat immense Auswirkungen.

Die Sache hat zwei Seiten: Natürlich sind Sie schuldig, denn Sie haben etwas getan und das Resultat davon hatten Sie nicht unter Kontrolle. Sie säten Wind und ernteten Sturm. Hätten Sie damals gewusst, was Sie mit den Kleinigkeiten, die Sie gesagt, gedacht, gemacht haben, letztendlich auslösten, dann hätten Sie natürlich anders gehandelt. Und jetzt lässt es sich nicht wieder gutmachen. Sie fühlen Ihre Schuld. Und das Gefühl ist nun mal da, es lässt sich nicht wegdiskutieren.

Die andere Seite: Natürlich sind Sie nicht schuldig, denn Sie haben in der jeweiligen Situation getan, was Sie überblicken konnten. Die Neuronenblitze in Ihrem Gehirn, die Hormonaus-schüttungen in Ihrem Körper, die Einflüsse rings um Sie herum, das alles hat Sie getrieben, und so haben Sie getan, was Sie tun mussten. Sie sehen jetzt ein, dass Sie Fehler gemacht haben – aber damals haben Sie es eben nicht gesehen. Wie können Sie da von Schuld reden?

Die Geschichte, die Sie sich über die ganze Sache erzählen, können Sie von der einen Seite oder von der anderen Seite her schildern. Schuldig oder nicht schuldig. Beides ist nur Ihre Inter-pretation der ganzen Sache. Beides ist nicht real. Real sind nur die Fakten, nicht die Schuld.

Die Frage ist nur – was machen Sie jetzt mit diesen Schuldge-fühlen? Die sind nun mal da!

„Papa, es ist gut."

Ich habe neulich eine Geschichte erzählt bekommen, die so all-täglich ist, dass Sie wirklich nichts Besonderes ist. Aber sie enthält eine Wahrheit über die Menschen, die Ihnen helfen dürfte.

Ein Vater behandelte seine Tochter schlecht. Es war sein ältestes von drei Kindern, doch von Anfang an bevorzugte er die beiden Jüngeren. Er schlug seine Tochter, er beschimpfte sie, er behandelte sie ungerecht und bestrafte sie für die Vergehen der Kleineren. Nichts konnte sie ihm recht machen, er ließ seine Launen an ihr aus und misshandelte sie sowohl physisch als auch psychisch.

Als sie siebzehn war, fühlte sie sich alt genug und floh von zu Hause. Sie hatte eine Brieffreundin am anderen Ende des Landes, viele hundert Kilometer weit entfernt. Je weiter desto besser. Eines Tages stand sie vor der Tür dieser Freundin und bat um Hilfe. Sie suchte sich eine Lehrstelle, fand ein Zimmer und baute sich von hier aus ohne Unterstützung ihres Elternhauses ein Leben auf.

Sie heiratete, bekam Kinder und führte ihr Leben. Ihre Versuche, mit den Eltern Kontakt aufzunehmen, endeten immer wieder im Fiasko. Einmal kam es sogar zu einer Prügelei zwischen ihrem Ehemann und ihrem Vater, als sie auf Besuch dort waren. Ihr Mann war auf den Vater losgegangen, weil der sie vor allen beleidigt hatte.

Es nahm kein Ende. Immer wieder gab es Streit. Mal waren ihre Kinder der Anlass, also die Enkel und deren angebliches Fehlverhalten, mal gab es Erbschaftsstreitigkeiten, als jemand in der Verwandtschaft gestorben war. Immer ging die Missgunst von ihrem Vater aus. Er ließ kein gutes Haar an ihr und ihrer Familie. Er sprach spöttisch von ihr, er verachtete sie, er setzte bei den Verwandten Lügen über sie in die Welt. Und sie litt sehr darunter. Sie litt so sehr darunter, dass sie die Kontakte zum Elternhaus auf ein Minimum reduzierte. Auch ihre Kinder gingen nicht gerne zu den Großeltern. Ein Graben führte durch die ganze Sippe. Die Abneigung zwischen Vater und Tochter spaltete die ganze Großfamilie in zwei Teile und beraubte viele Menschen des Reichtums einer Familie, die zusammenhält.

Nicht nur die Tochter litt darunter, sondern erstaunlicherweise auch er selbst. Beide verfielen dem Alkohol. Beide ruinierten sich ihre Gesundheit. So ging das über Jahrzehnte. Sie sahen sich überhaupt nicht mehr, nicht einmal mehr zu Geburtstagen oder Weihnachten. Dann kam das Alter und für ihn das Ende. Er war todkrank, pflegebedürftig, konnte nicht mehr aufstehen und zum Schluss kaum mehr sprechen.

Da bekam sie einen Anruf. Ihre Mutter war am Telefon und weinte. Die Mutter sagte: Dein Vater kann nicht sterben.

Warum?

Die Mutter begriff es selbst nicht so ganz: Es ist furchtbar. Er kämpft gegen das Sterben. Er spricht seit Tagen nur noch ein einziges Wort.

Welches Wort?

Deinen Namen! Immer wieder.

Sie erschrak. Das war merkwürdig. Sie fragte sich, was das jetzt wieder sollte. Wollte der Alte ihr noch ein letztes Mal eine Boshaftigkeit an den Kopf werfen, bevor er endlich abtrat?

Sie war entschlossen, ihm die Stirn zu bieten und fragte, ob er ein Telefon am Bett hat. Die Mutter brachte ihm den Hörer ans Bett und hielt ihn ihm ans Ohr.

„Vadder, hörst du mich?", sagte die Tochter.

Er war irritiert. Seine Augen irrten umher.

„Vadder, ich bin's!"

Er röchelte ihren Namen, diesmal mit einer fragenden Betonung.

„Ja, ich bin's. Vadder was ist?"

Jetzt wurde er aufgeregt. Er sagte ihren Namen. Und nochmal. Er hörte gar nicht mehr auf. Zehnmal hintereinander sagte er ihren Namen. Offensichtlich konnte er keine anderen Wörter mehr hervorbringen. Irgendetwas wollte er von ihr, aber ihm war die Sprache abhandengekommen. Bis auf ein Wort. Bis auf das wichtigste Wort. Ihren Namen.

Es entstand eine Pause. Seine Tochter begann zu begreifen. Sie schüttelte den Kopf, wollte es nicht wahrhaben. Sie verstand plötzlich alles. In ihr stiegen die Tränen auf. Mit einem Schlag wurde ihr klar, dass ihrer beider Leben so unglücklich verlaufen war, weil sie einander fehlten. Der Alkohol hatte bei beiden die Lücke gestopft, die der jeweils andere hinterlassen hatte. Ihr

Vater und sie, das war von Anfang an eine sehr enge Beziehung gewesen. Ihr Vater liebte sie heimlich über alles und er hatte wahnsinnige Angst davor gehabt, sie zu sehr zu lieben. Er kannte sich, er hatte sich nicht im Griff. Darum hatte er sie von sich gestoßen, immer wieder, um nicht zu zärtlich mit ihr zu werden. Die Angst vor sich selbst, die Angst zum Kinderschänder zu werden, hatte ihm nur noch den Ausweg gelassen, seine Tochter von sich fernzuhalten. Er hatte das alles nicht verstanden, dazu war er ein zu schlichter Mensch. Er hatte sie erstaunlicherweise einfach nur vor sich beschützen wollen. Es war eine Art Überlebensinstinkt. Und die hässliche, aber wirksame Gewohnheit hatte sich als Verhaltensmuster etabliert und blieb auch nach ihrer Kindheit, als sie längst nicht mehr in Gefahr vor ihm war, erhalten.

Es war alles so furchtbar, sein Leben war verpfuscht. Er fühlte sich ein Leben lang schuldig, dass er sie, den wichtigsten Menschen in seinem Leben, so schlecht behandelt hatte. Er hatte sein Bestes gegeben für sie. Er hatte alles gegeben für sie. So sehr liebte er sie. Mehr konnte er nicht geben.

Er atmete laut am anderen Ende. Er flehte noch einmal ihren Namen.

Dann sagte sie: „Papa, es ist gut."

In dem Moment hatte sie ihm vergeben. Am Telefon war Stille. Sie legte auf.

Eine halbe Stunde lang saß sie da und starrte vor sich hin. Dann klingelte das Telefon erneut. Ihre Mutter war wieder dran und weinte: Dein Vadder ist tot.

Wenn Sie sich schuldig fühlen, ist das Einzige, was Sie tun können, sich selbst zu vergeben. Erst dann kann es weitergehen. Manche können sich erst dann vergeben, wenn andere ihnen vergeben. Das ist schlimm. Denn so entsteht eine Abhängigkeit.

Erst wenn Sie sich vergeben, werden Sie innerlich frei. Erst wenn Sie loslassen, wenn Sie sich der Veränderung in Ihrem Leben einfach anvertrauen, wenn Sie die Verwandlung, die gerade geschieht, einfach zulassen. Sich einfach hingeben. Einfach laufen lassen. Nichts wird dann so sein wie zuvor. Aber alles wird gut. Vergeben Sie sich!

Kapitel 13

Worin Ihre einzige Chance besteht

„Lerne dankbar stets empfangen und fröhlicher geben!"

(Johann Kaspar Lavater)

Die Situation ist ausweglos. Genau. Auswege sind es ja gerade nicht, was Sie jetzt brauchen. Vieles funktioniert jetzt nicht mehr, all die Scheinlösungen, mit denen Sie bislang immer durchgekommen sind, all die Abkürzungen, die neue Probleme geschaffen haben, all die Illusionen, das alles wird nun einfach nicht mehr klappen:

Sie könnten versuchen, den alten Zustand wiederherzustellen. – Wie gesagt, diese Variante ist vom Leben nicht vorgesehen.

Jammern? – Nützt Ihnen nichts. Zermürbt Sie nur.

Hilfe von außen? – Werden Sie nicht bekommen, wobei fremde Zweit-, Dritt- und Viertmeinungen Ihnen jetzt sowieso nichts bringen.

Anderen die Schuld zuweisen? – Zwecklos! Das fällt nur wieder auf Sie zurück.

An alten Mustern festhalten? – Dann landen Sie nur wieder hier auf dem Boden, wo Sie ohnehin schon sind.

Neue Illusionen errichten? – Stürzen genauso ein wie die letzten.

Starrsinnig kämpfen gegen die Leere, die tiefe Traurigkeit? – Heroisch zwar, aber niemand klatscht Ihnen dafür Beifall.

Wütend und aggressiv sein? – Wen interessiert's?

Es mit Selbstzerstörung, Sühne, Selbstbestrafung versuchen? – Habe ich selbst probiert: Bringt Sie keinen Millimeter weiter, verzögert alles nur und der Preis ist hoch.

Ignorieren, sich tot stellen, im Bett bleiben? – Die Krise wartet einfach auf Sie, bis Sie ausgeschlafen haben.

Irgendwo anders einen Neuanfang machen, auswandern, aussteigen? – Das Problem daran ist, dass Sie zwar das Land hinter sich lassen, aber sich selbst mitnehmen … und damit all die Probleme.

Könnten Sie nicht das Opfer spielen? – Siehe oben: Das ist nichts anderes als die aggressive Variante, denn die Opfer sind immer die aggressivsten Spieler. Und es bleibt dabei: Niemanden interessiert's.

Okay, Sie könnten Gott herausfordern und infrage stellen. – Ich verrate Ihnen nichts Neues, dass Ihr Ruf im All verhallen wird.

Sie könnten universelle Gesetze versuchen zu ändern. – Viel Spaß damit.

Wie wäre es mit Beten? – Schadet nichts. Keine Frage …

Außer beten könnten Sie gleichzeitig noch warten bis sich alles von selbst regelt, Sie könnten die Sache also aussitzen. – Siehe unter Ignorieren.

Und dann wäre da noch die Variante „Jetzt erst recht!", denn ist der Ruf mal ruiniert, lebt sich's völlig ungeniert. Also einfach weiter so! – Das dürfte die schnellste Route abwärts sein.

Nein, glauben Sie's mir einfach: Die Zeit der Auswege ist vorbei. Jetzt ist es an der Zeit, etwas zu lernen. Der Nebel der Verwirrung, die Konfusion, die unscharfen Konturen, das Unkontrollierbare ... das ist Ihre Chance. Jetzt endlich können Sie sich selbst entdecken. Die Illusionen werden gelöscht. Sie können innehalten. Sie müssen nun niemand mehr sein, Sie müssen keine Leistung mehr erbringen, um jemand zu sein. Sie können sich annehmen, wie Sie sind. Es ist völlig ok. Legen Sie die Maske ruhig ab. Sie haben nichts mehr zu verlieren. Ihre Illusionen haben Sie bereits verloren.

Erkennen Sie einfach an: Sie haben das Spiel verloren. Jeder Widerstand ist zwecklos und macht alles nur noch schlimmer.

Lassen Sie sich jetzt von Ihrer Krise verändern. Nehmen Sie dankend das Geschenk an, sich verändern zu dürfen. Seien Sie dankbar für all den Mist. Erkennen Sie das Gute im Schlechten.

Sie können also nicht die Krise verändern, lindern, irgendwie hinter sich bringen, abwehren, vermeiden oder was auch immer. Sie können nur sich selbst verändern. Genau dazu ist die Krise ja da! Sonst würden Sie doch weitermachen wie bisher. Und das war offensichtlich nicht so toll. Seien Sie also dankbar für diese Chance!

Teil 3

Suchen Sie Ihre Kraftquelle

Kapitel 14

Seien Sie still!

„Als ich mich zu lieben begann, habe ich verstanden,
dass ich immer und bei jeder Gelegenheit zur richtigen Zeit
am richtigen Ort bin und dass alles, was geschieht, richtig ist –
von da an konnte ich ruhig sein. Heute weiß ich:
Das nennt man VERTRAUEN."

(Charlie Chaplin, an seinem 70. Geburtstag.)

Hören Sie bitte auf zu reden. Doch, bitte, halten Sie jetzt BITTE einfach mal die Klappe. Still!

Ziehen Sie sich in sich selbst zurück. Setzen Sie sich mit sich selbst auseinander. Richten Sie Ihren Blick nach innen. Sie werden die Lösung im Außen nicht finden. Sie werden überhaupt keine Lösung finden. Darum geht es jetzt nicht mehr.

Ruhig. Stellen Sie den Automatismus ab, einfach wieder loszuquatschen. Sagen Sie alles ab. Machen Sie sich den Kalender frei. Keine Termine. Sie brauchen jetzt die Zeit für sich.

Wo Sie hingehen, ist egal. Wichtig ist nur, dass Sie nicht erreichbar sind. Kein Handy. Kein Facebook. Keine Wanderung mit einem Kumpel oder einer Freundin! Nicht einfach nur Urlaub machen! Ich meine etwas anderes: Seien Sie für sich!

Ich weiß, das ist ungewohnt.

Raus und nach innen

Am besten gehen Sie raus in die Natur. Ich weiß nicht wie lange Sie brauchen. Fragen Sie sich selbst. Ein paar Tage, eine Woche, einen Monat? Ich weiß es nicht. Das ist bei jedem anders. Einfach so lange, wie Sie brauchen, um ruhig zu werden. Wenn Sie nach ein paar Tagen nicht ruhig sind, dann brauchen Sie eben länger. Um Ihren Körper wieder zu spüren. Um sich wieder mit der Welt zu synchronisieren.

In der Natur ist es einfacher. Der Wald, die Berge, das Meer, dort ist Kraft. Dieses pure Sein ist jetzt enorm hilfreich für Sie. Diese extreme Energie. Sobald Sie sie empfangen können, werden Sie geerdet. Sie werden es daran merken, dass die Probleme, die Sie vor Kurzem noch beinahe umgebracht haben, plötzlich nichtig und klein sind.

Gutes, einfaches Essen ist dabei ebenso hilfreich. Vor allem klares Wasser. Das macht Sie ruhig und erdet Sie. Meistens genügen schon ein paar Tage ohne Drogen und Sie spüren wieder etwas. Mit Drogen meine ich vor allem Zucker in seinen industriellen Erscheinungsformen, also billige Kohlehydrate, billige Zucker, billigen Alkohol. Stattdessen Wasser trinken und ländliche Küche essen, das hilft Ihnen beim inneren Reinigungsprozess. Ihre Zellen können auftanken.

Ein paar Tage später werden Sie sehr, sehr ruhig. Der Drang, etwas tun zu müssen, hört auf. Die Nervosität geht weg. Die Ungeduld geht weg. Ihre Gefühle verändern sich. Ihre Sinne werden wacher. Der Krampf in Ihrem Geist lässt nach. Die Verspannungen, die nichts weiter als das muskuläre Bild Ihrer Ängste sind, gehen weg.

Vermutlich sind Sie zunächst verunsichert. Sie haben noch den Drang, etwas zu tun. Aber irgendwann lassen Sie sich fallen.

Obwohl Sie nichts tun, kommt die Welt plötzlich in Ordnung. Sie spüren: Die Welt hat ein Netz gespannt, das Sie auffängt.

Wenn Sie immer noch unruhig sind und sich fragen: Was soll das bringen? Da zeigt sich nichts! Die Erleuchtung kommt nicht! Die Lösung fällt Ihnen noch immer nicht ein … dann rennen Sie schon wieder in die Falle. Haben Sie Geduld. Warten Sie. Das geht von alleine weg …

Es geht auch gar nicht um Reflexion. Sie sollen nicht nachdenken, das hat keiner gesagt! Sie sollen einfach nur still sein! Wenn Sie zweifeln, ob das der richtige Weg ist, wenn Sie nicht sicher sind, ob dieses Schweigen die gewünschten Ergebnisse bringt … das sind wieder nur Ablenkungsmanöver.

Die sind schon verständlich, denn in der Stille werden Sie sich selbst begegnen, unverfälscht. Und das ist für viele schon zu viel. Mit sich selbst sein, das ist nicht einfach.

Und weil das so schwer ist, gebe ich Ihnen einen Tipp, der so alt ist wie die menschliche Zivilisation: Nehmen Sie ein Tagebuch mit! Schreiben Sie auf, was Ihnen einfällt. Wenn wieder Ihre Erwartungen hochkommen und Sie ungeduldig werden, dann schreiben Sie auf: Ich werde ungeduldig!

Einfach still sein, das können nur wenige. Es ist Übungssache und die meisten von uns sind damit ziemlich aus der Übung. Wie Sie es trotzdem schaffen? Indem Sie es einfach machen. Indem Sie glauben, dass es dran ist, indem Sie es akzeptieren. Indem Sie keine Erwartungen daran knüpfen. Indem Sie sich sagen: Es ist egal, ob etwas dabei herauskommt, und wenn etwas dabei herauskommt, dann ist es egal, was dabei herauskommt.

Und übrigens: Es kommt nichts dabei heraus. Es passiert gar nichts. Es zeigt sich nicht, wie es mit Ihnen weitergehen soll. Da ist kein Wollen, da ist kein Sollen. Da ist nur Sein. Es geht nicht um: Ich bin, weil … Nein, es geht nur um: Ich bin!

Und dann werden Sie spüren, wie sich Ihr Sein verändert.

Ihre Wahrnehmung verändert sich. Was wichtig war, wird unwichtig, und was unwichtig war, wird wichtig. Sie sehen die Welt mit anderen Augen. Da die Welt aber immer noch die gleiche ist, heißt das nichts anderes, als dass Sie sich verändert haben. Obwohl nichts passiert ist.

Sie sehen mit Ihrem neuen Blick sich selbst, wie Sie ihr Spiel spielen. Sie können sehen, dass Sie es mit der Macht übertrieben hatten. Oder dass Sie wichtige Dinge nicht ernst genommen hatten. Oder dass Sie andere Menschen nur benutzt hatten. Oder dass Sie Raubbau an Ihrer Gesundheit getrieben hatten. Sie sehen, dass die große Leistung Sie nicht groß gemacht hatte. Sie sehen, dass Sie sich ständig selbst beschuldigt hatten.

Das alles sehen Sie unmittelbar. Es ist nicht der Verstand, der es Ihnen erzählt, sondern es zeigt sich Ihnen einfach.

Und dann können Sie Ihren Ängsten ganz ruhig in die Augen sehen und auf sie zugehen …

Michi ist allein

Michi Wohlleben ist ein junger Profibergsteiger, und zwar einer der besten der Welt. Für sein Alter – er ist jetzt Mitte zwanzig – ist er ein enorm reifer Mensch. Er erkannte irgendwann, dass Bergsteigen seine Aufgabe ist. Da waren es nur noch ein paar Monate bis zu seinem Abitur – aber er ging von der Schule ab, um das zu tun, was er als seinen Weg erkannt hatte. Ihm war klar, dass ihm der Schulabschluss völlig egal war.

Als sehr junger Kerl erlebte er bei einer Bergbesteigung in Pakistan einen Moment der Stille, der ihn sehr geprägt und von dem er mir erzählt hat:

Seine Gruppe stellte auf 6.100 Meter Höhe ihr drittes Lager auf und legte wegen schlechtem Wetter einen Ruhetag ein. Am nächsten Tag plante Michi, mit seinem Kletterkollegen einen Gipfelversuch zu starten. Mittags kam eine österreichische Expedition mit acht Teilnehmern an ihren Zelten vorbei, die etwa 200 Meter höher ihr Lager errichten wollten. Doch dazu kamen sie nicht: Michi sah, wie die Österreicher von einem abgehenden Schneebrett erfasst wurden.

Nach der ersten Hektik stellte sich heraus: Drei Personen fehlten. Doch in einer gemeinschaftlichen Rettungsaktion konnten sie alle drei finden und bergen. Allerdings war einer der drei schwer verletzt. Ihn zu transportieren war unmöglich.

Die Sache war klar: Sie brauchten einen Helikopter. Da das Wetter jedoch zu schlecht war, brauchte es zwei Tage, bis die Luftrettung fliegen konnte. Sie mussten im Notbiwak, das sie direkt an der Unfallstelle errichtet hatten, ausharren. In der Zwischenzeit ging es dem Verletzten immer schlechter, er hatte große Schmerzen. Und Michi und seine Kollegen waren völlig erschöpft und psychisch am Ende.

Endlich war das Wetter dann gut und ihnen wurden per Funk zwei Helikopter angekündigt. Sie landeten nacheinander, der Verletze wurde eingeladen und alle Bergsteiger, die bei dem Verletzten ausgeharrt hatten, stiegen ein. Doch der Hubschrauber, in dem Michi saß, konnte nicht starten, das Gewicht war zu groß.

Da brüllte der Pilot über den Rotorenlärm hinweg: „One person out!" – es war ein Schock. Michi wusste sofort, dass es seine Aufgabe war auszusteigen.

Der Helikopter flog davon, Michi blieb alleine auf dem Berg zurück. Ganz alleine in 5900 Metern Höhe in einem lawinengefährdeten Hang unter einem 20 Meter hohen Sérac, einem Turm aus Gletschereis, der früher oder später umstürzen würde.

Als der Helikopter am Horizont verschwunden war, überfiel ihn die Stille. Zuerst stürmten die Ängste auf ihn ein. Wut und Verzweiflung. Panik stieg in ihm hoch. Die Frage, die er sich stellte: Warum riskiere ich mein Leben für andere? Doch schnell wurde ihm klar, dass das ziemlich sinnlos ist. Denn dort, wo es komplett ruhig ist, da sind ja die anderen Leute nicht! Niemand war da, der sich für seine Sorgen und Existenzängste interessieren könnte. Also macht er das Naheliegendste: Warten.

Die Stille war ohrenbetäubend, die Gedanken rasten in seinem Kopf. Aber irgendwann wurde sein Atem ruhiger, sein Herz hörte auf, so wild zu hämmern. Dann kamen andere Gefühle hoch. Da war das berauschende Gefühl, völlig frei zu sein. Er stand allein auf einem Berg in Pakistan – weiter weg von den Menschen können Sie praktisch nicht sein. Da war nur die mächtige Natur. Der mächtige Berg. Das mächtige Wetter. Er war aus Prinzip und grundsätzlich völlig unterlegen. Dieses Gefühl war Natur pur, es war unbezweifelbar. Real.

Er erzählte mir, dass er in diesem Moment nicht auf die Idee kam, das ändern zu wollen. Er empfand seine Machtlosigkeit in der Stille als ein ganz natürliches, gutes Gefühl. Oder anders gesagt: Er fügte sich. Er vertraute sich an.

Auf der einen Seite war seine Situation objektiv einfach nur beschissen. Aber auf der anderen Seite fühlte sie sich auch irgendwie gar nicht so schlimm an. Er begann nach etwa einer halben Stunde, es einfach zu akzeptieren. Und wurde im Innern völlig ruhig.

Er fühlte: Es ist gut so. Er sah sich genau so, wie er war. Er brauchte niemandem mehr etwas beweisen, denn es war niemand da. Er fand es schön dort oben zu sein, denn im Alltag unter den Menschen ist es ja sehr schwer, einfach nur zu sein.

Er akzeptierte – und es begann die Hoffnung. Seine Hoffnung war groß. Er fing an zu vertrauen und ließ einfach los. Sein Körper machte einfach das Richtige. Er hoffte. Und das erstaunte ihn. Der Körper kann das irgendwie …

Irgendwann, Stunden später hörte er ein Motorengeräusch. Der Helikopter kam, um ihn zu holen.

Kapitel 15

Lernen Sie, dankbar zu sein

„Danke für meine Arbeitsstelle,
danke für jedes kleine Glück.
Danke für alles Frohe, Helle und für die Musik."

(Martin Gotthard Schneider)

Trotzdem: Manchmal geht das nicht. Manchmal schaffen Sie es nicht, still zu sein. Ich weiß das. Und gerade Ihnen, da Ihnen aufgrund der Ereignisse der jüngsten Vergangenheit die Kraft fehlt, gerade Ihnen fällt es schwer, die Ruhe in Ihnen zu finden.

Bevor Sie aber irgendetwas tun, um sich aus Ihrer misslichen Lage zu befreien, ist es notwendig, dass Sie Ihre innere Kraftquelle finden. Und die finden Sie eben nur in der Stille.

Was Sie suchen ist: stille Freude. Dieser Zustand ist wie eine Markierung an der Stelle, an der der Schatz vergraben ist. Was Sie jetzt finden sollten, um stille Freude zu empfinden, sind die Momente, in denen Ihnen das Herz aufgeht. In denen Sie total verschmolzen sind mit dem Moment. Wo die Vergangenheit Sie loslässt und die Zukunft nicht mehr drückend auf Ihnen lastet. Wo das Denken aufhört und Sie endlich mal wieder mit sich selbst eins sind. Und wenn Sie den Moment genau treffen, dann sind Sie nicht nur mit sich selbst eins, sondern auch mit allem, mit der ganzen Welt.

Die Frage ist nur: Wie sollen Sie diese Momente finden, wenn Sie es nicht schaffen, zur Ruhe zu kommen? Wie sollen Sie still sein, wenn die Gedanken nicht aufhören in Ihrem Kopf herumzurasen? Wenn der reale Druck, die Macht des Faktischen auf Ihnen lastet? Wenn Sie sich Sorgen machen, weil Ihr Leben tatsächlich wie eine abschüssige Bahn ist und Sie lähmende Angst vor den nächsten Schritten empfinden?

Doch, doch, das geht. Trotzdem. Ich sage Ihnen auch wie: Seien Sie dankbar!

„Ich drehte meinen Kopf in die Sonne"

Dankbar sein! Ausgerechnet jetzt? – Ja, ausgerechnet jetzt, gerade jetzt! – Dankbar für was? Gegenüber wem? – Egal, einfach dankbar. Für alles. Für Sie selbst. Für Gott und die Welt. Das Objekt der Dankbarkeit ist nicht wichtig, denn Dankbarkeit ist wie ein Flur, von dem tausend Türen abgehen und jede Tür führt in den gleichen Saal, den Saal der Stille.

Es gibt wirklich Millionen von Einstiegspunkten, auch in Ihnen. Ich schildere Ihnen ein paar exemplarische: An Silvester 2013 war ich zu Hause und draußen. Es war eine klare Nacht, ich sah den Sternenhimmel. Es war besonders klar und mir fiel auf, dass die Sterne in dieser Nacht besonders deutlich zu sehen waren. Und das berührte mich irgendwie. Es war wie ein Signal, dass dies ein besonderer Moment ist. Es hätte auch irgendein anderer Moment sein können, Silvester hin oder her. Aber der Anlass verfügte eben, dass ich mitten im Winter nachts im Freien stand und in den Himmel schaute. Ich hatte das Sektglas in der Hand und stand mit beiden Beinen auf der Erde. Gleichzeitig hatte ich das Gefühl, mit den Augen in den schwarzen Himmel über mir einzutauchen. In dem Moment war sie plötzlich da: unendliche Dankbarkeit. Sie breitete sich warm in mir aus und machte mich ruhig. Es war nur ein Moment. Ich stand da, schaute hoch und war tief dankbar. Das war schon alles.

Ein anderer Moment ereignete sich beim Tiefschneefahren. Es war übles Wetter, so gar nicht bilderbuchmäßig. Die Sicht war nicht gut. Dafür war der Schnee umso wunderbarer. Ich fuhr alleine und tauchte in den Tiefschnee ab, konzentrierte mich ganz auf dieses zauberhafte Medium. Ich fuhr ein paar Kurven und spürte den hauchzarten Widerstand des weichen Pulverschnees. Ich hatte das perfekte Gleichgewicht und die Bewegungen liefen vollkommen automatisch ab. Es kostete mich keinerlei Mühe, mein Geist war ohne Anstrengung, ich genoss dieses Gefühl einfach nur, den Rhythmus, die Harmonie. Innerhalb weniger Sekunden war ich vollkommen euphorisiert, wie geflasht. Es war so gut, dass ich es kaum glauben konnte. Unten am Hang blieb ich stehen, schaute hoch und war zutiefst dankbar, dass ich das erleben darf. Dass ich das so fühle, wie ich es fühle. In dem Moment löste sich etwas in mir, die Tränen stiegen hoch und ich war für einen Moment eins mit der Welt.

Ein dritter Moment fällt mir ein, auch beim Skifahren. Ich leitete ein Skiseminar und trug dabei enorme Verantwortung: Für das Gelingen, für die Ergebnisse, für die Gesundheit der Teilnehmer. Das Seminar war anspruchsvoll zu leiten, denn die Teilnehmer waren allesamt Führungskräfte. Lauter Alphatiere, die sich nicht so leicht Anweisungen geben lassen. Lauter intelligente, selbstbewusste Menschen, die grundsätzlich alles hinterfragen. Trotzdem fühlte ich mich der ganzen Sache gewachsen und spürte mittendrin, wie das Seminar gut gelang. Ich stand am Hang und genoss den Moment. Ich drehte den Kopf in die Sonne und schloss die Augen. Ich war dankbar, dass ich diesen Moment erleben darf, diesen Augenblick der Ruhe. Jeder Stress um mich herum löste sich auf. Ich fühlte mich leicht und lächelte die Sonne an.

Und ein weiterer Moment kommt mir in den Sinn, und zwar einer, bei dem es mir eigentlich so richtig schlecht ging. Es war ein durchschnittlicher Tag, aber in einer Lebensphase, in der mir so manches misslungen ist. Ich war wütend, traurig, ja durchaus ein wenig verzweifelt. Weil ich voller Sorgen war, konnte ich nichts Produktives tun. Also zog ich mich zurück und machte irgendwas. Das Irgendwas war in diesem Fall, dass ich in einer Kiste mit alten Postkarten wühlte. Ich hatte plötzlich so ein nostalgisches, melancholisches Gefühl und schwelgte ein wenig in der Vergangenheit. Da fiel mir eine Karte in die Hand, die ich von meinen Eltern zu einem lange vergangenen Geburtstag bekommen hatte. Darauf stand von Hand geschrieben: „Lieber Stefan, du kannst das Leben nur vorwärts leben und rückwärts verstehen …" – da begann ich zu weinen und der Druck fiel von mir ab. Ich heulte alleine vor der Kiste wie ein Schlosshund. Dabei fühlte ich mich auf einen Schlag eins mit meinen Eltern, eins mit mir selbst und eins mit der ganzen Welt. Ich war plötzlich verbunden mit allem durch ein tiefes Gefühl der Dankbarkeit. Ich war dankbar für diesen Moment, der bedeutete: Auch wenn's mal schwierig wird – alles wird gut.

All diesen Momenten ist gemein, dass hinterher meine Kräfte hundertmal größer waren als vorher. Das heißt: Die Dankbarkeit ist ein Kraftquelle.

Außerdem gilt für alle diese emotionalen Momente: Hinterher ist man stiller, ruhiger, gefasster als vorher. Dankbarkeit führt zur Stille.

Denken, Spüren, Sein und die Auflösung

Eine Frage bleibt aber: Wie geht das? In den meisten Fällen wird Dankbarkeit wie ein Moment beschrieben, der vom Himmel fällt, der urplötzlich da ist, ungewollt und zufällig. So habe ich das ja auch gerade selbst beschrieben. Ja, genau so ist es manchmal. Die Dankbarkeit ist dann zuerst ein Gefühl und dann etwas Tieferes, aber sie wurde nicht bewusst hervorgerufen.

Nur, das ist nicht die ganze Wahrheit. Es gibt nämlich auch einen ganz bewussten Zugang zur Dankbarkeit. Stellen Sie sich die Dankbarkeit wie einen Prozess vor, der (mindestens) vier Stufen hat: Zuerst die Stufe des Bewusstseins. Dann die Stufe der Emotionen. Als drittes die Stufe der Seele. Und die vierte Stufe ist die spirituelle Stufe der Allverbundenheit bzw. die des Einsseins.

Zuerst ist die Dankbarkeit ein Gedanke, den Sie bewusst denken können. Zum Beispiel indem Sie sich den Satz vorsagen: „Ich bin dankbar für …" In der Tat ist es völlig egal, für was Sie dankbar sind. Es braucht eben irgendeinen Anlass, um das so denken zu können, dass Sie es sich selbst glauben. Denn sonst funktioniert es nicht.

Nehmen Sie einfach irgendetwas, für das Sie völlig zu Recht dankbar sein können. Nehmen Sie das Wetter – es hagelt keine Katzen, also können Sie dankbar sein.

Oder die Tatsache, dass Sie in einem Auto sitzen und sehr schnell von A nach B kommen – tausend findigen Menschen, angefangen bei Gottlieb Daimler und Carl Benz, haben Sie zu verdanken, dass das überhaupt möglich ist. Ein guter Grund, dankbar zu sein.

Oder nehmen Sie die Kleidung, die Sie tragen. Sie ist mit Sicherheit besser als das, was die über sieben Milliarden Menschen auf der Welt so im Durchschnitt tragen. Und schon können Sie berechtigterweise dankbar sein.

Sie können dankbar sein, die Person zu kennen, mit der Sie sich gerade unterhalten, Sie können dankbar sein für das Essen, das Sie gerade essen, oder schlicht dafür, einigermaßen gesund und am Leben zu sein.

Übrigens erschließt sich Ihnen gerade der Grund, warum die Gebete in allen Religionen so sinnvoll sind, egal ob Sie nun an einen göttlichen Empfänger dieser Botschaften glauben oder nicht. Gebete sind gute Gelegenheit für dankbare Gedanken, das gleiche gilt für Kirchenlieder: „Danke für diesen guten Morgen …"

Des Weiteren bekommen Sie jeden Tag Geschenke: Mal sind es tatsächlich Gaben wie zum Beispiel, wenn Ihnen jemand einen Kaffee holt oder etwas zum Essen mit Ihnen teilt. Manchmal ist es ein freundliches Wort oder ein Blick oder ein Lächeln, das Sie geschenkt bekommen. Das sind die Momente, in denen Sie ganz bewusst im Kopf „Danke!" sagen können.

Wenn Sie sich diesen Dank selbst abnehmen, wenn Sie sich also selbst glauben, dass der Dank so in Ordnung ist, dann können Sie in sich hineinspüren. Denn aus dem dankbaren Gedanken entspringt immer ein Gefühl. Immer! Es kommt nur darauf an, es auch zu spüren. Manche spüren die Dankbarkeit im Bauch, manche im Hals, die meisten in der Brust. Es ist ein schönes, angenehmes, warmes Gefühl. Es kann sein, das Ihnen ein Schauer durch den Körper läuft, wenn Sie die Dankbarkeit spüren. Die körperlichen Empfindungen, die Sie mit Dankbarkeit verbinden, sind wie ein Signal, ein Anker, an den die Emotion des Dankes geknüpft ist. Die Emotion der Dankbarkeit hat keinen Ort im Körper. Sie ist nur mit sensorischen Empfindungen gekoppelt, die Sie verorten können. Das Gefühl ist sozusagen in Ihrem Körper „abgespeichert". Das Wunderbare dabei ist, dass Sie diese Empfindungen absichtlich „machen" können, indem Sie Dank in Ihrem Kopf denken. Aus der bewussten Dankbarkeit der ersten Stufe entspringt so die Dankbarkeit der zweiten, nämlich der emotionalen Stufe.

Wenn Sie in die dritte Stufe eintauchen möchten, dann müssen Sie nur einen Moment bei diesem Gefühl verweilen und sich ihm hingeben, sich ihm anvertrauen. Konzentrieren Sie sich auf dieses Gefühl in Ihrem Innern. Dann wird es tiefer. Und mit einem Mal geht Ihnen das Herz auf.

Ich kann das nicht besser beschreiben. Ab hier wird es schwer mit den Worten. Aber ich versuche es: Aus der Konzentration auf einen Punkt im Innern wird plötzlich Kraft. Sie spüren sich plötzlich ganz anders, viel umfassender. Sie spüren ihr Wesen und sind durchdrungen von Ihrem Daseinszweck. Plötzlich fühlt sich alles vollkommen richtig und sinnvoll an. Sie spüren sich in Ihrem tiefsten Kern und sind ganz bei sich. Das ist die seelische Stufe der Dankbarkeit. In dem Moment haben Sie aufgehört zu haben, sondern Sie sind. Sie fühlen sich unabhängig von der äußeren Situation.

Das ist ein grandioser Moment. Die bilaterale Dankbarkeit, die sich auf etwas oder jemanden bezieht, verwandelt sich in einen allgemeinen Zustand der Dankbarkeit, der von Ihrem innersten Kern ausgeht und auf nichts Bestimmtes bezogen ist.

In dem Moment lassen Sie los. Sie lassen zu. Sie werden still. Sie sind zufrieden. Alles ist gut.

Wenn Sie diesen Zustand erreichen: Speichern Sie ihn ab. Sie können sich jederzeit daran erinnern und dieses Muster in sich wieder aufrufen. Im Grunde ist das nur Übungssache: Je öfter Sie es machen, desto leichter fällt es Ihnen. Und siehe da: Sie können jederzeit Stille finden.

Und die vierte Stufe? – Das ist die Krönung. Wie eine Zugabe. Es gibt Menschen, die sich auf dieser vierten Stufe der Dankbarkeit regelmäßig aufhalten. Mir selbst ist es bisher nur dreimal gelungen, und zwar beim Meditieren.

Es ist mit Worten nicht annähernd beschreibbar. Ich kann nur so viel sagen: Was hinzukommt ist Weite. Unendliche Weite. Mein Wesenskern löst sich auf und ich verschmelze mit der Welt. In diesem Moment höre ich auf, als einzelne Seele zu existieren, ich verschmelze mit allen anderen Seelen und mit dem ganzen Universum zu einer Einheit. Ich bin alles und alles ist ich. Ich nennen, das: Alldankbarkeit.

Wenn ich nach solchen Erfahrungen von der dritten oder manchmal sogar von der vierten Stufe der Dankbarkeit wieder in die äußere, alltägliche Welt zurückkehre, dann ist mein Zustand ein anderer, ein deutlich besserer. Meine Einstellung ist verändert, ich bin viel positiver gestimmt, egal, was um mich herum passiert. Ich bin entspannter, ich bin gelassener. Ich komme besser mit mir selbst klar und ich habe das Gefühl, dass alles nicht ganz so schlimm ist wie zuvor.

Es ist beileibe nicht plötzlich alles perfekt. Die Probleme haben sich nicht in Luft aufgelöst. Aber ich spüre deutlich weniger Druck und habe einen Spielraum der Freiheit zurückgewonnen. Ich spüre Zuversicht.

Kapitel 16

Finden Sie Ihren inneren Zufluchtsort und schließen Sie Frieden

„Über den Wolken
muss die Freiheit wohl grenzenlos sein.
Alle Ängste, alle Sorgen, sagt man,
blieben darunter verborgen, und dann,
würde was uns groß und wichtig erscheint
plötzlich nichtig und klein.“

(Reinhard Mey)

Mittlerweile bin ich geübt darin, eine Seifenblase um mich herum zu schaffen, in der ich vollkommen geschützt bin. Niemand von außen kann das kaputt machen. Es ist ein uneinnehmbarer Zufluchtsort. Innen drin bin ich im Flow. Ich habe tiefes Vertrauen in mich selbst und die Situation. Ich glaube, ich vertraue, ich bin dankbar, ich lasse es geschehen.

Das ist bei allem möglich. Ich kann während eines Vortrags in die Seifenblase gehen, beim Schreiben – egal. Und es ist grandios, es läuft dann einfach.

Das ist wie ein bestimmter Trance-Zustand. Unmittelbar danach kann ich nicht mehr genau sagen, wie es war. Lob oder irgendwelche Bewertungen von außen sind vollkommen unwichtig, ich bekomme das nicht einmal mit. Es ist eine Form von Selbstvergessenheit. Kinder haben das, zum Beispiel, wenn sie spielen. Leider wird das in der Schule nicht geübt und beibehalten, sondern wegtrainiert: Die Kinder müssen sich ständig auf den Lehrer konzentrieren, ihm zuhören und tun, was der vorgibt. So ist Selbstvergessenheit nicht möglich.

Erstaunlicherweise sind Sie in diesem Trance-Zustand aber zu außergewöhnlichen Leistungen fähig. Und Sie fühlen sich maximal wohl. Darum ist es so wichtig, wieder Zugang zu diesem Zustand zu bekommen.

Im Zufluchtsort hole ich mir Lebenskraft. Ich entkopple mich insbesondere von der Außenzeit, die ja immer schneller taktet. In der Seifenblase gibt es nur meine eigene Zeit. Darum ist das eine Möglichkeit, mich aus der allgemeinen Hektik auszuklinken. Die Leistungen, die ich dann erbringe, sind überragend. Darum hilft mir das auch im Außen sehr.

Der Hebel ist unglaublich groß. Trainieren Sie, sich in diesen Zustand zu bringen – und dann arbeiten Sie. Die Freude, die Sie dann beim Arbeiten empfinden, ist der Gradmesser dafür, wie gut es Ihnen gelingt.

Jeder hat seinen eigenen Automatismus, um in die Seifenblase hineinzukommen. Jeder hat da sein eigenes Ritual. Das zu entwickeln, kann Ihnen keiner abnehmen. Wesentliche Voraussetzung aber ist, dass Sie ruhig sind. Wie das geht, wissen Sie ja jetzt, wenn Sie die letzten Kapitel gelesen haben. In dieser Stille, aufgeladen mit der Kraft der Dankbarkeit, brauchen Sie die Kontrolle über Ihren Körper. Ich bekomme sie beispielsweise dadurch, dass ich

„Ein" beim Einatmen und „Aus" beim Ausatmen denke. Die Worte „Ein" und „Aus" bekommen bei mir verschiedene Farben verpasst. Vielleicht finden Sie einen anderen Automatismus.

Das erste Mal, als ich die Seifenblase für mich entdeckte, war das eher zufällig. Es war beim Fußball …

Das Spiel meines Lebens

Ich spielte ein wichtiges Länderspiel bei der U18-Nationalmannschaft: das Vierländerturnier in Casale Monferrato. Der Druck war groß. Ich stand in der Startelf und wusste: Auf der Tribüne sind einige Bundesligatrainer, um Talente zu sichten. Es ging um meine Karriere. Und das Spiel war meine bis dahin vielleicht größte Chance.

Anpfiff. In meinem Kopf rasten die Gedanken. In den ersten Minuten fühlte ich mich nicht wohl. Mein Spiel war verkrampft. Jeder Laufweg kostete mich Anstrengung. Ich spielte Sicherheitsbälle, hatte kein Selbstvertrauen. Ich stand auch immer falsch, die Bälle liefen an mir vorbei. Ich wusste nicht, wie ich ins Spiel kommen sollte.

Dann spielte ich einen haarsträubenden Fehlpass in der Vorwärtsbewegung im Mittelfeld. Das war es nicht, was ich drauf hatte. Ich hörte einzelne Pfiffe auf der Tribüne. Um irgendeine Anweisung oder Hilfestellung von außen zu bekommen, schaute ich nach Rainer Bonhof, meinem Trainer, aber da kam kein Zeichen. Ich hing in der Luft. Kann das sein? War dieses Spiel zu viel für meine Nerven? Mir war klar: Wenn ich so weitermachte, würde ich spätestens zur Halbzeit ausgewechselt werden.

Zehn Minuten waren vorbei. Ich konzentrierte mich. Streng dich an! Im Mittelfeld bekam ich einen hohen Ball zugespielt. Ich dachte noch: Jetzt!

In diesem Moment ging ich irgendwie aus mir heraus. Alles Weitere geschah wie automatisch, wie von selbst, rein instinktiv. Ich nahm den Ball mit der Brust an. Im Rücken spürte ich, wie mich der Gegenspieler presste. Doch da hatte mein Körper schon eine Drehung nach rechts gemacht, mein Gegner machte einen Schritt ins Leere, ich drehte mich mit dem Ball um ihn herum und stand für einen Moment frei.

Im Augenwinkel übersah ich die Situation – doch mein Körper hatte die nächste Bewegung schon ausgeführt. Ich schlug mit links einen öffnenden Diagonalball über 50 m. Der Ball war noch in der Luft, da hörte ich das Raunen des Publikums. Der Ball landete genau auf dem Fuß meines Stürmers, der die Abwehr im Vollsprint überlief. Daraus entstand eine brandgefährliche Torchance. Ich war verblüfft. Wie hatte ich das gemacht? Die Bewegung um den Gegenspieler herum hatte ich im Training schon oft geübt. Aber noch nie war sie mir derart aus einem Guss gelungen. Und der Offensivpass war in seiner Handlungsschnelligkeit und in seiner Ausführung Weltklasse gewesen. Alles war wie von selbst abgelaufen, ohne dass ich bewusst eine Entscheidung getroffen hatte.

Ab diesem Moment hörte alles um mich herum auf. Ich war weg. Oder besser gesagt: Es fühlte sich an, als sei ich nicht mehr in meinem Körper drin, sondern über dem ganzen Feld. Ich sah die ganze Szene nochmal wie in Zeitlupe von außen. Ich selbst war in der Seifenblase und spielte durch meinen Körper hindurch Fußball. Und zwar den besten Fußball, den ich jemals gespielt hatte.

Der Rest des Spiels lief genauso ab, von den 90 Minuten spielte ich 80 in Trance. Mit kurzen Unterbrechungen, in denen ich auftauchte. Einmal lag ich plötzlich im Gras und wachte auf:

Ich merkte, ich war gefoult worden und lag vor der Strafraumgrenze. Der Schiedsrichter pfiff. Freistoß für uns. Ich war völlig baff. Ich fragte einen Mitspieler: Wie steht es denn überhaupt?

Er schaute mich komisch an und sagte: eins zu eins. Ich sagte: Aha. Und tauchte wieder ab.

Von der Halbzeitpause weiß ich nichts mehr, ich blieb in der Seifenblase. Irgendwann merkte ich, wie ich einen Pass spielte, mein Kollege aber dem Ball nicht hinterherlief. Ich schrie: Lauf doch! Er: Stefan, das Spiel ist abgepfiffen … Ach so …

Dann sank ich auf den Boden und spürte plötzlich, dass ich total fertig war. Ich musste gelaufen sein wie ein Verrückter. Ich spürte in meinen Muskeln, was ich geleistet hatte. Alle kamen zu mir und umarmten mich oder klatschten mich ab. In der Kabine kam der Trainer auf mich zu: Stefan, das war dein Durchbruch. So stark habe ich dich noch nie gesehen!

Es war eine Wahnsinnserfahrung. Danach habe ich erstmal ein paar Tage gebraucht, um das alles zu verarbeiten. Leider habe ich bis heute keine Erinnerung an das Spiel – bis auf die ersten zehn Minuten, und die waren es nicht wert sich zu erinnern. Als ich dann zurück zu meinem Verein, dem VfB Stuttgart ins Training kam, nahm niemand Notiz von meinem Klassespiel. Ein Trainer sagte sogar: Wie kann man dich nur im Mittelfeld spielen lassen … Ich dachte: Ihr Arschlöcher! Habt ihr denn nicht kapiert, dass das mein Durchbruch war?

Danach kam ich beim Fußball nicht mehr in die Seifenblase. Ab hier übernahm mein Ego und wollte den Erfolg erzwingen …

Krieg und Frieden

Wenn Sie mit Ihrer inneren Kraftquelle verbunden sind, dann können Sie das Gute einfach geschehen lassen. Sie sind dann angeschlossen an die Energiequelle in Ihrem Innern und die ist unerschöpflich.

Wenn Sie aber etwas unbedingt kriegen wollen, wenn der Ehrgeiz Sie packt und Ihr Ego etwas erzwingen will, etwas erstrebt, was es sich ausgedacht hat, dann ist das ganz anders. Dann ist das der Weg des Krieges. Sie verbrauchen so Ihre Energie, ohne sie gleichzeitig zu erneuern. Sie beuten Ihr Kraftreservoir aus, bis es zur Neige geht. Wenn Sie stark sind, dann kann das so über Jahre gut gehen. Bis Sie irgendwann einbrechen.

Der friedliche Weg geht so wie mein Fußballspiel in der Seifenblase. Auch auf diese Weise können Sie Höchstleistungen erbringen, ganz ohne irgendetwas zu erzwingen. Sondern einfach mit Freude an der Entwicklung. Es ist, wie wenn Sie einen Vertrag mit sich selbst geschlossen hätten, wie Blutsbrüderschaft zwischen Old Shatterhand und Winnetou: Es ist in Ordnung, es ist ok, es ist gut. Sie nehmen sich an, Sie lassen sich sein, wie Sie sind, Sie akzeptieren den Zustand – und dann sind Sie frei, Ihr Bestes zu geben.

Erst wenn Sie Frieden mit sich geschlossen haben, können Sie Frieden mit der Außenwelt schließen. Das ist einfach nachzuvollziehen: Solange Sie mit sich unzufrieden sind, legen Sie Ihren Blick immer auf die Dinge, die Sie noch nicht haben, die Dinge die Sie „kriegen" wollen. Sie ärgern sich über die Dinge, die Sie noch nicht können. Es ist ein einziges Gerangel mit dem Leben. Sie machen Druck. Wollen etwas erreichen. Aber Druck erzeugt immer Gegendruck, das ist ein Naturgesetz. Sie vergleichen sich in Ihrem Streben mit anderen und da es immer jemanden gibt, der besser ist als Sie, erzeugt das eine tiefe innere Unruhe, einen inneren Unfrieden, der sich nicht auflösen lässt.

Nach dem Friedensschluss mit sich selbst sind Sie zwar noch immer nicht einfach mit allem zufrieden. Sie sehen nach wie vor mit klarem Blick Ihre Unzulänglichkeiten, aber Sie sehen sie nicht als Makel, sondern als Entwicklungsfelder. Sie sind insgesamt zufrieden mit Ihrer Unzufriedenheit. Ihr Ehrgeiz ist ein ganz normaler, gesunder Ehrgeiz. Sie haben Freude an Ihrer Entwicklung.

Wie das gehen soll, mit sich Frieden zu schließen? – Na ja. Einfach, indem Sie's tun. Ich denke da an den Text von Tom Pettys Song „Two Gunslingers": Zwei Revolverhelden trafen sich auf der Straße, um sich zu schießen. Da sagte der eine zum anderen: „Ich will nicht mehr kämpfen." Der andere dachte nach und sagte: „Stimmt. Wofür kämpfen wir überhaupt?" Und beide sagten sich: Jetzt nehme ich mein Leben in die Hand.

Stellen Sie sich Ihre Persönlichkeit als ein Team von Einzelpersönlichkeiten vor, die miteinander im permanenten Dialog sind. Der Ehrgeizige verbündet sich mit dem schnellen Abarbeiter und dem Perfektionisten. Sie bilden eine Gruppe und feuern Sie an: Vollgas! Action! Aber da ist noch eine andere Gruppe, und die bremst: Hey, lass das doch! Das hat uns nicht gut getan. Wir wissen doch mittlerweile, wo das endet.

Ein Teil von Ihnen will vorwärts stürmen, ein anderer will, dass Sie sich zurückhalten. Ein Teil traut Ihnen alles zu. Ein anderer Teil traut Ihnen nichts zu. Ein Teil will viel riskieren. Ein Teil will auf Nummer sicher gehen. Diese innere Zerrissenheit macht Sie auf Dauer fertig. Eine Zeit lang behält vielleicht die Offensiv-Fraktion die Oberhand, aber dieser Stellungskrieg im Innern kostet Kraft.

Die Lösung besteht darin, all diese Stimmen an einen Tisch zu holen und ihnen allen zuzuhören. Sie sollen aussprechen, was sie denken: Was braucht ihr zum Leben? – Sie sollten jedes einzelne Motiv in Ihnen kennen, alle zu Wort kommen lassen. Und dann fällen Sie eine Entscheidung – in Form eines Deals, eines Friedensvertrags mit Ihnen selbst.

Ab diesem Friedensschluss sind Sie in der Lage zu Klarheit im Denken und Handeln. Nach außen wirkt das kraftvoll, entschlossen und gelassen. Im Inneren bleiben Sie ruhig. Ab dann haben Sie Zeit und Platz für Ideen, für das große Stattdessen. Dann erst.

Was Sie daran hindert? – Nichts.

Kapitel 17

Entdecken Sie Ihre eigene Geschwindigkeit

„Das höchste Gut ist die Harmonie der Seele mit sich selbst."

(Seneca)

Ich stand einmal vor dem Schaufenster eines Antiquitätenladens. Zuerst bemerkte ich den Mann gar nicht, der dahinter im Raum an einem alten Tisch arbeitete, weil ich die schönen Möbelstücke betrachtete. Doch dann zog er meine Aufmerksamkeit auf sich. Wodurch?

Durch die unglaubliche Ruhe und Kraft, die er ausstrahlte. Ich war fasziniert. Der Mann arbeitete hoch konzentriert, doch gleichzeitig völlig entspannt. Seine Bewegungen waren sparsam und präzise. Er arbeitete langsam, wie ich fand, keine Spur von Hektik. Als ich eine Weile zuschaute, bemerkte ich, wie schnell er trotzdem vorankam. Es war, als ob er seine eigene Zeit hätte. Um ihn herum war ein Zeitfeld, das anders taktete als die Zeit da draußen in der Welt.

Ich sah ihm weiter fasziniert zu. Dann hatte ich plötzlich das Gefühl, in seine Zeitblase einzutauchen. Ich nahm den Rhythmus seiner Bewegungen auf: gleichmäßig, ruhig, exakt, harmonisch … das kannte ich. Ich erinnerte mich daran, dass ich genau dieses rhythmische Gleichmaß von Bewegungen gespürt hatte … und zwar noch gar nicht lange her: beim Skifahren.

Schwünge

Ich stehe am Hang und schaue die Piste hinunter. Die Neigung ist schön: nicht zu steil und nicht zu flach. Diesen Hang kann ich zügig fahren. Ich fühle in mich hinein, spüre meinen Körperschwerpunkt im Beckenbereich. Der Hüftbeuger ist aktiviert. Meine Beine sind fest, mein Oberkörper ist locker. Ich lasse es laufen und fahre ein paar Meter geradeaus. An mir zieht die Schwerkraft, ich bewege meinen Körper nur minimal, um das Gleichgewicht zu halten. Die erste Bewegung kommt aus meinen Beinen. Gleichzeitig spüre ich meine zunehmende Geschwindigkeit. Aus meinem Körper mache ich eine Feder, die halb gespannt ist. Sie kann nun weiter zusammengedrückt werden, aber sie kann auch weiter auseinandergezogen werden. Ich bin elastisch in der Mitte, jederzeit flexibel, aber fest.

Durch die Schuhe und die Ski spüre ich den Schnee. Ich habe das Gefühl, meine Fußsohlen ertasten den Untergrund. Ich vertraue ihnen und dem Material und meinem Körper, ich lasse mich auf die Physik ein und spüre die Kräfte, die auf mich einwirken. Nun beginne ich mit leichten, weichen Bewegungen, die große Effekte haben. Ein wenig in die Knie, den Schwerpunkt ein wenig verlagert und ich gehe in die erste Kurve. Ich gebe dem Ski die Zeit, die er braucht, um die Kurve zu fahren, nehme die Kräfte auf, die da sind, forciere nichts. Ich spanne mich in die Kurve und gebe wieder nach.

Alle hektischen, abrupten Bewegungen sind schlecht. Sie mindern sofort die Harmonie der Bewegung und die Qualität des Skifahrens. Wenn ich meinen Körper mit Kraft in die Kurve zwinge, mache ich alles kaputt. Mein Körper ist dann der Bewegung aus den Beinen einen Tick voraus und das fühlt sich nicht gut an, die ganze gute Arbeit wird so zerstört. Alle Versuche, die Ski zu beeinflussen, alle Rotationsbewegungen, die da nicht hingehören, alles Zuviel macht die Bewegung unharmonisch und hässlich.

Habe ich aber meinen Rhythmus gefunden, die Harmonie, den Schwung, das Timing, dann bin ich eins mit den Elementen, dann ist alles im Fluss. Und dann ist der Kraftaufwand minimal.

Wichtig ist: Dazu müssen die äußeren Bedingungen überhaupt nicht perfekt sein. Wenn ich meinen harmonischen Schwung gefunden habe, können sich zum Beispiel gerne die Schneeverhältnisse ändern oder die Neigung des Hangs. Ich kann trotzdem im Rhythmus bleiben. Ich muss nur kurz einen Schwung mehr halten oder andere Kleinigkeiten im Bewegungsablauf ein wenig anpassen. Aber die Bewegung ist immer noch meine, der Takt kommt immer noch von innen. Das Ergebnis: Die Kurve sieht von außen immer noch exakt gleich aus, obwohl ich jetzt über Eis fahre statt über weichen Schnee.

Auf diese Weise habe ich jederzeit die Kontrolle, obwohl ich mich ganz den Elementen hingebe. Das ist wirklich paradox. Anstatt zu versuchen, das was ich tue zu kontrollieren und in meinen Willen zu zwängen, lasse ich los. Und bekomme gerade dadurch die Macht.

Dieser Gleichklang zwischen innerer Zeit und äußeren Umständen katapultiert mich in einen Rausch. Es ist eine unendliche Kraftquelle. Alles geht leicht, aber die Effekte sind gigantisch. Das will ich immer haben …

Daneben

Ein Problem unserer Zeit ist, dass wir meistens nicht mit unserer Seele synchronisiert sind. Und im falschen Takt zu ticken, das nervt. Sie kennen das: Sie kehren in Ruhe den Hof und haben sich drauf gefreut, dabei von einer anstrengenden Arbeitswoche zu entspannen – da spricht Sie der Nachbar an und unterbricht Sie, weil er schwätzen will. Sie fahren mit dem Auto in gut an die Straßenverhältnisse angepasstem Tempo – da müssen Sie plötzlich deutlich langsamer fahren, als Sie möchten, weil vor Ihnen ein verunsicherter Fahranfänger herumschleicht. Sie haben sich an Ihrem Arbeitsplatz den Tag eingeteilt und arbeiten nun zügig ab, was Sie sich vorgenommen haben – da kommt ein Kollege, unterbricht Sie und braucht dringend schnell eine Information von Ihnen. Sie gehen mit Ihrem Partner oder Ihrer Partnerin Kleidung einkaufen und alles kommt Ihnen hektisch vor, alles nervt. Die ganze Stadt wimmelt von Leuten und Sie finden nichts, was Ihnen gefällt. Ihr Partner oder Ihre Partnerin zaubert zielstrebig ein Kleidungsstück nach dem anderen hervor und drängt Sie, das alles anzuprobieren, aber Ihnen geht das alles zu schnell, am liebsten würden Sie aus dem Geschäft flüchten und … allein sein.

Wenn der Lebensrhythmus außen nicht mit Ihrem inneren Taktgeber im Einklang schwingt, gelingt Ihnen nichts. Dann kochen Sie ein Essen, aber es schmeckt nicht, weil Sie es nicht gut gewürzt haben. Dann wollen Sie etwas schreiben, aber Sie haben eine Blockade im Kopf. Dann wollen Sie im Meeting etwas sagen, aber Sie finden keine Lücke im Gespräch. Dann haben Sie Lust auf Sex mit Ihrem Partner, aber es macht keinen Spaß, weil es an diesem Tag irgendwie nicht passt. Beim Abendessen kommen die Gänge zu schnell oder zu langsam. Sie gehen Laufen, finden aber

Ihr Tempo nicht. Entweder sind Sie hektisch und fahrig oder Sie sind genervt und gelangweilt, fühlen sich ausgebremst. Genau: Die ganze Welt scheint aus Bremsern oder Stressern zu bestehen. Dabei liegt das Problem ganz bei Ihnen: Sie sind außer sich.

In diesem Zustand haben Sie keinen Zugang zu Ihrem Potenzial. Sie fühlen Ihre Kraft nicht. Ihr innerer Zufluchtsort ist Ihnen verschlossen. Ihr unerschöpfliches Reservoir an Lebenskraft ist für Sie nicht erreichbar. Alles kostet Sie Kraft. Sie fühlen sich abhängig von anderen.

In so einem Zustand, wenn Sie Ihre eigene Zeit verloren haben, können Sie Ihre Probleme nicht lösen. Oder Sie versuchen sie zu lösen, aber mit einem immensen Kraftaufwand. Das Einzige, was Sie letztlich erreichen werden, ist, dass Sie sich noch weiter in den Schlamassel wühlen. Es ist ja nicht nur so, dass die Menschen um Sie herum Sie nerven, sondern Sie nerven ja auch die anderen, Sie sind unausstehlich. Sie liefern nicht, was Sie versprochen haben, Sie sind unzuverlässig, ständig haben Sie Streit und sind mit nichts zufrieden. Das erzeugt Widerstand und Gegendruck.

Was Sie nun dringend brauchen, ist ihr eigenes Tempo. Und das finden Sie einfach nicht, wenn lauter Menschen um Sie herum sind, die anders ticken als Sie. Sie brauchen Achtsamkeit und Ruhe, um Ihren eigenen Takt wieder zu spüren. Das geht aber nicht, wenn Sie fremdbestimmt, von außen gesteuert, nach außen gerichtet, erlebnisorientiert sind. Wenn Sie mithalten wollen, mitgehen möchten, Vorgaben erfüllen möchten. Sie müssen zuerst mal von der Außenorientierung umschalten und beginnen, in sich hineinzulauschen.

Im Takt

Neulich habe ich mal wieder einen Skikurs gegeben. Ich hatte sechs Jugendliche dabei, die unterschiedlich gut fuhren. Ein Mädchen war dabei, die war eindeutig die schwächste Skifahrerin in dieser Gruppe. Das sah ich schon beim kurzen Weg von der Gondel zum ersten Sessellift. Sie stand nicht gut auf dem Ski und ihre Körpersprache war verkrampft und unsicher. Sie fühlte sich offensichtlich nicht wohl.

Am Hang ließ ich alle frei vor mir hinunterfahren, um zu beobachten, was sie alle konnten. Das Mädchen machte keine einzige schöne Kurve, sie bekam nichts zustande.

Am ersten Sammelpunkt bat ich die anderen fünf, sich einzufahren und schickte sie los, das Mädchen nahm ich zu mir. Ich stand vor ihr und schaute sie an. Sie zitterte am ganzen Körper. Sie hatte Angst. Ich stieg noch ein wenig hoch zu ihr und nahm sie erstmal in den Arm. Ich sagte: Das war brutal, oder? – Ja, genau! sagte sie. – War's dir zu steil? – Sie nickte.

Sie hatte Stress. Und der Grund war einfach: Die anderen waren ihr in allem zu schnell. Beim Ski anschnallen, beim Einsteigen in die Gondel, beim Losfahren. Sie hatte keine Chance, ihr eigenes Tempo zu finden und sich selbst zu spüren. Tempotempotempo. Die anderen hatten Spaß, aber sie hatte kein Gespür mehr für sich und die Situation. Sie war außer sich geraten und fand jetzt nicht mehr in sich hinein.

Ich spürte das alles. Und machte langsam. Ich machte Pausen zwischen meinen Sätzen. Ich atmete langsamer. Ich sprach langsamer. Und tastete mich zu ihrem Tempo vor. Ich spürte, wie sie augenblicklich ruhiger wurde.

Irgendwann bekam sie Anschluss an ihre eigene Zeit. Ich fragte sie: Eine Kurve? – Sie nickte.

Wir fuhren langsam eine Kurve. Es ging. Dann eine Kurve nach der anderen, langsam etwas zügiger. Sie folgte dem Takt. Sie stand schon viel besser auf dem Ski, ohne dass ich ihre Haltung mit Worten korrigiert hätte. Ich spürte, wie sie Vertrauen gewann und den Ski ein wenig mehr laufen ließ. Wir erhöhten gemeinsam das Tempo und den Takt. Plötzlich kam sie in ihre Kraft. Die Bögen wurden rund, ihr Bewegungsablauf wurde rhythmisch. Jetzt lief es. Als wir unten ankamen, wo die anderen auf uns warteten, staunten die nicht schlecht …

Wenn Menschen in ihre Kraft kommen, ist das eine allem anderen überlegene Medizin. Das ist wahnsinnig effektiv.

Sie kommen in Ihre Kraft nur, wenn Sie das Lebenstempo von unten an Ihren inneren Rhythmus hochfahren und anpassen. Von unten – niemals von oben! Sie können Ihre Zeit nicht finden, indem Sie Gas geben und Druck machen. Sie können sie nur finden, wenn Sie Ihr Tempo komplett herunterfahren, entschleunigen und dann ganz langsam wieder steigern, bis es passt.

Timing für Fortgeschrittene ist das, was ich gemacht hatte: Wenn Sie Ihre eigene Zeit im Gefühl haben, dann können Sie auch andere achtsam anschauen und deren Zeit spüren. Sie können sich dann auf den Rhythmus anderer Menschen einlassen, ohne sich darin zu verlieren. Das ist eine wunderschöne Erfahrung.

Der Schlüssel dazu ist die Freude. Ich beobachtete zum Beispiel meine Frau beim Einkaufen. Ich spürte, welche Freude es ihr machte, nach schönen Kleidern zu suchen. Sie hatte in der Stadt einen völlig anderen Rhythmus als ich. Sie war schnell, voller Entdeckerfreude, zügig, effizient. Die ganze Stadt und die Klamotten interessierten mich eigentlich nicht. Aber meine Frau interessierte mich. Ich ließ mich auf ihren schnellen Takt ein. Wow! Da ging was! Hier eine Bluse. Da ein Rock. Passende Farben. Welche Größe? Zack. Zack. Sie war aus meiner Sicht unglaublich schnell, aber doch völlig ruhig. Konzentriert und gleichzeitig entspannt. Wie der Handwerker im Antiquitätenladen. Ich ging mit, reichte ihr ein Kleidungsstück in die Umkleidekabine, holte eine andere Größe. Eins nach dem anderen, immer eine Sache auf einmal, nicht mehr. Ich gab ihr zügig meine Kommentare zurück, knappe Sprache, wenig Worte, scharfe Blicke. Ich merkte, wie ich schneller atmete und mich schneller bewegte, ich war im Einklang mit ihr, ohne außer mir zu sein, und wir rockten gemeinsam diesen Laden. Als wir zur Kasse gingen, hatte ich mega Spaß: Wir hatten in kürzester Zeit ein paar der schönsten Klamotten aus diesem Laden identifiziert und gekauft. Wir waren voller Freude und es hatte nicht genervt, keine Kraft gekostet, keinen Stress gemacht.

Und ich sage Ihnen: Gemeinsam mit Ihrem Partner im Takt zu sein ist so ziemlich das Erotischste, was es gibt …

Kapitel 18

Üben Sie Respekt vor jedem Leben. Vor jedem!

„Dein Blick ist, so verwandelt, mir ein Spiegel,
der mir den meinen auch verwandelt zeigt. "

(William Shakespeare)

Ich kam vom Training in der Mercedesstraße und hatte Hunger. Es war ein Scheißtag, ich war nicht gut drauf. Im Bahnhof Bad Cannstatt ging ich zum Türken und holte mir einen Döner. Mit dem verzog ich mich in die letzte Ecke des Bahnhofs, setzte mich kraftlos auf eine Stufe und widmete mich dem Döner. Nahrungsaufnahme.

Da kam ein Penner dahergeschlurft. Er schaute mich kurz an und setzte sich dann neben mich auf die Stufe. Scheiße. Das darf doch nicht wahr sein. Ich wollte einfach meine Ruhe haben und jetzt wird der mich wahrscheinlich gleich anbetteln. Ich war aber so deprimiert, so platt, so außer mir, dass ich keine Kraft hatte, Widerstand zu leisten. Ich überlegte kurz, ob ich aufstehen und gehen sollte. Der Typ sah völlig verlumpt aus, im Gesicht äußerst ungepflegt, und er stank nach U-Bahn: Bier, Pipi, Schweiß und Straße.

Meine Abwehr beschränkte sich auf einen arroganten, unfreundlichen, herablassenden Blick. Immerhin rückte er mir nicht auf die Pelle, sondern hielt Abstand. Offenbar wusste er, wie er wirkte.

Ein Geschenk

Dann sprach er mich an: „Na, Junge."

Seine Stimme war ruhig, rau, aber trotzdem weich. Er machte ein Pause, dann sagte er: „Dir geht's ja nicht so gut."

Das überraschte mich. Ich hatte damit gerechnet, dass er mich um Geld anschnorrte. Stattdessen hatte er mich wahrgenommen und gesehen, dass es mir nicht gut geht. Das irritierte mich. Für einen Moment war ich überrascht und überrumpelt. Seine Ansprache war so direkt und so persönlich, gleichzeitig überhaupt nicht unfreundlich. Er hatte meine Aufmerksamkeit gewonnen. Das hatte er geschafft. Interessant. Und ich merkte gleich: Der ist mir wohlgesonnen. Mein Widerstand schmolz.

Darum antwortete ich ihm: „Ne, hab scheiße trainiert."

Dann schaute ich wieder auf meinen Döner und biss hinein.

Er schaute zu mir rüber und sagte nichts. Er blieb sitzen. Merkwürdigerweise störte es mich gar nicht mehr.

Nach einer Weile sagte er: „Weißte. Auch diese Tage gibt es im Leben."

Jetzt war ich baff. Ich schaute ihn an und sah ihm zum ersten Mal direkt in die Augen. Er hatte einen ganz ruhigen, klaren Blick.

Ich war noch immer kurz angebunden und sagte nur: „Ja."

Er fragte: „Hast mir mal ne Kippe, Junge?"

Wie er „Junge" sagte, das war merkwürdig. Er sagte das nicht kumpelhaft, sondern irgendwie väterlich. Wohlwollend.

„Ja, klar", sagte ich und dachte, komm, heute ist alles egal, was soll's. Lass ich mich halt anpumpen. Ich reichte ihm eine und gab ihm Feuer.

Dabei kam er mir zwangsläufig näher und ich sah sein Gesicht, das aussah wie das eines alten Inders. Ein sehr lebendiges, altes Gesicht, erfahrungsreich, mit tiefen Falten. Außen hässlich und innen schön.

Er nahm einen langen Zug und schaute dann auf die brennende Zigarette. Alle seine Bewegungen waren ruhig und kraftvoll. Ich beobachtete ihn und war erstaunt: Er sah nicht aus wie ein Penner. Na ja, doch, äußerlich natürlich schon, aber seine Wirkung war anders.

Da schaute er mich plötzlich an, musterte mich und sagte: „Danke."

Auch das kam völlig unerwartet. Ich merkte, das war keine Höflichkeitsfloskel, sondern ernst gemeint. Es kam von Herzen. Das hier, das war keine Zigarette, sondern eine zwischenmenschliche Geste gewesen. So etwas wie ein Handschlag. Stark. Würdevoll. Dieser Blick und sein Dank fluteten mich mit Kraft.

Wir saßen da, er rauchte, ich aß, wir redeten nichts mehr.

Irgendwann war ich fertig. Ich sagte: „Ich muss zur S-Bahn."
– Als ob ich mich von einem Freund verabschiedete. Ich merkte, wie meine Einstellung sich geändert hatte: Er war für mich kein Penner mehr, sondern ein guter Kerl, den ich mochte. Er hatte mir Raum gelassen und mich nicht bedrängt. Er hatte mich respektiert. Darum konnte ich ihn respektieren.

Er sagte: „Klar. Weißte, manchmal läuft's nicht so. Morgen ist ein neuer Tag, mein Guter."

Mein Guter? – Das war ein merkwürdiger Ausdruck. Ich dachte: Der Typ kann nicht blöd sein. Der weiß viel über das Leben. Eigentlich ist das doch kein Penner. Er war aber einer. Aber er konnte mehr, das spürte ich.

Ohne viele Worte hatte er mir viel gegeben in diesem Moment der Schwäche. Ich hatte das Bedürfnis, ihm etwas zurückzugeben. Weil mir nichts Besseres einfiel, gab ich ihm die restliche Schachtel Zigaretten.

Er nahm sie ohne Zögern an. Ich ging und fuhr nach Hause.

Im Zug ließ mich der Typ nicht mehr los: Was bringt einen Menschen dazu, am Bahnhof als Penner zu landen? Was ist da im Leben passiert? Was hat ihn zu dem gemacht, der er heute ist? Gab es einen Schicksalsschlag? Und warum hatte er es soweit kommen lassen? Kann man etwas derart Schlimmes erleben, dass man so auf die Schnauze fällt?

„Junge!"

Am nächsten Tag kam ich wieder in den Bahnhof, ging wieder zum Dönerstand. Der Penner von gestern war auch da. Er stand an einem Stehtisch und hatte eine Dose Bier vor sich.

Er erkannte mich – die Ebene, auf der wir gestern gewesen waren, war sofort wieder da. „Na, Junge? Läuft's heute besser?"

Ich lächelte und nickte.

Er: „'N Döner?"

Ich: „Ja. Genau."

Da drehte er sich um, bestellte beim Türken einen Döner und bezahlte ihn.

Schon wieder war ich verblüfft. „Vielen Dank! Das müssen Sie doch nicht machen ..."

Er sagte nichts. Aber sein Blick sagte: „Junge, ich mach das gerne."

Ich bekam meinen Döner und aß ihn an seinem Stehtisch. Wir schwiegen.

Dann schob er mir eine neue Packung Marlboro rüber: „Du. Und die ist für dich von mir. Und nochmal danke für gestern."

Ich war sprachlos und starrte ihn an.

Da war auch nichts zu sagen, ich spürte nur: Das ist ein großer Moment. Er nahm sein Bier und ging. Alles war gut.

Für mich war das eine bewegende Szene, die ich nie vergessen werde. Alles zwischen diesem seltsamen Mann und mir lief völlig selbstverständlich ab, voller Würde und Respekt. Es gab keine überflüssige Konversation, wir kommunizierten reduziert auf das Wesentliche. Aber gerade deswegen war diese Begegnung so magisch. Wir schauten uns in die Augen und verstanden uns.

Es war klar, er war der Stärkere von uns beiden. Rein äußerlich konnte es ihm nicht gut gehen, aber innen waren Kraft und Energie. Er gab mir reichlich davon ab und stärkte mir den Rücken. Sein Blick hatte mich aufgerichtet. Und die Art, wie er „Junge" sagte ... In keiner Sekunde stand ein Statusunterschied zwischen uns. Es war das nackte Leben, so wie es ist, und es fühlte sich so an, als ob wir uns schon lange kannten.

Das Beeindruckendste war für mich der Respekt, der in dieser Szene wohnte. Er hielt respektvoll Abstand zu mir, nicht nur körperlich, sondern auch seelisch. Er rückte mir nicht auf die Pelle, sondern ließ mir Raum. Zum Beispiel taten mir die großen Pausen zwischen den Gesprächsfetzen sehr gut. Da gab es keine gegenseitigen Erwartungen. Keiner von uns musste im Leben des anderen herumwurschteln. Und wir brauchten auch nichts voneinander zu wissen um zu merken, wie es dem anderen ging. Wir wollten nichts voneinander – und trotzdem signalisierten wir uns gegenseitig, dass wir Anteil nahmen.

Spiegelreflex

Immer wenn ich seitdem nach Bad Cannstatt in den Bahnhof kam, hielt ich Ausschau nach diesem Mann. Aber ich traf ihn nie wieder. Wahrscheinlich war er weitergezogen in eine andere Stadt, wie es diese modernen Nomaden eben machen.

Die Begegnung hinterließ bei mir einen bleibenden Eindruck. Der Mann hatte mich aus einer Situation, in der ich von Selbstmitleid beherrscht war, zurückgeführt zu mir selbst. Er veränderte meinen Fokus: Von der deprimierten, egozentrischen Haltung, die nichts anderes ausdrückte, als dass ich mich und meinen Gefühlszustand als das Wichtigste auf der Welt betrachtete, brachte er mich in eine offene Haltung, aus der heraus ich mich für einen anderen Menschen interessieren konnte. Ab diesem Moment fühlte ich mich wieder ok, so wie ich bin.

Diese Geschichte war für mich eindrücklich. Na gut. Aber warum erzähle ich Ihnen das alles? – Weil es Ihnen helfen kann, wieder in Ihre Kraft zu kommen. Darin steckt nämlich: Wenn Sie es schaffen, andere Menschen zu respektieren – egal, wie sie aussehen, egal, was sie gerade tun, egal, wer sie sind – dann finden Sie darin Ihren Selbstrespekt. Und das ist Ihre Kraftquelle!

Manchmal sind Sie so geschwächt und haben so wenig Selbstrespekt, dass Sie es aus eigener Kraft heraus nicht schaffen, respektvoll zu sein. Dann brauchen Sie vielleicht einen anderen, der Ihnen dabei hilft, indem er Respekt um sich verbreitet und Sie damit ansteckt. Die Frage ist: Lassen Sie diese Begegnung zu?

Was Sie aber auf gar keinen Fall machen sollten – und jetzt im Moment der Schwäche sowieso nicht! – das ist, andere zu erniedrigen. Andere Menschen nicht zu respektieren, ist einer der größten Fehler, die Sie machen können, denn andere zu verurteilen, kostet Kraft. Sie stellen sich selbst ein Bein.

So herum betrachtet ist es eine Zwickmühle: Weil Sie sich schwach fühlen, erniedrigen Sie andere, zum Beispiel indem Sie schlecht über sie reden. Vielleicht geben Sie jemandem die Schuld an Ihrer Misere und regen sich über ihn auf. Wut ist ja auch ein wertvolles Gefühl, das integriert werden sollte. Nur Ihre Intention dabei ist häufig, den anderen auf Ihr Niveau herunterzuziehen, damit Sie sich im Vergleich nicht ganz so schlecht fühlen. Was aber Paul über Peter sagt, sagt mehr über Paul als über Peter! Letztendlich helfen Sie sich nicht mit Ihrer Lästerei, Ihrer Überheblichkeit und Ihrer Arroganz. Das Gegenteil ist der Fall: Sie erniedrigen sich vor sich selbst, Sie ersticken den letzten glimmenden Funken Selbstrespekt. Und schwächen sich noch mehr.

Die Wahrheit ist doch: Sie kennen das Leben des anderen nicht. Woher wollen Sie wissen, warum derjenige so oder so handelt? Woher wollen Sie wissen, was der in Wahrheit denkt? Sie dürfen es nie an Äußerlichkeiten festmachen, Sie müssen immer genau hinschauen. Jedes Leben ist einzigartig. Über einen Menschen zu urteilen, dazu haben Sie nicht das Recht.

Stattdessen können Sie den Menschen, mit dessen Aussehen, Verhalten oder Worten Sie Schwierigkeiten haben, einfach so sein lassen. Sie müssen nicht einverstanden sein. Sie können diesen Menschen trotzdem respektieren. Vielleicht ist er Ihnen eine Hilfe, wenn Sie verstehen, dass die Tatsache, dass er Sie stört, etwas mit Ihnen zu tun hat. Jeder Mensch ist ein Spiegel, wenn Sie es schaffen, hineinzuschauen. Und jeder Blick in einen Spiegel hilft Ihnen, sich selbst zu erkennen. – Andere zu respektieren, gibt Kraft!

Darum: Respektieren Sie jedes Leben. Jedes!

Kapitel 19

Warum es Schwachsinn wäre, Ihre Wurzeln zu kappen

„Ohne Heimat sein, heißt leiden.“

(Fjodor Dostojewskij)

Da gibt es noch eine weitere Kraftquelle, mit der Sie sich verbinden können, bevor Sie irgendetwas tun, um sich am Schopf aus dem Sumpf zu ziehen: Besinnen Sie sich auf Ihre Wurzeln!

Auf Ihre Wurzeln besinnen, das ist bildhaft gesprochen. Das geht auch noch konkreter: Ihre Wurzeln, das sind bestimmte Orte in Ihrer Heimatregion, eine damit verbundene Mentalität, die Sprache beziehungsweise der Dialekt, der das Lebensgefühl ausdrückt, die Herkunftsfamilie, die Menschen von früher und die Erlebnisse der Kindheit, die Sie geprägt haben. Und was bedeutet „besinnen"?

Der ist doch Südtiroler!

Heimat, das ist, von wo Sie herkommen. Dabei ist ganz egal, ob früher schlimme Dinge passiert sind. Vielleicht ging es Ihnen als Kind nicht gut in Ihrer Familie oder an dem Ort, wo Sie wohnten oder in der Schule, in die Sie gingen. Das war alles so, wie es eben war. Sicher. Und trotzdem dürfen Sie Ihre Wurzeln nicht verachten oder gar kappen. Wenn Sie mit irgendetwas oder irgendwem aus der Vergangenheit nicht im Reinen sind, dann haben Sie etwas aufzuarbeiten oder etwas zu klären. Da gibt es womöglich etwas aufzuräumen. Aber sich einfach abwenden und gehen würde bedeuten, dass Sie einen Teil Ihrer selbst zurücklassen. Sie sind dann nicht mehr ganz und büßen eine Ihrer Kraftquellen ein. Ja, natürlich, Sie können ohne Heimat leben, ohne Familie, ohne Traditionen und Bräuche und ohne Zungenschlag. Ich bin nur überzeugt: Sie verlieren dadurch mehr, als dass Sie gewinnen – ganz egal, wie schlimm es war.

Und umgekehrt: So manchem, der Schwierigkeiten hat, auf dem Teppich zu bleiben, wünsche ich einfach nur etwas mehr Heimat, vielleicht würde das helfen. Ich kenne beispielsweise Markus Lanz, den Fernsehmoderator, nicht persönlich und kann mir darum keinen Ratschlag erlauben. Mir fiel nur wie so vielen anderen auf, dass er sich in seiner Talkshow immer wieder zu Respektlosigkeiten hinreißen ließ. Da befragte er beispielsweise eine ältere Dame, die ihren demenzkranken Mann vermisste. Mitten in einer Fußgängerzone war er verschwunden und seitdem ist sie verzweifelt auf der Suche nach ihm. Eine furchtbare Situation. Jeder Zuschauer wünschte ihr nur das Beste und vor allem, dass Sie ihre Hoffnung bewahrte. Da sagte sie einen tröstlichen und sehr schönen Satz: „Ich habe das Gefühl, er sitzt auf einer Parkbank und wartet auf mich." – Und was entgegnete Lanz? „Wer außer Ihnen glaubt das noch?"

Was für eine würdelose Frechheit! Da fällt einem nichts mehr ein. Die Frau brach in Tränen aus. Doch Lanz ließ sie einfach schluchzend sitzen und machte weiter im Programm. Ich finde das genauso herz- und geistlos wie die verbale Treibjagd, mit der er die Politikerin Sahra Wagenknecht durch seine Sendung hetzte. Keinen Satz ließ er sie ausreden, er schnitt ihr permanent das Wort ab, drehte ihr das Wort im Mund herum und verhielt sich aufs Peinlichste unfair, aggressiv und unfreundlich.

Braucht nicht gerade ein Talkmaster Mitgefühl und Empathie? Sicher war ihm die Dame, die ihren Mann suchte, herzlich egal. Und Frau Wagenknecht hat mit Sicherheit eine völlig andere politische Meinung als Herr Lanz. Geschenkt. Aber der eigentliche Grund für die herzlose Haltung des Moderators ist meiner Einschätzung nach, dass er nicht wirklich bei der Sache und im Gespräch und bei den Gesprächspartnern ist, sondern im Geiste immer auf der Jagd nach der Quote, immer auf der Suche nach Wirkung. Er macht auf mich den Eindruck, dass er versucht, den kritischen Journalisten zu geben, den unbequemen Hinterfrager. Da ist einer auf dem Egotrip, außer sich, von sich selbst abgeschnitten, könnte ich auch sagen.

Als ich das sah, war mein Impuls: Der Mann ist doch eigentlich ein Südtiroler! Auch wenn das kaum einer weiß, weil er so perfekt hochdeutsch spricht. Aber er stammt aus Geiselsberg, einem Bergdörfchen auf halber Höhe des Kronplatzes in der Nähe von Bruneck. Die Straße weiter hinauf geht's zum Furkelpass, die Straße hinunter geht's nach Olang im Pustertal. Ich liebe diese Landschaft. Die Berge sind wunderschön, die Leute liebenswürdig, das Essen fantastisch. Der Kronplatz ist auch ein schönes Skigebiet. Und ich mag die liebenswürdigen aber stolzen und geschäftstüchtigen Menschen dort. Ganz spontan: Mir fehlt der Südtiroler in Markus Lanz. Ich spüre ihn nicht.

Dieser Mensch wirkt im Fernsehen wie einer, der nirgendwo herkommt. Und vielleicht fehlt der Südtiroler ihm auch selbst.

Vielleicht schämt er sich ja sogar, dass er nicht aus Berlin oder Hamburg stammt. Vielleicht würde es ihm leichter fallen, etwas mehr Respekt für seine Gesprächspartner aufzubringen, wenn er seine Herkunft ein wenig durchscheinen ließe, denn das wäre ein Akt des Selbstrespekts. Und ein kleines Zungenschnalzerchen Dialekt würde ihn doch gleich sympathischer machen.

Der andere Südtiroler in der deutschen Öffentlichkeit, Reinhold Messner, der lebt den Südtiroler in sich, der steht zu seiner Heimat, egal wo er ist. Er ist ein krasser Gegenentwurf zum gelackten Leichtgewicht Markus Lanz. Was für ein Mann! Was für eine Respektsperson. Wie er sich für seine Kultur und seine heimatliche Bergwelt einsetzt! Dass er sich in der Öffentlichkeit würdelos verhält, kann ich mir gar nicht vorstellen, dazu wär er viel zu stolz. Ich habe einmal miterlebt, wie er einen Rednerpreis entgegennahm: Seine Dankesrede war geprägt von Bescheidenheit und Demut. Ich bin sicher, diese Kraft zieht er aus seinen Wurzeln.

Drei schwarze Tannen

I komm wo her, wo mer schwäbisch schwätzt: Ich bin Schwarzwälder. Mein Vater kommt aus Nagold, meine Mutter aus Schmieh, einem kleinen Ort bei Bad Teinach. Aufgewachsen bin ich als Gastronomiekind in Oberjettingen am östlichen Rand des Schwarzwalds. Als Jugendlicher kam ich dann in die große Stadt, um beim großen Bundesligaclub VfB Stuttgart Fußball zu spielen. Heute bin ich sehr froh, dass ich als Dorfkind in die Stadt kam und nicht umgekehrt. So konnte ich meinen Horizont erweitern anstatt mich eingeengt zu fühlen. Die Möglichkeiten der großen Stadt gefielen mir sehr, ich genoss das. Und mir gefiel auch der größere Abstand zu den Leuten.

Aber mit dieser Erfahrung lernte ich die Werte meiner Heimat erst so richtig schätzen: Wir Schwarzwälder haben eine Holzfällermentalität. Da geht es kernig zur Sache. Bei Meinungsverschiedenheiten gibt es keine Politik, da wird gestritten. Und zwar heftig. Anschließend ist wieder alles gut.

Der Zusammenhalt im Dorf ist groß. Jeder hilft jedem. Natürlich wird auch viel gelästert, aber wenn es ernst wird, gibt es eine große Verbundenheit. Der Umgangston ist rauher, nicht so geschliffen, aber viel herzlicher. Dagegen geht es in der Stadt viel schneller zu, aber eben auch oberflächlicher, unverbindlicher, härter. Ich habe das Gefühl, wenn ich in Not wäre, würden da die meisten mir nicht helfen – Sie haben dazu ja gar keine Zeit.

Was ich auch mitnehme aus meinem Dorf, ist die tiefe Verbundenheit mit der Natur. Im Gegensatz zum Stadtleben sind im Dorf die Bäume, die Vögel, die herumrennenden Hunde, die Kräuter am Wegrand ein Teil jedes Tages. Ich weiß erst heute, wie wichtig mir das ist.

Ich brauche das heute gar nicht täglich um mich herum, ich trage die Heimat sozusagen im Herzen. Würde ich umgekehrt als Städter aufs Land ziehen, dann würde ich das alles niemals so spüren können.

Besonders aufgestoßen ist mir, dass in der Stadt oft schlecht über die eigene Familie geredet wird. Das kannte ich so nicht. Vielen Freunden aus Stuttgart waren die Eltern, Großeltern und Geschwister eher lästig. Zu Weihnachten gingen sie lieber tanzen als heim zur Familie – für mich undenkbar!

Wenn Sie das Pech haben, nicht aus einem Dorf am Rande des Schwarzwalds zu stammen, dann haben Sie sicher das Glück, dort herzukommen, wo Sie eben herkommen. Jede Heimat hat ihre Vorzüge. Aber kennen Sie sie denn? Und stehen Sie dazu? Ich wünsche es Ihnen!

Und was machst du heute?

Auch unsere Erlebnisse von damals sind Wurzeln. Und die Zeit, in der wir groß geworden sind. Lasst uns unsere Erlebnisse, lasst uns unsere eigene Zeit, lasst uns unsere Entwicklung! Und verurteilt niemanden dafür!

Ich war als junger Kerl mit meinen Eltern einmal im Urlaub mit Freunden von meinen Eltern. Ihre Tochter war auch dabei. Die Familie kam aus Sigmaringen. Dieser Ort an der Donau versteht sich aufgrund seiner Geschichte als Stadt, denn dort gibt es ein Hohenzollernschloss. Oberjettingen dagegen ist ein Bauernnest. Hier gibt es kein Schloss und hier residierte nie ein Adelsgeschlecht, im Wappen stehen dafür drei schwarze Tannen auf silbernem Grund.

Ich fand das Mädchen sehr attraktiv. Doch dann erzählte sie etwas, brach mittendrin ab und sagte: Ach, das kannst du ja nicht wissen, du kommst ja vom Dorf. – Wie respektlos!

Später wurde ich ein erfolgreicher Fußballer, verdiente damit viel Geld und war auf dem Sprung – ich war fast schon berühmt. Da wäre mein Wunsch gewesen, sie zu treffen, die mich für einen Dorftrottel gehalten hatte, und sie zu fragen: Na, und was machst du denn so, heute?

Zu mangelndem Respekt vor den Erlebnissen, den Orten und den Menschen von früher lassen wir uns allzu leicht hinreißen. Ich war da selbst eine Zeit lang anfällig, vielleicht bin ich darum heute so sensibel dafür. Eines Tages kam ich nach Hause zu meinen Eltern zu Besuch. Da war auch Christl, wie jeden Dienstagabend. Sie ist die beste Freundin meiner Mutter und war die Frau, die uns im Gasthaus zur Hand ging und uns immer viel geholfen hat. Sie ist eine herzensgute, einfache Person, die zeitlebens bei ihren Eltern unterm Dach wohnte. Sie blieb ihr Leben lang in Oberjettingen, und das merkte man ihr auch an. Sie trank gern ihr Schorle weiß-sauer, und die Welt da draußen interessierte sie nicht so sehr.

Ich bekam an diesem Abend einen Anflug von Überheblichkeit – damals neigte ich dazu. Ich sagte zu Christl so etwas Ähnliches wie: Ich habe schon was von der Welt gesehen, im Gegensatz zu dir.

Da gab es einen Moment der Stille im Raum. Und ich merkte, was ich da gesagt hatte. Meine Mutter schaute mich entgeistert an. Aber da war ich schon wieder bei mir und nahm Christl in den Arm und entschuldigte mich. Mir fiel ein, dass es Christl gewesen war, die mich als Jugendlicher ins Training nach Stuttgart gefahren hatte, wenn meine Eltern nicht konnten. Sie hat mich manchmal nachts in Böblingen am Bahnhof abgeholt. Sie war immer für mich da.

Darum: Lassen Sie Ihre eigenen Wurzeln im Boden und kappen Sie sie nicht. Vergessen Sie nicht, wo Sie herkommen. Vergessen Sie die Orte nicht und nicht die Menschen. Lassen Sie aber genauso die Wurzeln der anderen Menschen unangetastet!

Sich auf Ihre Wurzeln besinnen, das geht ganz einfach: Reden Sie mal wieder in Ihrem Dialekt. Besuchen Sie mal wieder die Orte, die Sie als Kind kannten. Fahren Sie hin, steigen Sie aus dem Auto aus und gehen Sie auf den Wegen, auf denen Sie früher gegangen sind.

Ich bin früher immer mit dem Hund in einem Waldstück Gassi gegangen. Wenn es mir heute mal nicht gut geht, dann kann ich dorthin zurückkehren. Ich liebe das! Es gibt mir meine Standfestigkeit zurück und bringt mich in Kontakt mit mir selbst.

Halten Sie mal inne. Denken Sie an das eine oder andere Erlebnis zurück. Erinnern Sie sich an einige Gesichter. Halten Sie Kontakt in die Heimat!

Das alles macht Sie fitter, um mit den Schwierigkeiten Ihrer Gegenwart zurechtzukommen. Denn es hilft Ihnen, die Wichtigkeit dessen, was gerade passiert, richtig einzuordnen.

Kapitel 20

Freuen Sie sich!

„Freude heißt die starke Feder
in der ewigen Natur.
Freude, Freude treibt die Räder
in der großen Weltenuhr.“

(Friedrich Schiller)

Bevor Sie nun irgendetwas tun, wünsche ich mir für Sie, dass Sie sich freuen. Ja, genau. Freuen Sie sich! – Über was? Nein, ich meinte nicht: Freuen Sie sich über etwas. Sondern: Freuen Sie sich! Völlig grundlos, ohne Anlass.

Natürlich können Sie sich immer einen Grund zurechtzimmern, um sich über etwas freuen zu können. Sie könnten sich darüber freuen, welche Erkenntnisse Sie zuletzt gewonnen haben. Sie könnten sich über die Ereignisse freuen, die Sie zu diesem Punkt geführt haben, an dem Sie jetzt stehen. Sie könnten sich über Ihre Krise freuen, die Ihnen hilft, nun alles mit anderen Augen zu sehen. Aber das alles meine ich gerade nicht.

Ich meine etwas Tieferes, so eine Art Grundfreude, die auf kein Objekt bezogen ist. Dazu braucht es nichts. Es ist so ein

Gefühl von Bei-sich-sein, ein Aufgehoben-sein in der Welt, ein freudiges Vertrauen ins Leben.

Wie das gehen soll? Ausgerechnet jetzt? – Moment mal …

Ich bin

Sie können die Freude nicht herstellen, weil Sie es wollen. Sie können Freude nicht wirklich „machen", im engen Sinne des Wortes. Sie können sie nicht erzeugen, indem Sie sich darauf konzentrieren. Sie sind es vielleicht gewohnt, Dinge im Leben zu bekommen, indem Sie sie machen. Also: Sie wollen Erfolg, also machen Sie erfolgreich Ihre Arbeit. Sie wollen Liebe, also machen sie Liebe. Sie wollen Geld, also machen Sie Geld. Sie wollen eine Einigung, also machen Sie einen Deal.

Wenn Sie nun analog dazu versuchen, Freude zu machen, dann machen Sie etwas anderes als das, was ich Ihnen gerade vorschlage. Es ist ja schön, wenn Sie sich oder anderen Menschen eine Freude machen, indem Sie irgendetwas tun. Tun Sie's ruhig. Nur nicht andauernd. Was ich gerade meine, geht darüber hinaus: Machen Sie gar nichts! Wollen Sie nichts!

Jeder hat seinen eigenen Zugang zur grundlosen Freude. Sie können sogar viele verschiedene haben. Letztlich ist es Übungssache. Wenn Sie einmal entdeckt haben, wie Sie Zugang finden zu dieser größten inneren Kraftquelle und wenn Sie in sich abgespeichert haben, wie Sie dorthin kamen, dann können Sie diesen Zugang immer und immer wieder nutzen, wie einen Geheimgang, wann immer Sie möchten. Auch mitten im Trubel des Alltags. Und je öfter Sie dort sind, desto leichter geht's.

Ich bekomme diese grundlose Freude zum Beispiel dadurch, dass ich mich in meine Vergangenheit fallen lasse. Ich taste mich an meinen Wurzeln entlang und spüre mich in meine Kindheit zurück. Vor meinem inneren Auge ziehen meine Eltern vorbei und manche Erlebnisse aus meiner Kindheit. Ich sehe mich als Schüler. Und ich fühle mich, mein Ich, meine Persönlichkeit, die damals schon dieselbe war wie heute. Nur stecke ich in einem kleineren Körper und weiß noch weniger, habe weniger Erfahrungen gesammelt als heute. Aber ich bin derselbe.

Dabei geht es übrigens nicht um eine Verklärung der Kindheit. Wenn Sie heute glauben, dass Sie keine glückliche Kindheit hatten und sich deshalb diesen Zugang versagen, dann kappen Sie eine Ihrer Wurzeln und schwächen sich damit. Das ist gar nicht nötig. Sie können trotzdem voller Liebe zu sich selbst in Ihre Kindheit schauen, zum Beispiel um zu sehen, was alles nicht gut war – und auch die Dinge zu sehen, die vielleicht ganz okay waren. Und vielleicht war ja das eine oder andere sogar schön …

Ich sehe gerade verschiedene Puzzlestücke von Erinnerungsfetzen: Auf der Straße vor unserem Gasthaus. Auf dem Bolzplatz. Auf dem Schulhof. Im Wald … und obwohl ich nicht alle Puzzlestücke habe, sondern nur ein paar, habe ich trotzdem ein Gefühl für das gesamte Puzzle – das bin ich.

Ich lasse mich weiter zurückfallen, irgendwann habe ich keine bewussten Erinnerungen mehr. Aber ich bin deshalb noch immer da, ich spüre mich trotzdem: mein Ich.

Weiter geht's, vor meine Geburt, ich bin im Mutterleib – das ist nur ein Gefühl, nur eine Vorstellung, ich habe daran keine Erinnerung, ich kann keine Bilder oder Erlebnisse abrufen – aber ich kann mich trotzdem spüren, ich fühle, wie ich bin – und es ist ein gutes, ein warmes, geborgenes Gefühl.

Es geht noch weiter: Ich existiere auch vor meiner Zeugung, ganz ohne Körper, ich stelle mir vor, wie ich schon da bin, bevor es meine irdische Existenz gibt, ich fühle mein Ich noch immer. Ich bin. Und ich fühle: Freude.

Ob Sie sich freuen dürfen?

Es gibt noch andere Zugänge zur tiefen Freude. Beispielsweise die Freude über nichtige Kleinigkeiten, die überhaupt nicht nach irgendeinem Maßstab positiv sein müssen. Das ist, was ich an Mascha Kalékos Gedicht „Sozusagen grundlos vergnügt" so liebe: Sie freut sich „dass es regnet, hagelt, friert und schneit" – Sie freut sich, es ist halt so.

Das Gedicht liest sich so leicht und schnell und frisch, aber „da steckt ein Sinn dahinter" – hinter jeder Zeile. Jede Strophe beschreibt sehr, sehr präzise, was in Ihnen vorgeht, wenn Sie sich freuen. Und das gipfelt in der letzten Zeile: „Ich freue mich, dass ich … dass ich mich freu."

Das Gedicht führt Sie von den Kleinigkeiten des Lebens, über die Sie sich freuen können, über Sonne und Mond, über die Tiere, von der Stechmücke bis zu den schweigenden Fischen, über die geputzte Diele und das geschürte Feuer und anderes Menschenwerk am Ende nach innen in Sie selbst hinein. Dieser Übergang von außen nach innen ist das, worin Sie ungeübt sind.

Sie üben es, indem Sie diesen Übergang einfach gehen. Und das heißt nichts anderes als: Wenn Sie die äußeren Erscheinungen einfach liebevoll annehmen, wie sie sind, dann können Sie am Ende sich selbst annehmen, wie Sie sind. Wieder und wieder und wieder.

Wenn Sie nun sagen: An mir ist nichts Liebenswertes! Dann brauchen Sie vielleicht mal einen liebevollen Tritt in den Hintern. Sie Selbstlügner! Was soll denn dieses Opfergetue! Da ist nichts? Natürlich ist da was! Wenn Sie das Liebenswerte, das Gute, das

Schöne an sich nicht sehen können, dann müssen Sie es eben
entdecken! Ziehen Sie sich die Mitleidsdecke weg und nehmen
Sie sich unter die Lupe. Hören Sie sich mal zu! Fühlen Sie sich
mal! Nehmen Sie Ihre fünf Sinne und benutzen Sie sie!

Freuen Sie sich, dass Sie Augen haben, um sich zu sehen. Und
wenn Sie blind sind: Freuen Sie sich, dass Sie tasten können und
sich spüren können.

Ob Sie sich freuen dürfen? – Ach, kommen Sie! Dürfen oder
nicht dürfen, das sind alles nur Ihre eigenen Projektionen! Lassen
Sie die doch einfach sein. Selbstverständlich entscheidet niemand
außer Ihnen selbst darüber, ob Sie sich freuen oder nicht.

Allverbunden

Man stellt sich das so riesig vor, das Freuen. Wie einen wahnsinnig starken Energieschub, wie eine Explosion oder so. Aber
gerade das ist es nicht! Freude ist leise und klein. Der Atem wird
ruhiger, Sie entspannen Ihre Muskeln, die Hektik im Kopf hört
auf, es entsteht ein schwereloser Zustand und Sie können nicht
verhindern, dass Ihr Gesicht freundlich wird.

Ich finde, die Metapher des Schwerpunkts beschreibt das sehr
schön. Wir sind es im Alltag gewohnt, uns auf etwas zu fokussieren. Im Straßenverkehr fokussieren wir uns auf die vor uns fah-
renden Autos und die Straßenschilder – und das ist auch gut so.
Im Gespräch fokussieren wir uns auf den Gesprächspartner. Bei
allen Tätigkeiten in der Arbeit fokussieren wir uns auf materi-
elle oder immaterielle Objekte. Und der Schwerpunkt Ihrer Welt
folgt Ihrem Fokuspunkt. Es ist aber nicht der gleiche.

Ihre Welt hat irgendwo einen Schwerpunkt – stellen Sie ihn
sich einfach vor. Ein imaginärer Punkt, der sich bewegt, weil Ihre
Welt auch nur ein Produkt Ihres Geistes ist. Je nachdem wo Sie

ihren Fokuspunkt bewusst hinlenken, fliegt der Schwerpunkt Ihrer Welt von alleine langsam und träge nach. Dadurch dass Sie sich ständig auf Dinge außerhalb von sich fokussieren, liegt auch der Schwerpunkt Ihrer Welt außerhalb von Ihnen, vielleicht eben bei der Arbeit.

Den Fokuspunkt können Sie bewusst, gezielt und schnell steuern und hin- und herfliegen lassen. Das ist nur eine Frage der Konzentration. Den Schwerpunkt können Sie nicht absichtlich, willentlich, aktiv bewegen. Er folgt Ihrer Aufmerksamkeit von selbst.

Und er hat verschiedene Größen, also Umfänge. Manchmal ist er sehr klein und scharf umrissen. Manchmal ist er größer. Wenn Sie sich auf etwas stark konzentrieren, dann folgt der Schwerpunkt dem harten Fokuspunkt und wird klein. Wenn Sie sich mit einem Menschen gut unterhalten, liegt der Schwerpunkt meistens nicht ganz beim anderen, nicht ganz bei Ihnen, sondern dazwischen. Ideal für die Kommunikation ist es, wenn der Schwerpunkt unschärfer und größer wird. Bei den besten Gesprächen ist er so groß, dass er Sie und Ihren Gesprächspartner komplett umfasst.

Der Trick ist nun: Wenn ich aufhöre mich auf etwas zu fokussieren, dann verschwindet der Fokuspunkt, aber der Schwerpunkt bleibt. Er wird sogar deutlicher. Wenn ich irgendwo auf einem Berg auf einer Bank sitze und allein bin, dann kann ich es um mich herum still werden und meinen Fokus verschwinden lassen. Ich konzentriere mich einfach auf gar nichts. Dann spüre ich den Schwerpunkt meiner Welt. Ich spüre, wie er langsam meine Körpergrenze passiert und sich von außen in mich hineinbewegt und dann zur Ruhe kommt. Ich spüre den Schwerpunkt meiner Welt dann ungefähr auf Bauchhöhe. Er liegt dann etwa am gleichen Ort wie mein physikalischer Körperschwerpunkt.

Meine Atmung ist dann auch dort, mein ganzes Gefühl ist dort. In diesem Moment wächst der Schwerpunkt, er wächst immer weiter, bis er größer ist als ich, dann löst sich mein Ich auf und verschmilzt mit Allem, der Schwerpunkt wächst ins Unendliche und wird eins mit der ganzen Welt.

Da ist dann nur noch: Freude.

Weisheit im Blaumann

Wenn ich diesen Zustand erreicht habe, ist das so schön, dass ich mehr davon will. Aber ich will mich auch nicht darin verlieren. Nach einer Weile erinnere ich mich daran, dass ich existiere, dass ich bin, dass ich Ich bin. Dann beginne ich mich wieder auf etwas zu fokussieren, zum Beispiel auf die schönen Berge oder den Abstieg oder mein Durstgefühl – und die grundlose Freude tritt wieder in den Hintergrund. Vielleicht freue ich mich wieder über die äußeren Dinge – oder auch nicht. Was jedenfalls bleibt ist die Energie, die ich mitgenommen habe aus dem Zustand grundloser Freude. Das ist die unerschöpfliche Kraftquelle. Sie ist der Grund, warum Sie mit Recht hoffen dürfen, dass alles gut wird, denn diese Kraftquelle steht Ihnen jederzeit zur Verfügung, wenn Sie möchten.

Ganz unabhängig vom Alter übrigens. Ich weiß nicht, wie es sich anfühlt, wenn der Körper irgendwann zerfällt, aber ich weiß, dass die Freude unendlich ist und davon nicht beeinträchtigt wird.

Jemand erzählte mir neulich von seiner Erinnerung an die Zeit seines Zivildienstes. Er arbeitete als Zwanzigjähriger für ein Jahr in der ambulanten Altenhilfe, das heißt, er ging zu den alten Leutchen nach Hause, half ihnen aus dem Bett, richtete das Frühstück, half ihnen beim Anziehen, sorgte für die Medikamenteneinnahme und vieles mehr. Er hatte eine Lieblingskundin, die er betreute, eine Frau im biblischen Alter von 104 Jahren. Seine Aufgabe einmal in der Woche: Der Frau in die Badewanne helfen, sie da wieder rausholen und aufpassen, dass sie sich dabei nicht verletzte. Trotz Ihres Alters war sie noch immer so fit, dass sie mit etwas Hilfe über den Badewannenrand steigen konnte.

Er wurde ganz melancholisch, als er davon erzählte, denn da gab es einen Moment der Freude, der ihn sehr beeindruckte, und dieser Moment kam jedes Mal! Wenn die Frau ihren alten, verbrauchten, gebrechlichen Körper mit größter Anstrengung über den Wannenrand gewuchtet hatte und sich ins warme Wasser sinken ließ, dann hellte sich ihr Blick auf, das zerfurchte Gesicht glättete sich, sie seufzte und kuschelte sich in das warme Wasser. Und ihr Gesicht begann zu leuchten wie das eines jungen Mädchens.

In diesem Moment war die alte Frau in Verbindung mit ihrer unerschöpflichen Kraftquelle der grundlosen Freude. Das war ihr Zugang. Und diese Energie ist völlig unabhängig vom Alter.

Das erinnert mich an einen alten Mann, den ich als Kind kannte. Er war der Schnapsbrenner in unserem Dorf. Seine Erzeugnisse waren weithin bekannt, der beste Schnaps der ganzen Gegend. Darum belieferte er natürlich auch meine Eltern und war immer mal wieder bei uns im „Bären". Wenn ich auf der Straße spielte und der Schnapsbrenner kam in seinem geflickten blauen Overall die Straße entlang, dann blieb ich stehen und schaute ihm entgegen.

Sein Gesicht war immer freundlich, er war immer gut gelaunt und strotzte vor Energie. Ich hab ihn nie anders gesehen. Jeder mochte ihn, er hatte wohl die Fähigkeit, mit allen zu sprechen, ohne zu polarisieren.

Seine Haare waren schon weiß, sein Gesicht voller tiefer Falten, seine Lebenserfahrung war in die Haut gegraben. Er hatte wache, lustige blaugrüne Augen. Seine Mundwinkel zeigten immer nach oben, er strahlte eine tiefe Zufriedenheit aus. Ihm ging es immer gut.

Seine Hände waren riesige Schaufeln. Er war ein echter Schaffer, schlank, drahtig, sehnig und kräftig. Obwohl er schon alt war, war sein Gang elastisch und kraftvoll. Von Weitem wirkte er jünger, erst wenn er nahe kam, sah man, wie alt er wirklich war.

Ich stand dann vor unserem Haus auf der Straße, stoppte den Ball unterm Fuß und wartete, bis er zu mir kam. Er kam immer zu mir. Dabei strahlte er mich schon von Weitem an. Dann blieb er vor mir stehen, ich schaute zu ihm hoch, er beugte sich zu mir runter und strich mir mit der Hand über den Kopf. „Na, jonger Bärewirt?"

Jedes Mal. Das war unser Ritual.

Dann sprach er ein wenig mit mir und hörte mir aufmerksam zu, schaute mich an. Er machte vielleicht ein Späßchen, nahm sich Zeit für mich, schaute mir in die Augen, interessierte sich für mich. Dann ging er weiter oder zu meinen Eltern ins Gasthaus. Und ich blieb fasziniert zurück.

Nach jeder Begegnung mit unserem Schnapsbrenner spürte ich Kraft in mir. Es fühlte sich einfach gut an, wenn er mit mir sprach. Wenn er mir in die Augen schaute, dann war das, wie wenn sich ein Strom von Energie auf mich übertrug.

Pure Liebe.

Teil 4

Entscheiden Sie, was zu tun ist

Kapitel 21

Dienen macht glücklich

„Ich glaube, dass es im Krankenbette oft besser zugeht als am ersten Platz der königlichen Tafel. Ich habe wenigstens in einer kleinen Kammer als Kranker im Bette zuweilen Augenblicke gehabt, die ich den glücklichsten meines übrigen Lebens ohne Scheu gleichsetze.“

(Georg Christoph Lichtenberg)

Sie wissen nun, was der Grund ist, warum es Ihnen nicht gut geht. Sie haben Ihre Misere verstanden und wissen, wie Sie es angestellt haben, sich in eine schwierige Situation zu bringen. Sie haben nun auch herausgefunden, wie Sie wieder zu Kräften kommen, wo Sie die Energie herbekommen, um weiterzumachen. So weit, so gut.

Aber gemacht haben Sie noch gar nichts. Ihre Situation ist von außen betrachtet immer noch die gleiche wie zuvor. Nichts hat sich verändert. Außer in Ihrem Innern. Da ist nun alles anders geworden. Und damit hat sich auch Ihre Einstellung geändert, und die Perspektive auf Ihre persönliche Krise ist eine ganz andere geworden. Jetzt sehen Sie mit Ihrem Herzen: Es ist gut, dass es Ihnen schlecht geht.

Jetzt sind Sie bereit, etwas zu tun, was Sie aus der Krise führt. Jetzt möchte ich, dass Sie etwas tun. Und zwar möchte ich jetzt, dass Sie etwas vollkommen Zweckloses tun.

Ein Uhr nachts

Ich bin im Gasthof Bären aufgewachsen. Heute weiß ich, dass ich die Gastronomie liebe – eine der schönsten Aufgaben der Welt. Ich weiß auch, warum ich sie liebe: Wegen der Grundhaltung, die dahinter steckt. Den ganzen Tag bis spät in die Nacht geben Sie Ihr Bestes – für andere. Sie rennen hin und her, Sie schleppen die Getränke, Sie schwitzen in der Küche, Sie sind voll konzentriert auf eine einzige Sache: die Bedürfnisse der Gäste.

Wir waren ein reiner Familienbetrieb – das heißt natürlich, dass ich schon als Junge mitgeholfen habe. Meine Mutter und ich hatten den Gastraum im Griff – 100 Gäste, zu zweit! Und bei uns hat keiner gewartet. Mein Vater in der Küche hatte am Samstagabend 100 Bons am Brett. Ich habe die Salate gemacht und mich gefragt: Wie sollen wir das heute Abend schaffen? Aber eigentlich hast du ja keine Zeit zum Nachdenken. Du gibst einfach alles.

Denn du willst überragenden Service bieten, du willst deine Gäste bedienen, ja, du willst dienen. Und dabei geht es nicht darum, was du dafür bekommst! Ich kenne die Gastronomie wirklich aus dem Effeff. Ich habe mit den Stammgästen gesungen, habe bei meinem Vater das Kochen gelernt, um ihm helfen zu können, habe bei meiner Mutter gelernt, den Gästen im Service die Wünsche von der Körpersprache abzulesen, noch bevor sie etwas sagen. Ich weiß, dass Sie im Service viele Stunden am Stück ohne Pause offen sein müssen, immer auf Empfang. Ihre eigenen Bedürfnisse sind in dieser Zeit vollkommen unwichtig. Wenn der Gast sagt: Heute muss es schnell gehen, dann sagen Sie nicht

„Aber ..." und denken insgeheim „Arschloch ...", sondern Sie sagen „Jawoll" und Sie denken „Für den Gast beeile ich mich gern". Sie gehen permanent in Vorleistung und stellen Ihr Ego hintenan, Sie bewerten die Gäste nicht, sondern Sie kümmern sich um sie.

Sie geben bedingungslos. Das heißt: Sie erwarten kein Lob, Sie dienen nicht, um Trinkgeld zu bekommen. Sie haben keinen Nutzen, keinen Zweck im Auge. Sondern Sie dienen ohne etwas davon zu haben. Weil es Ihr Beruf ist, Ihre Aufgabe. Gastronomie ist kein Deal, Leistung gegen Gegenleistung, sondern ein Dienst – das Gegenteil vom Erwerb von Ansprüchen: Wenn ich Gastronomie mit Herzblut betreibe, dann erwarte ich kein Lob vom Gast, sondern schufte bis zur Ein-Uhr-Grenze ohne jede Erwartung von Gegenleistung, Anerkennung oder sonst einer Kompensation. Denn wenn Sie es anders machen, macht Gastronomie keine Freude und Sie haben keinen Erfolg.

Nach ein Uhr, wenn der letzte Gast gegangen ist, fällt die Anspannung von Ihnen ab, Sie sind erschöpft und durchgeschwitzt – aber total glücklich. Dann setzen Sie sich mit der ganzen Familie an einen Tisch und dann wird erstmal gemeinsam gegessen. Denn nachts um halb zwei ist die erste Gelegenheit dazu. Das ist die schönste Zeit des Gastronomen. Das Adrenalin geht runter, es wird gelacht und der Tag Revue passieren gelassen. Großartig, was wir heute geschafft haben! Nach der Leistung kommt der Stolz.

Leute, die das anders sehen oder eine andere Haltung zum Gast haben, werden in der Gastronomie weder erfolgreich noch glücklich. So ein Satz wie „Tschuldigung, den Tisch macht meine Kollegin, ich bin nicht zuständig", können Sie nicht lange durchhalten. Jemand, dessen Ego so sehr im Vordergrund steht, dass er seine Ansprüche vor die Bedürfnisse des Gastes stellt, wird in der Gastronomie früher oder später aufgeben – vor Frust und Erschöpfung.

Natürlich bekommen Sie auch viel zurück, wenn Sie Ihr Bestes geben. Ja, Sie bekommen Geld, auch Trinkgeld. Ja, Sie bekommen immer wieder auch ein freundliches Wort. Ja, Sie hören hundertmal am Abend das Wort „Danke". Ja, Sie hören, dass es geschmeckt hat oder dass sich die Gäste wohl gefühlt haben. Der Punkt ist aber, dass Sie es nicht deswegen gemacht haben.

Wer bedingungslos gibt, der wird natürlich auch etwas von der Welt zurückbekommen. Manchmal gleich, manchmal später. Manchmal wenig, manchmal viel. Manchmal direkt, manchmal auf Umwegen. Aber ohne Anspruch, Erwartung oder Verpflichtung!

Besser als Beckenbauer

Der Grund, warum Dienen so schön ist, liegt nicht in der unmittelbaren Wirkung, sondern in der mittelbaren. Die unmittelbare Wirkung ist, dass der Gast sein Getränk und sein Gericht vor sich auf dem Tisch hat, dass er einen schönen Abend hat und dass er satt und zufrieden nach Hause geht. Das ist schön – für den Gast. Was den Gastronomen daran glücklich macht, ist der mittelbare, indirekte Effekt: Wer dient, gibt sein Bestes für etwas Größeres, liefert einen Beitrag zu einer Gemeinschaft. So wie ein egozentrisch getriebenes Handeln durch Haben-wollen eine Abtrennung, Abgrenzung oder Aufteilung einer Gemeinschaft bewirkt, so bewirkt bedingungsloses Geben eine Vereinigung, Verschmelzung und Integration mit einer Gemeinschaft. Und Einssein mit der Welt macht glücklich.

Damit wir uns nicht falsch verstehen: Sich bezahlen lassen für einen Dienst ist vollkommen okay. Gerade Heilpraktiker, Psychotherapeuten oder Künstler haben meiner Erfahrung nach manchmal Schwierigkeiten damit, das Geld zu nehmen. Aber man muss doch auch davon leben können. Insofern ist es jederzeit legitim, Geld anzunehmen. Das will ich überhaupt nicht infrage stellen.

Ich will stattdessen darauf hinaus, dass es Sie, wenn Sie sich beruflich nur mit Leistung und Gegenleistung beschäftigen und niemandem dienen, auf Dauer fertig macht.

Umgekehrt: Wenn Sie sich jetzt etwas Gutes tun und sich endlich aus Ihrer Misere befreien wollen, dann fangen Sie am besten an zu dienen. Denn dann haben Sie die Möglichkeit herauszufinden, was Ihre Aufgabe auf dieser Welt und in Ihrem Leben sein könnte. Ich weiß nicht, was Ihre Lebensaufgabe ist, aber ich weiß eines darüber: Es hat etwas mit dienen zu tun, denn das gilt für jede Lebensaufgabe. Dafür sind wir auf der Welt.

Ich habe eine ganze Weile gebraucht, um das für mich richtig zu verstehen. Zuvor war es bei mir immer ein Kampf zwischen Ego und Dienen. Als Fußballer hatte ich an mich selbst die höchsten Ansprüche: Ich war Jugendnationalspieler und wollte nicht nur Bundesligaprofi werden, sondern der beste. Ich habe niemandem davon erzählt, weil ich nicht ausgelacht werden wollte, aber ich wollte besser werden als Beckenbauer. Besser als Cruyff. Besser als Platini, Maradona, Zidane. Ich wollte die Anerkennung von der Welt, dass ich DER herausragende Fußballer meiner Generation bin. Entsprechend hart forderte ich mich und meinen Körper dann auch. Gleichzeitig sagte eine Stimme in mir: Vergiss es! Das ist total unwichtig!

Als dieser Traum ausgeträumt war, spielte ich dasselbe Spiel als Persönlichkeitstrainer. Ich wollte DER Trainer sein, der bekannteste, teuerste, beste. Mich trieb der Ehrgeiz, die Sucht nach Anerkennung. Ich sah in mir immer riesiges Potenzial und das ist sicher auch nicht falsch. Was ich aber phasenweise einfach nicht verstand: Alleine mit dem Antrieb, die Nummer eins sein zu wollen, wird niemand Nummer eins. Ehrgeiz alleine genügt nicht in der Weltspitze. Außerdem muss die Tätigkeit, in der Sie an die Spitze wollen, auch Ihre Lebensaufgabe sein, etwas, mit dem Sie anderen Menschen dienen können. Sie müssen lieben, was Sie tun – nicht einfach nur Ruhm und Ehre haben wollen.

Die Liebe zum Fußball und die Freude daran kam bei mir irgendwann zu kurz, mein Ego wollte Erfolg und trieb mich an. Genauso später als Persönlichkeitstrainer. Natürlich hatte ich Erfolg. Aber der große Durchbruch blieb mir verwehrt – weil ich zu viel wollte und zu wenig gab.

Es hat einige ernste Krisen gebraucht, bis bei mir der Groschen gefallen ist. Heute will ich mich nicht mehr profilieren. Heute habe ich die größte Freude daran, möglichst viele Menschen so zu erreichen, dass ihr Leben besser wird. Die Publicity und das ganze Erfolgsding drumherum sind nicht mehr das eigentliche Ziel, sondern Teil des Weges.

Der Witz ist: Wenn Sie angefangen haben zu dienen, machen Sie unter Umständen das Gleiche wie zuvor. Aber Sie tun es gelassener, zufriedener, weniger perfektionistisch, mit weniger Druck. Sie fühlen sich nicht mehr abhängig, Sie vergleichen sich nicht mehr ständig und Sie bewerten nicht mehr, was Sie tun. Stattdessen schenken Sie. Und ein Geschenk macht Freude auf beiden Seiten.

Wir sind nicht auf der Welt, um erfolgreich zu sein. Sondern um Teil von allem zu sein. Das ist unser natürlicher Zustand. Er macht uns Freude.

Sie kann doch nichts dafür!

Als mein Knie kaputt war, saß ich auf dem Sofa – während meine Mannschaft um die Qualifikation zur U-18-Europameisterschaft spielte. Mein Ego war tief verletzt, denn aus irgendeinem Grund hatte ich angenommen, dass es mir zustünde, Fußballeuropameister zu werden. Dass ich jetzt verletzt war, empfand ich als eine Ungerechtigkeit der Welt mir gegenüber. An dieser Haltung können Sie ablesen, dass ich mich nicht als Teil der Welt empfand. Ich hatte mich künstlich von ihr abgetrennt und stellte nun Forderungen an sie. Darum war ich so bitterlich enttäuscht, so furchtbar schlecht gelaunt und so unglücklich.

So saß ich auf dem Sofa und war pampig zu meinen Eltern. Ich war verletzt und habe verletzt. Gut, dass ich mich später dafür entschuldigt habe.

Denn gerade wenn es Ihnen schlecht geht, ist das der beste Moment, um zu geben! Es ist überhaupt keine kluge Strategie sich auf Forderungen und Ansprüche zurückzuziehen, wenn Sie nicht gut drauf sind. Gerade dann nicht! Gerade dann haben Sie keinen Anspruch darauf, besucht zu werden, Zuspruch zu bekommen oder umsorgt zu werden. Denn diese Ansprüche mästen nur Ihr Ego und sorgen dafür, dass es Ihnen früher oder später noch viel schlechter geht.

Neulich war ich mal wieder im Krankenhaus. Mein Knie ist damals so gründlich kaputtgegangen, dass ich heute, fast drei Jahrzehnte später, noch immer manchmal unters Messer muss, damit ich zum Beispiel noch Skifahren kann. Ich bekam also meine sechste Arthroskopie.

Wahrlich kein Grund, fröhlich zu sein! Aber meine Einstellung hat sich geändert. Im Krankenhaus kann es mir so richtig beschissen gehen. Darin habe ich genug Erfahrung. Darum tue ich etwas dagegen: Ich bin grundlos fröhlich und suche jede Gelegenheit, um zu dienen.

Im Krankenhaus habe ich ja Zeit, also schrieb ich Postkarten an Leute, die meiner Meinung nach eine Aufmunterung gebrauchen können. Und als die Krankenschwester hereinkam, lachte ich sie an. Dabei war sie gar nicht hübsch.

Sie war verdutzt: „Herr Reutter, Sie sind ja so gut drauf. Aber Sie sind doch im Krankenhaus und müssen operiert werden!"

Ich antwortete: „Ja, natürlich, das ist scheiße. Aber das ändert doch an meiner Einstellung zum Leben nichts. Ich freue mich, dass Sie mich so gut betreuen. Danke!"

Sowas hatte sie offenbar selten erlebt. Der Effekt war, dass sie und ich meinen Aufenthalt für sie und auch für mich so gut wie möglich gestalteten. Und das mit Recht: Nur weil ich Probleme mit dem Knie habe, bin ich doch nicht unfreundlich – sie kann doch nichts dafür!

Und wie ist das bei Ihnen? Wenn Sie nun eine Möglichkeit suchen zu dienen, dann mache ich Ihnen mal einen Vorschlag: Machen Sie eine Liste mit all den Menschen, bei denen Sie sich eigentlich entschuldigen müssten, weil Sie sie aus verletzter Eitelkeit, verletztem Stolz oder sonst einer Ego-Unpässlichkeit verletzt haben. Und dann entschuldigen Sie sich dafür. Per Postkarte, per SMS, per Telefon oder E-Mail oder persönlich. Machen Sie diesen Menschen ein Geschenk. Geben Sie ihnen etwas.

Damit heben Sie die künstliche Trennung zwischen Ihrem Ego und der Welt wieder auf und begeben sich in die Gemeinschaft aller Seelen zurück. Ihr Höhenflug ist zu Ende. Hallo, Sie sind wieder da! Wieder geerdet.

Kapitel 22

Warum Sie Ihren inneren Kampf nur gewinnen, wenn Sie nicht kämpfen

„Wer nur um Gewinn kämpft, erntet nichts,
wofür es sich lohnt zu leben."

(Antoine de Saint-Exupéry)

Sie wollen dienen, weil Sie nun wissen, dass das die einzige Möglichkeit ist, Frieden zu finden. Sie haben das verstanden und ich nehme Ihnen das ab. Bleibt aber die Frage: Wem sollen Sie jetzt im Moment dienen? Der lauten Stimme in Ihrem Kopf? Der leisen Stimme Ihres Herzens? Der dumpfen Stimme Ihres Bauches? Dem dissonanten Chor der vielen Stimmen um Sie herum, die alle etwas von Ihnen wollen?

Unser Leben im 21. Jahrhundert ist nicht das eines Bauern im Mittelalter. Damals gab es das Tagwerk – und über allem schwebte der Herr, der Fürst, der Ritter, der auf seiner Burg oberhalb des Dorfes residierte. In den rauen Zeiten damals brauchte es jemanden, der des Bauern Sicherheit garantierte. Ohne den Fürst wären die Feldfrüchte leichte Beute – und Frau und Tochter Freiwild für durchziehende Marodeure gewesen. Das Leben war hart aber einfach: Es gab nur einen Herren.

Vielleicht gab es außerdem noch den Herrn im Himmel, der durch die Bibel via Matthäus-Evangelium ebenfalls mitteilen ließ: „Niemand kann zwei Herren dienen: Entweder er wird den einen hassen und den andern lieben, oder er wird dem einen anhangen und den andern verachten. Ihr könnt nicht Gott dienen und dem Mammon."

Aber diese Botschaft richtete sich eher an den Fürsten als an den Bauern, denn von Mammon konnte der Bauer höchstens träumen, während er nachts erschöpft auf seinem Strohkissen lag. Tagsüber musste er keine grundlegenden Entscheidungen treffen.

Heute müssen Sie das beinahe jede Stunde: Das Leben ist nicht mehr hart und entbehrungsreich, sondern puderzuckersüß und so easy, wie es noch nie in der Weltgeschichte war. Aber es fühlt sich gar nicht easy an! Denn es ist nicht mehr einfach, sondern hoch komplex.

Die Frage, die für Sie über allen einzelnen Prioritätsentscheidungen steht: Wie sollen Sie bei all diesen Anforderungen das Richtige tun? Wann und wie wollen Sie all diesen Anforderungen jemals gerecht werden?

Die Entscheidungsenergie ist endlich – das Ergebnis: Sie tun alles Mögliche gleichzeitig. Und weil das zu grauenvoll schlechten Ergebnissen führt und Sie völlig erschöpft, versuchen Sie, die Parallelarbeit an zig Projekten und Aufgaben per Zeitmanagement zu optimieren. Es gibt so gut wie niemanden mehr ohne Smartphone inklusive E-Mail-Eingang, To-Do-Liste, Kalender, Adressbuch und so weiter. Das Resultat: Jetzt ist das Leben nicht mehr nur komplex, sondern außerdem auch noch kompliziert. Willkommen im Zeitalter des Verzettelns.

Wie vielen Herren Sie dienen können

Entscheidungen sind wie die Hydra, das sagenhafte schlangen-ähnliche Ungeheuer, das einfach nicht zu besiegen war: Schlagen Sie nur die Köpfe ab, dann wachsen einfach neue nach. Manch-mal mehr Köpfe als zuvor. Entscheidungen sind nur dann gute Entscheidungen, wenn Sie das Ungeheuer komplett erlegen. Machen Sie es wie Herkules in seiner zweiten der zwölf sagen-haften Aufgaben: Brennen Sie nach dem Abschlagen der Köpfe die Stümpfe mit einer Fackel aus, damit keine neuen Köpfe nach-wachsen können. Irgendwann können Sie dann das unsterbliche mittlere Haupt abschlagen und für immer im Boden vergraben.

Das war jetzt sehr martialisch, aber erstens sind die Sagen und Mythen nun mal brutal und zweitens fühlt sich der tägliche Ent-scheidungskampf ja auch tatsächlich oft an wie ein Krieg im Innern. Mit gut Zureden bekommen Sie die Hydra nicht in den Griff!

Nicht entscheiden ist das Gegenteil von dienen: Sie verletzen jemanden. Entweder Ihre eigene Seele oder die eines anderen.

Ich leitete ein Führungskräfteseminar und die Leute hatten alle ihr Handy auf dem Tisch liegen. Solange es als Ersatz für die Armbanduhr dient, habe ich ja nichts dagegen, aber es dau-erte nicht lange und eines der Smartphones vibrierte. Das darf doch nicht wahr sein! Die Handys waren tatsächlich auf Empfang geschaltet. Und der Mann, dessen Handy seine Aufmerksamkeit wollte, ging tatsächlich ran: „Ja?"

Ich unterbrach sein Telefongespräch und bat ihn, zum Tele-fonieren rauszugehen. Die anderen bat ich, die Telefone auszu-schalten oder auf Flugmodus zu setzen.

Doch diese Führungsmannschaft widersetzte sich: „Hat man Sie nicht informiert? Wir müssen immer erreichbar sein, auch im Seminar … Anweisung von oben."

Machen Sie sich mal klar, was das bedeutet: Der Chef ganz oben drückt sich vor der Entscheidung, seine Führungskräfte ins Seminar zu schicken. Das zu tun, würde bedeuten, dass sie in dieser Zeit für ihr Tagesgeschäft nicht verfügbar sind. Weil er die Entscheidung scheut, macht er aus dem Entweder-oder ein Sowohl-als-auch: sowohl Seminar als auch erreichbar sein. Für ihn fühlt sich das im Moment an, als ob er den kleinen Kampf in seinem Kopf gewonnen hat – aber in Wahrheit hat er ihn nur nach außen getragen und mich, den Seminarleiter angegriffen. Und er hat seine Führungskräfte in eine Situation gebracht, wo sie an seiner Statt Kämpfe austragen müssen, nämlich mit mir. Weil ich mir das so nicht bieten lasse.

Aus dem nicht erledigten Kampf im Innern wurde Krieg im Außen – eine klassische Projektion. Sie können davon ausgehen, dass alle Kämpfe, die Sie in Ihrem Alltag austragen, das Ergebnis von nicht getroffenen Entscheidungen sind. Alle!

Warum aber scheute der Chef die Entscheidung? – Weil eine Entscheidung für etwas immer eine Entscheidung gegen etwas bedeutet. Oft bedeutet eine Entscheidung für eine Sache sogar, dass Sie vielen anderen Dingen eine Absage erteilen. Jedes Ja ist immer verbunden mit vielen Neins. Wenn Sie einem Lebenspartner das Ja-Wort geben, sagen Sie am gleichen Tag hunderten anderen potenziellen Partnern: Nein! Wenn Sie einen Arbeitsvertrag unterschreiben, sagen Sie damit zig anderen potenziellen Arbeitgebern ab. Wenn Sie einen Querpass im Mittelfeld spielen, entscheiden Sie sich gegen hundert andere Möglichkeiten, den Ball steil in die Spitze zu spielen.

Die Antwort ist: Wir entscheiden deshalb nicht, weil wir die vielen Neins scheuen. Wir verletzen, weil wir nicht dienen wollen. Denn dienen bedeutet, sich einer einzigen Sache zu verschreiben und zu allem anderen Nein zu sagen!

Du kannst nur einem Herrn dienen. Du kannst in jedem Moment nur zu einer Sache Ja sagen. Wenn Sie ein Gespräch haben, dann ist der Gesprächspartner in diesem Moment das Einzige, was zählt. Wenn Sie schreiben, dann schreiben Sie – und dann checken Sie keine E-Mails. Wenn Sie telefonieren, dann telefonieren Sie – aber dann können Sie nicht gleichzeitig an einem Seminar teilnehmen.

Denn sonst geht Ihr Fokus weg. Und mit dem Fokus verlieren Sie Ihre Präsenz. Und ohne Präsenz sind Sie ein Niemand, Sie sind unwichtig, Sie sind nur ein einfacher Soldat im Kriegsspiel eines anderen.

Wer ist der Kutscher?

Jede Entscheidung kostet Energie. Zumindest, wenn Sie den Kopf der Hydra auch wirklich ausbrennen – also endgültig entscheiden. Aber danach ist es vorbei. Wenn Sie diesen Energieaufwand scheuen und nur kurzfristig den Kopf abschlagen, dann kostet Sie das insgesamt und auf Dauer viel, viel mehr Energie – manchmal mehr, als Sie haben. Ich vermute, Sie wissen sehr gut, was ich meine. Ein Entscheidungsvakuum ist das Anstrengendste, was es gibt. Denn so können Sie nie aufhören zu kämpfen.

Der Grund, warum Ihr Leben ein einziger Kampf ist, liegt darin, dass Ihr Ego auf dem Karren sitzt und sich von Ihnen ziehen lässt. Sie sind Ochs und Esel für Ihr Ego und lassen sich vor seinen Karren spannen. Und das ist nicht gut für Sie.

Um das zu klären: Ihr Ego, das sind nicht Sie. Sie, damit meine ich Ihre Seele, Ihr Seinszustand. Ihr Ego ist nur ein vergänglicher Teil von Ihnen, so wie Ihr Körper. Ihr Ego ist Ihr Verstand. Er ist Teil dieser Welt, nicht Teil Ihrer Seele.

Ihr Ego will Ziele erreichen, sich durchsetzen und vor allem: recht haben. Es denkt kurzfristig und will jetzt im Moment gewinnen. Was später daraus folgt, kann man dann ja immer noch sehen. Es findet immer ein Argument, um recht zu behalten und Sie anzutreiben. Sie erreichen ein kurzfristiges Ziel, das Ihr Ego gesetzt hat – und schon geht es weiter zum nächsten Ziel.

Grundlegende Entscheidungen sind Ihrem Ego ein Greuel. Wenn es auf Ihrem Karren sitzt und sich als Ihr Herr aufspielt, dann treibt der Sie an, den Karren zu ziehen, indem er Ihnen Futter verspricht. Und Sie rennen und rennen und wissen überhaupt nicht, in welche Richtung es insgesamt geht. Wenn Sie sich von oben sehen könnten, dann würden Sie erkennen, dass Sie ständig im Kreis herumrennen und überhaupt nicht vom Fleck kommen.

Allerdings: Ihr Ego ist ein Teil von Ihnen – es ist nicht böse, sondern gut. Und hilfreich! Sie brauchen Ihr Ego nicht verdammen. Es genügt, wenn Sie es dorthin versetzen, wo es hingehört: Spannen Sie es ein, setzen Sie sich selbst auf den Karren und lassen Sie sich von Ihrem gesunden Ehrgeiz ziehen. Aber Sie sitzen auf dem Kutschbock und bestimmen die Richtung! Und das bedeutet, dass Sie sich bei jeder Weggabelung endgültig entscheiden – für den einen Weg und gegen die anderen. Anstatt ständig im Kreis herumzurennen.

Dazu gehört, alles andere, für das Sie sich nicht entschieden haben, loszulassen. Wenn Sie morgens aufstehen, dann seien Sie wach – und jammern Sie nicht, Sie wären müde und wollten eigentlich schlafen! Wenn Sie sagen, Sie wandern aus, dann machen Sie das – aber wenn Sie doch lieber bleiben, dann hören Sie auf, über die hohen Steuern zu jammern!

Wenn Ihr Nachbar sich einen Porsche gekauft hat, dann entscheiden Sie sich: Entweder Sie wollen auch einen haben, dann kaufen Sie sich einen! Oder Sie entscheiden sich dagegen, aber dann hören Sie auf, Ihrem Nachbar den Porsche zu neiden und zu missgönnen! Wenn Sie sich bislang keinen Porsche gekauft haben, dann haben Sie entschieden, Ihr Geld anders zu investieren. Vielleicht in die Ausbildung Ihrer Kinder oder in eine Immobilie oder in Reisen. Oder Sie haben sich entscheiden, erst gar nicht so viel Geld zu verdienen, sondern lieber Hobbys zu pflegen anstatt sich fortzubilden. Das sind alles getroffene Entscheidungen – und die sind doch vollkommen in Ordnung. Stehen Sie zu Ihnen! Lassen Sie den Traum, Porsche zu fahren, los. Und beglückwünschen Sie aufrichtig und ehrlich den Nachbarn zu seinem Porsche. Freuen Sie sich mit ihm!

Entspannen Sie sich!

Ihr Ego sitzt so lange noch immer auf Ihrem Kutschbock, solange Sie denken: „Ich muss!"

Der Druck, der tägliche Kampf, der Negativstress wirkt sich auf Sie aus. Alltagskrieg zieht Kollateralschäden nach sich: Zuerst verspannen sich Ihre Muskeln. Neun von zehn Menschen in unserer verrückten Gesellschaft laufen mit Muskelverspannungen und -verhärtungen rum. Sie spüren sie nicht mal mehr, weil sie sich so an sie gewöhnt haben, dass sie sie für die Normalität halten. Stattdessen spüren sie die Folgeschäden der muskulären Verspannungen: Kopfschmerzen, Rückenschmerzen. Ein seelisch entspannter Mensch hat übrigens auch selten Bluthochdruck.

Würden wir den Signalen unseres Körpers mehr Beachtung schenken und unsere Instinkte nicht ständig unterdrücken, dann würden wir uns viel häufiger dehnen und strecken – wie eine Katze. Beobachten Sie mal, wie oft am Tag sich eine Katze streckt und dehnt. Und wie geschmeidig und elastisch sie sich bewegt. Das eine hat mit dem anderen zu tun.

So frei wie sich ihr Bewegungsapparat anfühlt, wenn Sie fit und entspannt sind, so frei können Sie sich seelisch und geistig fühlen, wenn Sie aufhören, Krieg im Alltag zu führen. Wenn Sie aufhören, sich und andere ständig zu verletzen, weil Sie nicht bereit sind, Nein zu sagen und loszulassen.

Diesen Kampf haben Sie immer dann, wenn Ihre Seelenrollen, also der Grund, warum Sie auf der Welt sind, nicht übereinstimmen mit Ihren Alltagsrollen, also mit ihrem Verhalten. Sie handeln anders als Sie sind.

Immer wenn Sie gegen Ihre Natur agieren, beschäftigt das Ihre Seele noch tagelang. Und wenn Sie tagtäglich gegen Ihre Natur agieren, kommen Sie überhaupt nicht mehr heraus aus Ihrer seelischen Verspannung.

Ihr Verstand sagt: Mach dein Ding! Und wenn Sie Ihre Seele mit Ihrem Verstand verwechseln, dann machen Sie dummerweise dieses Ding. Am Ende behalten Sie zwar recht, aber Ihre verletzte Seele schickt Sie in eine Krise, um Sie von Ihrem Egotrip zu heilen.

In der Krise hören Sie gezwungenermaßen auf, recht zu haben. Sie verlieren den Krieg, damit endlich Frieden ist. Und wenn Sie jetzt sagen: „Aha, jetzt verstehe ich das alles, jetzt kann ich erklären, wie es zu dieser Krise kam", dann sind Sie schon wieder dabei, recht behalten zu wollen – Sie ziehen in die nächste Schlacht.

Hören Sie doch endlich auf zu kämpfen!

Wie das geht? Indem Sie die äußeren Erscheinungen und die Menschen um Sie herum so sein lassen, wie sie sind und sich damit befreunden: Anstatt Ihre Feinde zu besiegen, machen Sie

sie zu Freunden. Indem Sie aufhören, recht behalten zu wollen und stattdessen freundlich zu ihnen sind. Wenn Sie etwas oder jemand stört, dann fragen Sie sich: Was ist die positive Absicht dahinter?

Jeder Frieden beginnt mit einer offen hingestreckten Hand.

Kapitel 23

Wie Sie ein besserer Mensch werden

„Wenn du das Leben liebst, liebt es auch dich."

(Arthur Rubinstein)

Eine Krise ist eine Reise: Sie sind am Ende nicht mehr dort, wo Sie zuvor waren. Sie sehen die Welt aus einer anderen Richtung. Ich wünsche Ihnen, dass sich alles verbessert: Dass Sie besser klarkommen mit der Welt als vorher. Dass Sie mehr mit der Welt verschmelzen, dass Sie besser für sich sorgen, sodass Sie mehr Gutes bewirken können für andere. Dass Sie weniger kämpfen, weniger Probleme und weniger Stress haben – und mehr Gelassenheit, mehr Frieden.

Eine bessere Welt kreieren Sie, indem Sie ein besserer Mensch werden. Das klingt sehr hochtrabend. Ist aber genau der Zweck des ganzen Jammertals, durch das Sie gehen. Einer, der seine persönliche Krise gut genutzt hat, ist eine Freude für die Menschen.

Nicht zu stoppen

Hermann Maier war ein Riesentalent. Er wuchs in Flachau in
Österreich auf, inmitten eines der größten Skigebiete Österreichs.
Natürlich war er so oft draußen wie nur irgend möglich – und gab
volle Lotte auf der Piste. Aber seine Knie signalisierten: Diese
Dauerbelastung ist zu viel. Irgendwann wurde Morbus Osgood-
Schlatter diagnostiziert, das Schreckgespenst vieler Leistungs-
sportler: Die vordere Kniesehne, in der die Kniescheibe sitzt und
die den starken vorderen Oberschenkelmuskel mit dem oberen
Schienbein verbindet, ist dabei chronisch entzündet. Das kann
so weit gehen, dass Knochenstückchen aus dem Schienbein-
kopf unterhalb des Knies herausbrechen. In dem Fall bist du
Sportinvalide.

Aber Hermann Maier kämpfte sich durch seine Krankenge-
schichte. Er wurde als Dauerverletzter von den Talentsuchern
nicht beachtet. Also startete er bei den Rennläufen in seiner
Gegend als Vorläufer. Bei einem Weltcup-Riesenslalom in seinem Heimatort, wo die absolute Weltspitze fuhr, wurde seine
Vorlaufzeit mitgestoppt: Wäre er im Rennen gefahren, wäre er
Zwölfter geworden! Alle rieben sich die Augen. Hermann Maier
war schon 23, also eigentlich viel zu spät dran, um eine Skikarri-
ere zu starten. Aber wenn er doch so schnell war …

Zwei Tage später ließ ihn der Österreichische Skiverband in
ein reguläres Rennen in Frankreich starten. Maier wurde Zwei-
ter! Einen Monat später durfte er erstmals im Weltcup mitfahren.
Das war der Start einer großartigen Erfolgsgeschichte im Skisport.
Schon in der zweiten Saison wurde er Weltcup-Gesamtsieger.

Bei den Olympischen Spielen in Nagano 1998 zeigte er dann,
aus welchem Holz er geschnitzt ist: Den Abfahrtslauf wollte er,
wie er selbst später sagte, „unter allen Umständen unbedingt

gewinnen". Doch stattdessen stürzte er spektakulär, segelte vierzig Meter weit und mehrere Meter hoch kopfüber durch die Luft, zog gerade noch rechtzeitig den Kopf ein, prallte mit der Schulter auf die Piste, überschlug sich mehrfach, durchschlug die Auffangnetze und landete im Tiefschnee weit abseits von der Piste. Die Schockbilder gingen um die Welt. Jeder glaubte, Hermann Maier müsste schwer verletzt sein. Er war bei Bewusstsein und glaubte das selbst zuerst auch. Doch er wollte nicht lange im Schnee liegen bleiben, weil er wusste, dass seine Freundin im Zielraum wartete. Er wollte in irgendeine Kamera winken, um zu signalisieren, dass alles okay ist. Er stand auf und schaute zuerst nur nach rechts, weil er befürchtete, dass sein linkes Schlüsselbein gebrochen sei und aus der Schulter herausragte. Irgendwann traute er sich, seine Schulter zu begutachten und war sehr erleichtert zu sehen, dass alles an seinem Platz war.

Jeder Normalsterbliche hätte sich nach so einem Crash erstmal ein paar Wochen sammeln müssen, bevor er sich wieder auf die Piste traut. Aber Hermann Maier fühlte sich nicht wie ein Sterblicher. Nur drei Tage später stand er wieder am Start, schüttelte die Prellungen an Knie und Schulter aus dem Rennanzug, den Haarriss in der Lendenwirbelsäule beachtete er gar nicht weiter, und gewann sensationell den Super-G, und anschließend auch noch den Riesenslalom. Doppelolympiasieger!

Hermann Maier war nun der absolute Top-Star im Skizirkus. Die ganze Welt feierte ihn. Wegen seiner Härte und Willenskraft wurde er „Herminator" getauft.

Und so ging es weiter. Maier gewann Rennen um Rennen, holte Rennsiege und Weltcups und Weltmeisterschaften beinahe nach Belieben und dominierte die Konkurrenz.

Sein Erfolg war unglaublich groß. Vielleicht zu groß für ihn. Ich verfolgte seine Karriere fasziniert. Er war technisch einfach so gut und für jeden ambitionierten Skifahrer ein Vorbild. Aber ich musste auch immer wieder den Kopf schütteln über den Menschen Hermann Maier. Ich kenne ihn nicht persönlich, aber ich habe ihn im Zielraum nach den Rennen gesehen: Alle Bewegungen waren äußerst überheblich und drückten aus: Mich schlägt keiner! Ich bin der Herminator! Ich kann mich nur selbst schlagen! Ich bin der Größte! Manchmal schwang er mit großer Überheblichkeit schon vor dem Ziel ab, weil er wusste, dass ihn die paar Zehntel den Sieg nicht kosten würden, so viel schneller war er als alle anderen.

Man erzählte sich unglaubliche Geschichten über ihn: Er zog durch Kneipen und Discos und genoss seine Starrolle. Einmal forderte ein Wirt von ihm, dass er seine Rechnung bezahlen solle. Doch die Antwort war: „Ich bin Hermann Maier. Ich muss nicht bezahlen!"

Aus der sportlichen Überlegenheit wuchs Arroganz. Und Hochmut kommt immer vor dem Fall. Im Sommer 2001 überholte er abends mit seinem Motorrad. Ein deutscher Tourist bog falsch ab – damit hatte Geschwindigkeits-Junkie Maier nicht gerechnet. Er wurde von dem Auto erwischt und von der Straße gerammt, er verletzte sich schwer. Diesmal standen tatsächlich gebrochene Knochen heraus, nämlich aus einem offenen Bruch am Unterschenkel.

Beide Beine waren mehrfach gebrochen. In seinem Körper waren so viele Muskeln, Sehnen, Nerven, Knochen und Blutgefäße zerstört, dass Leber und Nieren zu versagen drohten. Es war nicht nur fraglich, ob er je wieder Skifahren können würde, sondern auch, ob die Ärzte ihm eines der beiden Beine amputieren müssten. Sie kämpften in einer siebenstündigen Operation um seine Gesundheit und konnten das Bein retten.

Größer als der Herminator

Während er im Bett lag und litt, fanden die nächsten Olympischen Spiele statt – ohne ihn. Das war für ihn kaum zu ertragen, denn die Olympischen Spiele, die standen doch für seinen größten Triumph, für den „Herminator". Daran nicht teilnehmen zu können, war sehr, sehr hart für ihn.

Irgendwann kam ihm der Gedanke, dass in vier Jahren ja die nächsten Olympischen Spiele sind. Er begann von einem Comeback zu träumen. Noch im Krankenbett begann er mit einem Handergometer zu trainieren – viel zu früh. Sein Ehrgeiz raubte seinem Körper die Energie, die er eigentlich für die Genesung brauchte. So zog sich seine Rekonvaleszenz nur unnötig lange hin. Maier quälte sich.

Wer selbst Leistungssportler ist, der weiß, wie es ist, durch das Tal einer schweren Verletzung zu wandern und das Comeback zu versuchen. Das ist eine unglaubliche Willensleistung. Außerdem ist der Körper nach so einer Tortur einfach nicht mehr so leistungs- und widerstandsfähig wie zuvor. Sowas machst du nicht ungeschehen!

Hermann Maier musste Monate später erst wieder laufen lernen. Sein Körper war völlig verändert, er hatte durch die lange Liegezeit an Muskelmasse eingebüßt. Auch psychisch war er angeschlagen. Er konnte nicht mehr schlafen, fühlte sich elend, hatte furchtbare Schmerzen, hatte ständig Hunger, brachte aber gleichzeitig kaum einen Bissen herunter. Hermann Maier war fertig. Keiner setzte mehr einen Pfifferling auf ihn. Er machte die Erfahrung: Hoppla, ich bin ja doch sterblich!

Doch Aufgeben ist sozusagen das Gegenteil von Hermann Maier. Er kämpfte sich über Monate hinweg mit härtestem Training wieder an die Weltspitze heran. Anderthalb Jahre nach seinem Verkehrsunfall gewann er wieder ein Weltcup-Rennen, seinen 42. Sieg. Er gewann wieder und holte bei den nächsten olympischen Spielen auch wieder Medaillen. Er war wieder ganz oben.

Aber auf mich wirkte Hermann Maier nach dieser Lebensprüfung verwandelt: Die arroganten Gesten waren weg. Im Fernsehen wirkte er selbstbewusster, ruhiger, bescheidener. Seine Ausstrahlung war viel stärker geworden. Auf mich wirkte er in Interviews und Talkshows stimmiger, glaubwürdiger, reifer.

Immer wieder wurde er im Fernsehen auf die aufsehenerregenden Ereignisse in Nagano und seinen fulminanten Doppelsieg angesprochen. Doch dann hörte ich bei einem Interview im österreichischen Fernsehen von ihm etwas, das mich berührte: Anstatt wie früher an seinem Heldenstatus zu arbeiten, zählte Hermann Maier die Medaillen seiner Mannschaftskameraden auf, die sie in seinem Schatten in Nagano gewonnen hatten: „Die Goldene vom Mario Reiter, die Bronzene vom Hannes Trinkl und ganz was Besonderes, die Silberne vom Gandler im Skilanglauf ..." – Das hatte Größe!

Er sagte später über seine Leidenszeit, seine größte Lebenskrise: „Es war schwierig wieder zurückzufinden." – Das klingt, als ob er sich im Leben verlaufen hatte. Und genau das war, glaube ich, der Fall.

Als er mit 37 auf einer Pressekonferenz seinen Abschied vom Rennsport verkünden wollte, kamen ihm die Tränen. Er brachte die schlichten Worte beinahe nicht heraus. Hier saß Hermann Maier und zog einen Schlussstrich, beendete seinen Kindheitstraum, nahm für immer Abschied von seiner Karriere als Skirennläufer – er ging aus freien Stücken und brauchte keinen Unfall, um wieder auf den Teppich zu kommen.

Ich fühlte in diesem Moment mit ihm, spürte förmlich, wie er losließ – für mich war Hermann Maier in diesem Moment der größte Hermann Maier seiner Karriere, ich fand ihn in diesem Moment größer als nur der „Herminator".

Für mich ist klar: Hermann Maier hat im Nachhinein doch noch seine Zeche gezahlt. Und das war gut für ihn.

Der strenge Max

Durch eine Krise werden Sie ein anderer Mensch, Sie müssen ein anderer Mensch werden – um ein besserer Mensch zu werden! Wenn Sie ihre Einstellung, Ihre Grundhaltung und auch daraus resultierend Ihr Verhalten anschauen: Sie sind definitiv ein anderer geworden!

Auf einer tieferen Ebene, unterhalb von Verhalten und Einstellungen, sind Sie aber immer noch dieselbe Seele, die Sie schon immer waren. Nur kann sie sich jetzt klarer ausdrücken und Sie sind sich dessen bewusster.

So eine Verwandlung über Jahre habe ich in meinem Familienkreis erlebt. Mein Onkel war früher ein harter Hund, ein Schlitzohr, ein Hans-Dampf, ein Vollgastyp. Als ich klein war, hatte ich richtig Respekt vor ihm. Er war unnahbar, der Ernste, der Strenge, der Korrekte – und er konnte Karate. Seine Söhne, also meine Vettern, und ich waren wie Brüder. Aber zu Hause durften sie nur wenig, mein Onkel war sehr streng. Es gab harte Vorschriften, wie etwa: Es wird nicht getrunken beim Essen. Erst hinterher! – Ich fand das furchtbar. Und daran musste auch ich mich halten.

Doch das Leben veränderte ihn. Er beschäftigte sich viel mit sich selbst und seinem Leben. Heute, als älterer Mann, ist er ein ganz anderer geworden: Er trinkt nur noch Wasser, ist Vegetarier und hat sich viel mit Therapieformen beschäftigt, wirkt still und unaufgeregt. Neulich hat er anlässlich einer Familienfeier seinen Geschwistern ein Buch geschenkt. Von ihm selbst geschrieben: Unsere Familiengeschichte aus seiner persönlichen Sicht!

Darin beschreibt er auch sehr ehrlich sein Innenleben. Er wünscht sich, dass diese Bekenntnisse seinen Geschwistern dienen. Ihm habe es geholfen, das aufzuschreiben, sagt er. Vielleicht gäbe es den anderen Familienmitgliedern Mut. Und vielleicht helfe es zu verstehen …

Er muss viel erlebt haben. Ich weiß es jedoch nicht, weil er nicht darüber redet.

Ich habe heute jedoch das Gefühl, einen ganz anderen Menschen vor mir zu haben als damals als kleiner Bub. Er ist kein strenger Max mehr. Aber trotzdem noch viel stärker, auf einer anderen Ebene. Als wir neulich einander gegenüber saßen und redeten, schaute er mich ruhig und aufmerksam an. Er hörte mir zu. Er fragte nach, aber ohne Druck, ohne Diskussion, ohne zu bewerten. Dafür aus reinstem Interesse. Das gab mir Kraft. Seine Ausstrahlung ist: Alles wird gut. Hier ist einer, der zunehmend mit sich im Reinen ist.

Kapitel 24

Geben Sie Ihr Bestes!

„Dein Herz ist frei. Hab den Mut ihm zu folgen!"

(William Wallace „Braveheart")

Irgendwann im Verlauf Ihrer Krise, egal wie schlimm es ist, irgendwann kommt der Punkt, an dem Sie nur noch lachen können. Wo Sie über sich lachen können und über die ganze Situation.

Das ist gut, das ist ein wichtiger Schritt.

Es ist halt so, wie's ist! Nehmen Sie's nicht zu hart, was Ihnen passiert ist. Nehmen Sie's nicht so wichtig. Und sich selbst sollten Sie dreimal nicht so wichtig nehmen. Sie sind nur ein Teil des Ganzen und Sie wissen relativ wenig vom Ganzen. Das Überlegenheitsgefühl und die gefühlte Kontrolle, die Sie hatten, sind im Grunde zum Lachen. Jetzt, wo Sie wissen, wie wenig Sie im Griff haben, wie wenig Sie steuern und zwingen können, wie wenig von der Wirklichkeit überhaupt Ihrem Verstand zugänglich ist, jetzt dürfen Sie auch mal herzlich lachen über den ganzen Schlamassel.

Sie sind durchaus wichtig. Und zwar genauso wichtig, dass Sie sich achtsam um sich selbst kümmern können, damit es Ihnen gut geht. Außer Ihnen selbst wird keiner auf Dauer für Sie sorgen. Aber Sie sollten das nicht überbewerten.

Ein Rudigramm für Rudi

Irgendwann kommt in jeder Krise der Höhepunkt, der Punkt, an dem Sie sich selbst und alles andere unglaublich ernst nehmen. Ihr eigenes Dilemma wirkt dann wie das Wichtigste der Welt.

Dass Sie sich in dieser Zeit, als es Ihnen besonders schlecht ging, über andere gestellt haben, dass Sie Ihre Meinung wichtiger genommen haben als die der anderen, dass Sie glaubten, Sie hätten die Wahrheit gepachtet, dass Sie es wichtig fanden, Ihre eigenen Bedürfnisse zu befriedigen, und sei es auf Kosten anderer, das war ganz schön anmaßend …

Und es hat Ihnen nicht weitergeholfen, denn das macht alles nur noch schwerer. Im Umgang mit sich selbst braucht es aber kein zusätzliches Gewicht, sondern Leichtigkeit.

Jetzt, mit etwas mehr Überblick, können Sie erkennen, dass so etwas im Leben halt nun mal vorkommt – und zwar in den besten Familien. Ja, natürlich, Sie haben schon ein ernst zu nehmendes Problem. Nur: In fünf Jahren von jetzt an, wenn Sie rückwärts darauf schauen, sieht das schon nicht mehr so wild aus. Auf dem Weg der persönlichen Entwicklung gibt es nun mal Stolpersteine, Herausforderungen, Aufgaben. Das sind Ihre Chancen, daran zu wachsen. Sie müssen durch die Prüfungen immer hindurch. Außenrum geht nicht, manipulieren funktioniert nicht, das ist nur mangelnder Mut. Sonst kommt die gleiche Prüfung nochmal, nur in neuem Gewand.

Wenn Sie durch die Prüfung durchgehen, fühlen Sie sich zuerst schlimmer, dann gestärkt, dann haben Sie es geschafft – Bewusstseinssprung! – Sie leben dann auf einer neuen Ebene und brauchen … eine neue Herausforderung.

Die Herausforderungen wachsen zusammen mit Ihrer Persönlichkeit. Und irgendwann ist eine der Aufgaben zu viel für

Sie – rein körperlich. Aber das ändert hoffentlich nichts an Ihrer Gelassenheit und Ihrem Humor, die übrigens zusammengehören: „Humor und Gelassenheit sind Geschwister – anmutige Formen des Selbstbewusstseins", sagte Marie von Ebner-Eschenbach.

Ein ganz Großer der Nachkriegskultur in Deutschland hat das eindrucksvoll bewiesen, kurz bevor er starb. Rudi Carrell war 2005 unheilbarer Lungenkrebs im Endstadium diagnostiziert worden. Im Februar 2006 nahm er den Fernsehpreis „Goldene Kamera" für sein Lebenswerk entgegen – sein letzter TV-Auftritt nach einer beispiellosen, fast fünf Jahrzehnte andauernden Karriere.

Er war schwer gezeichnet von seiner Krankheit. Dünn war er ja schon immer gewesen, aber jetzt bestand er nur noch aus Haut und Knochen. Und seine Stimme war nur noch ein angestrengtes, hohes Flüstern. Als er auf die Bühne kam und den Preis entgegennahm, erhob sich das Publikum und schenkte ihm einen jubelnden Beifall, viele hatten Tränen in den Augen, ihn so zu sehen.

Die ganze Situation war sehr bewegend. Jeder liebte Rudi Carrell, jeder hatte die allergrößte Hochachtung vor dieser großen Persönlichkeit. Und jeder sah, dass es mit ihm zu Ende ging.

So etwas müsste doch eigentlich ein sehr, sehr schwerer und trauriger Auftritt sein … aber nicht für Rudi Carrell. Für ihn war es die beste Gelegenheit, sich selbst auf die Schippe zu nehmen, so wie er es schon immer herzlich gern getan hatte: Er witzelte erstmal über seine Stimme und fand sie gar nicht so schlimm – damit könne man in Deutschland sicher noch Superstar werden. Dass er diesen Ehrenpreis entgegennehmen dürfe, verdanke er in erster Linie seiner Krankenversicherung, dem Klinikum Bremen-Ost und der deutschen Pharmaindustrie. Und es ginge ihm super.

Dass er als Holländer den deutschen Fernsehpreis bekomme, fände er nett, sagte er. Er witzelte über seinen holländischen Akzent, der ihn sicher die Hauptrolle für den Film „Der Untergang" gekostet habe, er witzelte über die Länge seiner Karriere. Aber bei aller Fröhlichkeit vergaß er nicht zu sagen: „Es war eine Ehre, in diesem Land und vor diesem Publikum Fernsehen machen zu dürfen."

Dann nahm er seinen Preis, reckte beide Arme hoch wie beim Torjubel und strahlte über das ganze Gesicht.

Wie fröhlich. Wie würdevoll. Wie schön.

Auf's Äußerste

Je stärker die Persönlichkeit, desto weniger wichtig nimmt sie sich. Aber diese Bescheidenheit ist stark, sie ist nicht schwach wie die Opferhaltung: „Ach, ich bin ja nicht wichtig, auf mich kommt's ja sowieso nicht an. Ich kann ja eh nichts machen …" – Um Gelassenheit und Humor zu haben, braucht es Selbstvertrauen. Allerdings eben keine übersteigerte Selbstsicherheit, kein aufgeblasenes Ego. „Humor ist in der Regel leise und behutsam", schrieb der katholische Theologe Adalbert Ludwig Balling.

Die selbstbewusste Bescheidenheit, die ich meine, ist auch keine laute Überbescheidenheit, was ja nur verkleidete Überheblichkeit ist und als Moralkeule um sich schlägt.

Starke, krisengestärkte Persönlichkeiten zu erkennen, ist also gar nicht so einfach. Allerdings gibt es ein untrügliches Symptom. Achten Sie mal drauf: Weder Opfer, noch Gutmenschen, noch aufgeblasene Wichtigtuer können zuhören. Wenn Sie mit ihnen in Ruhe reden und sie interessieren sich nicht für Sie, sie lassen Sie nicht ausreden, sie verstehen Sie falsch und sie antworten nicht auf Ihre Fragen, dann sind das Menschen, die erst noch eine weitere Krise brauchen, um ihr Selbstbild neu zu justieren.

Zu akzeptieren, dass einer vielleicht jünger ist und Sie trotzdem auf ihn hören sollten. Zu akzeptieren, dass Sie etwas nicht können oder ein anderer besser ist. Die Stärken des anderen anzuerkennen und die eigenen Schwächen zu sehen – das alles ist sehr herausfordernd. Und dann auch noch fröhlich zu bleiben und über sich selbst lachen zu können!

Das bekommen Sie nicht hin, solange Sie noch versuchen, Ihr Äußerstes zu geben. Sein Äußerstes zu geben bedeutet, außerhalb der Grenzen zu spielen. Sie gehen zum Beispiel über Ihre körperlichen Grenzen. Oder Sie verlassen die Grenzen des guten Zusammenlebens in einer Gemeinschaft. Oder Sie sind übergriffig und verletzen die persönlichen Grenzen eines Gegners. Oder Sie tun zu viel des Guten und handeln perfektionistisch.

Wenn Sie mehr tun als Ihnen selbst oder anderen gut tut, dann geben Sie nicht Ihr Bestes, sondern Ihr Äußerstes. Sie bewegen sich außerhalb des Guten. Sie übertreiben es. Und alles, was übertrieben ist, wirkt sich negativ aus. Ihr Bestes zu geben bedeutet, innerhalb Ihrer Grenzen zu bleiben.

Dazu müssen Sie sich aber Ihrer Grenzen bewusst sein. Dazu müssen Sie sich selbst gut kennen. Sie brauchen ein realistisches Selbstbild. Die Bescheidenheit von Humor und Gelassenheit helfen Ihnen dabei. Aber die Eitelkeit eines aufgeblasenen Ego verhindert das.

Es ist auch keine gute Ausrede, wenn Sie sagen, Sie verlangen nur sich selbst das Äußerste ab! Wer sich selbst überfordert, der überfordert auch seinen Partner, seine Kinder, die Mitarbeiter und Kollegen, ja sogar seinen Hund. Glauben Sie's mir!

Eine Frage der Ehre

Es geht im Leben nicht darum, etwas gut zu tun, sondern darum, etwas Gutes zu tun. Die Frage ist, wie Sie im Alltag bewerten können, ob Sie etwas Gutes tun und dabei Ihr Bestes geben?

Es gibt keine Messlatte, an denen Ihre Taten gemessen werden, es gibt keinen offiziellen Maßstab für die Güte Ihrer Taten. Insofern ist es müßig darüber zu diskutieren, was in Ihrem Fall das Gute oder das Beste ist. Das können letztlich nur Sie selbst entscheiden. Bei einem überstiegenen, übertriebenen Weltbild werden Sie Ihre Latte entweder zu hoch oder zu niedrig auflegen. Und Sie werden in beiden Fällen die Latte reißen. Im einen Fall, weil Ihre Großspurigkeit vom Leben eingebremst werden muss. Im zweiten Fall, damit Sie sich selbst Ihre Minderwertigkeit beweisen und Ihre Opferhaltung weiter beibehalten können. Überheblich ist beides. Einmal erheben Sie sich über die anderen und einmal über sich selbst.

Der einfachste Weg festzustellen, ob Sie Gutes tun oder nur recht haben wollen, ist, wenn Sie sich fragen, ob es Ehrensache ist, was Sie tun!

Wenn Sie eine Aufgabe vor sich, aber gleichzeitig keine Lust darauf haben, dann können Sie sich fragen, ob es in Ordnung für Sie wäre, die Konsequenzen zu tragen, wenn Sie die Aufgabe nicht erledigen. Sie haben beispielsweise eine Prüfung und müssten eigentlich dafür lernen. Dann fragen Sie sich: Wenn ich jetzt nicht lerne und dadurch bei der Prüfung durchfalle, würde ich mir das dann vorwerfen? Wenn ich aber mein Bestes gebe, und würde trotzdem durchfallen, weil es eben nicht gereicht hat – wäre das dann in Ordnung?

In dem Moment, in dem es eine Frage der Ehre ist, alles gegeben zu haben, dann geben Sie Ihr Bestes. Ganz sicher. Wenn ich beispielsweise eine Empfehlung bekommen habe und dadurch bei einer Veranstaltung auftreten und reden darf – dann ist es selbstverständlich eine Frage der Ehre für mich, mein Bestes zu geben. Wenn es für mich eine Frage der Ehre ist, in einem Team zu arbeiten oder mich in einem Unternehmen einzubringen, dann gebe ich zwangsläufig mein Bestes.

Das Ehrgefühl als Grundgefühl – das ist der Schlüssel. Die gesunde Bescheidenheit versetzt Sie in die Lage, etwas Höherem zu dienen. Und schon bewegen Sie sich auf dem Feld der Ehre und geben Ihr Bestes. Denn sonst wären Sie vor sich entehrt. Wenn Sie das in Ihrer Grundhaltung schaffen, brauchen Sie überhaupt nicht mehr über Ihr Verhalten nachzudenken. Dann wird alles ganz einfach, denn das Verhalten kommt einfach gerade aus Ihnen heraus.

Sie können dann nicht mehr verlieren, es kann nichts mehr schiefgehen, denn Sie werden sich selbst gerecht. Und in der Folge werden die Ergebnisse Ihre besten sein. Nicht unbedingt die besten von allen, aber Ihre besten.

Dafür brauchen Sie kein Ziel, sondern eine Grundhaltung. Ehre können Sie sich nicht vornehmen – Sie haben sie, weil Sie sie erworben haben. Weil Sie gelernt haben und gewachsen sind. So wie in dieser Krise.

Wichtig ist nur: Woran knüpfen Sie Ihre Ehre? Für etwas, das zum Himmel stinkt, oder jemanden, der es nicht wert ist, sollten Sie kein Ehrgefühl aufbringen! Deswegen steht das so im Eheversprechen drin: Willst du den anderen ehren? – Denn sonst würden Sie nicht Ihr Bestes geben und das Ganze wäre ein bloßes Arrangement. Genauso ist das auch bei der Arbeit.

Eine sinnlose Arbeit zu machen, nur um die Kohle einzustreichen, das ist unehrenhaft.

Die Ehre sich selbst gegenüber ist die Würde. Wenn Sie die verlieren, dann schämen Sie sich. Das ist schlimm. Sich schämen ist nicht verlieren, sondern scheitern. Da gibt es dann nur eine Lösung: Handeln Sie sofort! Stellen Sie Ihre Würde wieder her, indem Sie herausfinden, was Sie eigentlich ehren wollen: Für was wollen Sie morgens aufstehen? Für was stehen Sie ein? Für was würden Sie sich nicht kaufen lassen? Was weckt Ihre Leidenschaft? Was tun Sie mit Herzblut?

Wenn ich mit jemandem arbeite, dann verlange ich, dass er sein Bestes gibt! – Wenn nicht, zeige ich ihm die gelbe Karte. Wenn es nochmal vorkommt: Rote Karte. Denn Menschen, die nicht mit Leidenschaft bei der Sache sind, rauben allen anderen um sie herum Energie.

Gib dein Bestes oder nichts!

Kapitel 25

Worum Sie sich ab sofort selbst kümmern werden

„Wohl dem Menschen, wenn er gelernt hat, zu ertragen,
was er nicht ändern kann, und preiszugeben mit Würde,
was er nicht retten kann. "

(Friedrich Schiller)

Sie haben sich bisher um sehr vieles gekümmert. Nur eines haben Sie immer zur Seite geschoben. Für eines haben Sie zu wenig getan. Für sich selbst! Für Sie!

Ja, es geht um Sie! – Der Selbsterhaltungstrieb spielt auch heute noch eine riesengroße Rolle. Nur geht es nicht mehr um's körperliche Überleben – das ist gesichert wie noch nie – sondern um's seelische Überleben. Um Ihr Selbst. Um Ihr Werden. Um Ihre tieferen Gefühle und Gedanken, um Ihre Intuition. Sie haben zu wenig wahrgenommen, was in Ihnen drin passiert. Kümmern Sie sich drum! Kein anderer kann das!

Wenn Sie meinen, das sei doch selbstverständlich … weit gefehlt!

Drei Geschichten dazu.

Von wegen Team!

Die erste Geschichte spielt im Freien, in der Natur. Bei einem Teamtraining hatte ich die Aufgabe, firmeninterne Trainer und Coaches zu schulen. Das mache ich besonders gerne. Eine Art Qualitätssicherung für unsere Branche. Thema: Selbstverantwortung und Teamentwicklung. Das war ja schon allen klar ... sagten sie jedenfalls.

Wir kamen an einen hohen Zaun. Da mussten wir drüber. Mein Co-Trainer und ich halfen uns gegenseitig und warteten auf der anderen Seite auf die Teilnehmer. Der erste kletterte hoch. Keiner half ihm. Oben auf der Kante wollte ich zupacken und helfen. Aber er sagte: Ne, geht schon. Ich schaff das allein.

Hallo? War die Aufgabe, alles alleine zu schaffen, oder war die Aufgabe, sich um sich und seine Bedürfnisse zu kümmern?

Mein Co-Trainer und ich schauten uns an. Wir wussten, wir hatten eine Menge Arbeit vor uns ... Das Wichtigste: Wir mussten ihnen den kompletten zivilisatorischen Luxus wegnehmen. Anders würden sie nicht zu sich finden.

Wir kamen im Wald an eine Schlucht, 80 Meter breit. Ein Seil verband die beiden Seiten. Da mussten wir rüber. Ein Teilnehmer sagte: Ich geh da nicht rüber. Mich kotzt das alles an und ich brauche das nicht zu machen!

Interessant: Von seinen Trainingsteilnehmern verlangt er im Alltag Flexibilität und das Betreten neuer Wege – doch er selbst sperrt sich hier gegen diese Lernerfahrung.

Die anderen redeten auf ihn ein. Irgendwann ließ er sich beknien und wagte es. Natürlich war er stolz, als er drüben war.

Abends richteten wir gemeinsam das Zeltlager her. Natürlich gab ich nicht alles vor, Teil der Aufgabe war ja, dass das Team beginnt, sich gegenseitig zu unterstützen und sich um sich selbst zu kümmern und für jeden passende Lösungen zu finden. Es dauerte nicht lange, da ging es ans Eingemachte.

Die Erste beschwerte sich: Niemals! Da mach ich nicht mit! Viel zu kalt! Ich schlafe nicht in einem Tipi.

Ich sagte: Schau, da ist Stroh, ihr könnt es euch gestalten. Überlegt euch, wie.

Sie: Ich kann nicht auf Stroh schlafen!

Ich: Wir haben Fallschirme als Bettdecken, die sind superwarm.

Ein anderer: Ich schlaf nicht auf dem Boden!

Die nächste: Wir brauchen dies und das und das. Ihr müsst euch darum kümmern!

Ich: Nein, das müssen wir nicht. Helft euch gegenseitig und findet eine passende Lösung für alle!

Letztlich lief tatsächlich alles. Irgendwie. Aber von wegen Team. Von wegen Selbstverantwortung, von wegen Komfortzone verlassen ...

Nachts am Lagerfeuer thematisierten wir das. Ich erzählte aus meiner Sicht von den Ansprüchen, die von den Teilnehmern an mich gestellt wurden. Immer nach dem Muster: Du musst dafür sorgen, dass wir ein tolles Event haben.

Aber stimmt das wirklich? Muss ich das? Ich fragte: Warum glaubt ihr, dass immer jemand da sein muss, der euch alles perfekt vorbereitet? Müsst nicht ihr, die Teilnehmer, euch selbst darum kümmern, dass das Seminar gut wird? Muss nicht jeder seinen Teil dazu beitragen? Wie ist das bei der Arbeit? Muss es da immer jemanden geben, der alles für euch vorbereitet? Der dafür sorgt, dass Ihr etwas leisten könnt?

Ist euer tiefer Anspruch, sicher und geborgen, aufgefangen und umsorgt zu sein, überhaupt legitim?

Schon am nächsten Tag waren die Leute wie verwandelt. Da hörte ich dann zum ersten Mal eine Teilnehmerin sagen: Bitte helft mir!

Tief im Schnee

Die zweite Geschichte spielt wieder draußen, diesmal im Schnee: Skiseminar! Ich führte meine Gruppe Führungskräfte in den Tiefschnee. Für einige war das neu. Also machte ich eine gründliche Einführung ins Tiefschneefahren. Wir starteten im Flachen, die Hangneigung nahm sachte zu und dann wurde es etwas steiler. Perfekt zum Lernen. Einer der Teilnehmer hatte überhaupt keine Tiefschnee-Erfahrung. Okay, dachte ich, das bekommen wir hin.

Als wir oben am Hang standen, merkte ich, wie verkrampft er war. Aber er sagte nichts, sondern hörte aufmerksam zu: Er wollte das lernen! Wir machten die ersten sachten Schwünge im Flachen und fuhren dann nochmal an den Rand der Piste, wo wir anhalten konnten, bevor es ins Steilere ging. Ich fragte alle Teilnehmer: Alles okay? Passt es? Fahren wir los?

Der eine Teilnehmer meldete sich. Sehr klar, sehr deutlich, eben ein Alphatier: Ich fahre nicht als letzter! Wer fährt hinter mir? Falls ich stürze!

Gut, die Reihenfolge wurde eingeteilt, zwei stärkere Skiläufer fuhren hinter ihm. Und los ging's.

Ich fuhr als erster. Es war einfach nur geil. Ich hatte einen Riesenspaß. Unten hielt ich und schaute den Hang hoch. Die Gruppe war fast vollständig unterwegs, gerade startete der eine, mit zwei weiteren Fahrern hinter sich.

Schon nach wenigen Metern stürzte er und verschwand in einer riesigen Schneewolke. Ich sah noch seine Ski durch die Luft wirbeln. Die beiden anderen fuhren links und rechts an ihm vorbei. Am Ende standen wir alle unten. Nur der eine Teilnehmer wühlte sich oben aus dem Schnee, suchte minutenlang seine Ski, wühlte sich dann quer aus dem Hang. Es dauerte ewig. Ich schickte die Gruppe schon mal weiter und wartete auf ihn. Er kam super wütend bei mir an und motzte mich gleich über den Haufen: So eine Scheiße! Ich hab doch gesagt, ich kann das nicht! Seid ihr alle taub? Ich habe doch extra gesagt, es soll jemand hinter mir fahren! Ihr habt mich voll im Stich gelassen!

Haben wir? Wirklich? Waren wir verantwortlich? Oder bist du selbst in den Hang gefahren?

Natürlich bin ich gefahren! Weil ich dir vertraut habe! Alleine wäre ich nicht gefahren, aber am Ende war ich ja alleine!

Er zitterte am ganzen Körper. Aber nicht wegen dem Sturz …

In der Gondel erklärte ich ihm, wie vertrauen geht. Vertrauen ist nicht, wenn man den anderen Anweisungen gibt, wer hinter wem zu fahren hat. Die beiden hinter ihm haben nicht gemacht, was er von ihnen wollte, weil sie ihn gar nicht richtig verstanden hatten. Er hatte eine Forderung gestellt: Fahrt hinter mir. Aber so funktioniert das nicht. Da fehlt das Wesentliche. Und das haben wir wohl verlernt …

Sie müssen lernen, sich mehr um sich selbst zu kümmern. Und das bedeutet, Sie müssen sich mitteilen. Zuerst spüren Sie, wie es Ihnen geht, und dann teilen Sie sich mit. Das heißt: Sie lassen die Hosen runter! Sie drehen eine Schleife und sprechen über Ihre Gefühle, ehrlich, wahr, authentisch.

Und das ist schwer. Anstatt den anderen zu sagen, was sie tun sollen, müssen Sie sich nackt machen, sich schwach zeigen, sich angreifbar machen. Gefühle zugeben und zeigen.

Der Teilnehmer hätte sagen können: Ich fühle mich gar nicht wohl. Das Tiefschneefahren verunsichert mich total. Ich habe das

Gefühl, ich kann das Gleichgewicht nicht halten. Und ich will im tiefen Schnee nicht stürzen, weil ich befürchte, meine Ski dann nicht mehr zu finden. Und ich kann da die Ski auch nicht mehr anschnallen und weiterfahren. Ich weiß nicht, wie das gehen soll im Tiefschnee. Ich fühle mich sehr unsicher. Eigentlich will ich gar nicht fahren.

Was nicht zählt ist: Du musst das und das tun, damit ich mich wohlfühle! So fängt jeder Streit an. In dem Moment aber, in dem ich den impliziten Vorwurf und die unausgesprochenen Drohungen komplett weglasse, wenn ich mich entwaffne und nur über meine Gefühle spreche, dann wird es ruhig. Dann hören plötzlich alle zu. Auf die Waffenlosen hört die Welt!

Ja, in so einem Moment sind Sie verletzlich, Sie sind angreifbar. Aber die anderen Teilnehmer wären nicht über ihn hinweggegangen. Man muss schon ein übler Mensch sein, wenn man in so eine Wunde weiter hackt.

Stattdessen ist die normale menschliche Reaktion: Ups. Ok. Das hatte ich nicht wahrgenommen. Danke, jetzt kann ich besser mit dir umgehen.

Als wir wieder an den Hang fuhren, sagte mein Teilnehmer laut und deutlich, wie es seine Art ist: Stopp! Ich will da nicht rein. Ich fühle mich überfordert.

Alle schauten ihn verwundert an. Überfordert? Der? Ach so! Plötzlich war es allen klar, wie es ihm ging.

Wer ist hier für mich zuständig?

Die dritte Geschichte spielt bei einer Besprechung. Einige Tage zuvor hatte das Unternehmen ein großes Kunden-Event. Für alle Mitarbeiter war das sehr anstrengend, aber alle hängten sich rein. Der Tag wurde ein Erfolg. Am späten Abend lud der Firmenchef seine komplette Mannschaft zum Abendessen ein. Alle waren müde, aber sehr froh, dass alles gut geklappt hatte. Der Abend war sehr angenehm, das Essen war sehr gut, alle erzählten sich von ihren Erlebnissen des Tages. Einige gingen früh schlafen, andere blieben länger.

Bei der Nachbesprechung in der nächsten Runde ging es dem Firmenchef darum, herauszufinden, was gut gelaufen war und was für das nächste Mal noch Luft nach oben hatte. Reihum kamen alle beteiligten Mitarbeiter an die Reihe, lobten dies, kritisierten jenes, machten Verbesserungsvorschläge.

Dann kam eine forsche, junge Mitarbeiterin an die Reihe. Sie sagte: Die Stimmung auf der Feier am Abend fand ich schade. Das war so gar nicht feierlich. Der Tag war so gut gelaufen, da hätte ich einen anderen Rahmen angemessener gefunden.

Der Firmenchef fragte verdutzt nach, was sie damit konkret meinte.

Naja, konkret, dass Sie – und dabei schaute sie den Chef direkt an – zum Beispiel eine festliche Rede halten. Ich finde schon, dass es in Ihrer Verantwortung liegt, für die entsprechende Stimmung zu sorgen!

Es trat ein Moment der Stille ein. Der Chef wurde blass. Er sagte nichts. Er schaute sich um. Niemand widersprach der Meinung der Mitarbeiterin. Alle schauten betreten zu Boden. Der Chef fasste sich. Die Besprechung ging weiter.

Wir erwarten oft, dass andere sich darum kümmern, dass es uns gut geht. Viel öfter als wir es bemerken. Wir denken dann unreflektiert: Kraft seines Amtes ist da doch jemand dafür zuständig, dass wir die richtige Stimmung haben. Der Fisch stinkt schließlich vom Kopf, der da oben soll es richten.

Sie aber dürfen jetzt endgültig verstehen, dass Sie es sind, der sich um Ihre Stimmung kümmert. Ihr Partner, Ihre Eltern, Ihre Kinder, Ihre Kollegen, Ihr Chef und die Bundeskanzlerin sind allesamt nicht dafür verantwortlich, wie Ihr Gefühlszustand gerade ist. Wenn Sie auf einer Firmenfeier mehr Spaß haben wollen, dann sorgen Sie dafür. Wenn Sie eine feierliche Stimmung haben wollen, dann überlegen Sie, wie Sie das hinbekommen.

Das Einzige, über was Sie verfügen dürfen, das sind Sie selbst. Sie wissen doch, Sie werden eines Tages sterben. Wie werden Sie sich in der Zwischenzeit von jetzt bis zu Ihrem letzten Tag um sich kümmern? Das ist es, was Sie lernen müssen. Wie machen Sie es?

Das ist durchaus ein gesellschaftliches Problem. Die Nachwuchsleute sind heute rar, schon alleine aus demographischen Gründen: Es kommt einfach nicht mehr so viel junges Gemüse von unten nachgewachsen. Also reißen sich die Firmen um diese Generation. Sie umwerben sie schon auf der Hochschule. Sie bauen Trainee-Programme. Sie bieten riesige Einstiegsgehälter. Sie tragen die „Young Professionals" auf Händen. Sie signalisieren von Anfang an: Wir stellen keine Ansprüche an dich, wir sorgen und kümmern uns um dich, wir bemühen uns darum, dass es dir gut geht. Wir passen auf dich auf und entwickeln dich. – Auf diese Weise ziehen wir uns haufenweise schwache, systemabhängige, unselbstständige Flaschen heran. Viele dieser jungen Leute schauen überwiegend nach ihrem kurzfristigen Vorteil, stellen hohe Ansprüche, kommen aber nur zögerlich ins Leisten. Sie wollen hofiert werden, wollen, dass das Unternehmen ihrem Leben einen Sinn gibt, und wenn mal eine Leistungsanforderung kommt, dann stampfen sie mit dem Fuß auf und wollen, dass sich jemand darum kümmert. Wir machen einen riesigen Fehler, junge Menschen mit wenig Lebenserfahrung und noch wenig entwickelter Persönlichkeit zu hofieren.

Gelassenheit in der Praxis

Es ist so einfach, aber doch so schwer: Nehmen Sie wahr, wie es Ihnen geht. Und dann sorgen Sie dafür, dass es Ihnen besser geht, indem Sie sich Ihren Mitmenschen aufrichtig mitteilen. Und dann bekommen Sie Hilfe auf Augenhöhe, die Sie gerne annehmen dürfen.

Mittlerweile sind Sie so weit, dass Sie das können!

Sie können sich eingestehen, dass Sie nicht perfekt sind, dass Sie Schwächen haben. Sie wissen, dass Sie keinen Verlust an Anerkennung oder Prestige befürchten müssen, wenn Sie sich verletzlich zeigen. Das Gegenteil wird der Fall sein. Sie werden plötzlich menschlich. Ihre Mitmenschen sind erleichtert: Oh, der oder die hat ja auch Gefühle und Bedürfnisse. Dann kann ich ja meine auch zeigen.

Sie bestimmen schon selbst, was und wie viel Sie sagen. Sie müssen nicht hysterisch außer Kontrolle geraten.

Beobachten Sie einmal die großen Stars bei der Oscar-Verleihung. Die wissen ganz genau, was sie tun, denn die sind top gecoacht. Sie nehmen den Oscar entgegen und sagen dann allesamt immer etwas Ähnliches. Sie tun kund, wie es ihnen geht: Ich bin so nervös. Es ist so aufregend. Vor all meinen Kollegen stehe ich hier. Mir fehlen die Worte. Ich kann es kaum glauben …

Seit ich das Prinzip dahinter verstanden habe, mache ich es genauso. Einmal, bei einem Vortrag, war ich wirklich sehr nervös. Also sagte ich als Erstes: Es ist mir eine große Ehre. Ich freue mich, dass Sie alle hier sind und ich bin verdammt nervös. Ich habe mir gestern Abend noch überlegt, wie könnte ich am besten starten, um Ihnen von Anfang an gerecht zu werden und Ihnen zu zeigen, welche Bedeutung die Veranstaltung für mich hat ...

Und dann war ich drin in meinem Text. Es hat großartig funktioniert. Das Publikum war sofort bei mir. Es ist toll für die Leute, wenn sie sofort emotionalen Kontakt mit dem Redner aufnehmen können. Warum? Weil dann sofort klar wird: Das ist nicht Superman. Sondern ein ganz normaler Mensch. – Sie können es genauso machen. Jeden Tag.

Aber ja, natürlich gibt es üble Zeitgenossen, die so etwas ausnützen. Es gibt echte Schweine, die ihre Krisen erst noch vor sich haben. Sie können die Menschheit nicht ändern.

Ändern Sie, was Sie ändern können. Oder akzeptieren Sie, wie es ist und lassen Sie sich darauf ein. Oder gehen Sie raus aus dem Spiel. Treten Sie in die Resistance ein. Oder lassen Sie wie Braveheart ihr Leben im schottischen Unabhängigkeitskrieg. Oder kündigen Sie. Dann müssen Sie eben die Konsequenzen tragen. Tut mir leid, aber so ist es.

Nur: Hören Sie auf zu klagen!

Das Zentrum für Innere Führung der Bundeswehr hat als Wahlspruch ein Gebet gewählt, das der amerikanische Theologe Reinhold Niebuhr zur Zeit des Zweiten Weltkriegs verfasste. Es lautet:

> *Gott, gib mir die Gelassenheit, Dinge hinzunehmen,*
> *die ich nicht ändern kann,*
> *den Mut, Dinge zu ändern, die ich ändern kann,*
> *und die Weisheit, das eine vom anderen zu unterscheiden.*

Kapitel 26

Wer Ihnen den Weg zeigt

„Ich mach mein Ding. Egal was die anderen labern.“

(Udo Lindenberg)

An vielen Wegmarken Ihrer Lebensreise wissen Sie nicht weiter. Wo geht's lang? Sie können wählen. Dieser Partner oder ein anderer? Für immer oder nur für den Moment? Diese Arbeitsstelle oder eine andere? Dieser Sport oder ein anderer? Welchen Wohnort wählen? Welche Sprache lernen? – Und es ist ja nicht so, dass das Ergebnis Ihrer Wahl keinen Einfluss auf Ihr weiteres Leben hätte …

Darum finde ich die Frage, welcher Weg der richtige ist, sehr verständlich. Auch wenn sie sinnlos ist.

Diese Krise, in der Sie jetzt stecken, ist so eine Wegmarke. Wieder haben Sie die Wahl. Wieder müssen Sie sich entscheiden. Sie wissen ja: Nicht entscheiden ist auch eine Entscheidung.

Vielleicht sind Sie schon zum x-ten Mal an diesem Punkt. Oder Sie stehen hier schon lange und wissen nicht, welchen Weg Sie einschlagen sollen. Die Entscheidung ist mal wieder schwer.

Der Weg, den Sie gehen sollen, ist derjenige Weg, der Ihrer ist. Das sagen Ihnen alle guten Ratschläge, die Sie erhalten: Gehe deinen Weg! Mach dein Ding! – Nur: Woran erkennen Sie denn, welches Ihr Weg ist?

Die Zukunft und die Vergangenheit helfen Ihnen jetzt nicht weiter. Sie können aus Ihren Erfahrungen von gestern nicht ableiten, was heute der beste Weg für Sie ist. So einfach ist es nämlich nicht. Und es ist auch nicht klug, immer nur in der Zone des Altbewährten zu bleiben und somit nie neue Erfahrungen zu machen. Sie können auch nicht wissen, was aus Ihrer Entscheidung morgen erwachsen wird. Zwar können Sie die Konsequenzen Ihres Handelns abschätzen, aber Sie können nicht sicher voraussagen, was werden wird. In vielen Fällen tritt genau das Gegenteil von dem ein, was Sie eigentlich wollten.

Die Erfahrungen der anderen können durchaus hilfreich sein. Aber das enthebt Sie nicht Ihrer Entscheidung. Was „man" gewöhnlich in Ihrer Situation macht, wissen Sie meistens ohnehin schon, aber es hilft ja nichts, denn Sie sind nicht „man".

Das Gestern zeigt Ihnen den Weg nicht, das Morgen nicht und das Außen auch nicht …Was also tun? Wer kann Ihnen den Weg zeigen?

Das ist naiv!

Zuerst mal: Den richtigen Weg gibt es nicht. Das ist schon mal der erste Knackpunkt. Hören Sie einfach auf damit, zu versuchen, den richtigen Weg zu finden. Die Kategorie „richtig oder falsch" zieht hier nicht. Was richtig und was falsch ist, kann niemand beurteilen, Sie selbst eingeschlossen. Das zu behaupten wäre reine Anmaßung. Bewertet wird immer hinterher, nie vorher. Es gibt nur gemachte Erfahrungen. Die können Sie im Nachhinein schon bewerten, aber dann zeigt sich: Auch „falsche" Entscheidungen sind „richtig" – jede Erfahrung führt Sie weiter im Leben, im Nachhinein können Sie immer dafür sorgen, dass Ihr Weg der „richtige" ist.

Das bedeutet: Gehen Sie in sich. Kalibrieren Sie Ihren Kompass. Hören Sie auf die Stimmen in Ihrem Innern. Und dann laufen Sie los! Machen Sie einfach, was Sie intuitiv in diesem Moment für das Beste halten. Nicht für das Richtige, sondern für das Beste. Laufen Sie los und machen Sie diese Erfahrung. Vielleicht machen Sie sie zum ersten Mal. Aber wenn Sie sich darauf einlassen, wird es eine wertvolle Erfahrung werden, egal wie es ausgeht.

Und hinterher werden Sie schon sehen, was Sie und andere davon haben. Hinterher! Dann können Sie abschätzen: War das gut oder schlecht? Stimmig oder unstimmig? Gibt das mehr Energie oder kostet es im Saldo mehr Energie? Aber jetzt heißt es: Ausprobieren!

Wenn Sie mit sich selbst in gutem Kontakt sind, dann erkennen Sie sehr schnell, was Ihnen gut tut und was sich stimmig anfühlt. Und was nicht. Entscheiden ist einfach und geht schnell. Solange Sie den Mut dazu haben.

Eine der großen Entscheidungen in meinem Leben war meine Kündigung und damit verbunden der Entschluss, mich selbstständig zu machen. Ich war damals Schulungsreferent in einem Versicherungsunternehmen. Ich war gefragt, beliebt, erfolgreich, ich verdiente satt und hatte eine großartige Altersversorgung. Nach herkömmlichen Maßstäben war alles großartig. Nach der misslungenen Karriere als Fußballstar hatte ich jetzt eine so bodenständige wie rundum sorglose berufliche Position gefunden. Ich hatte alles erreicht. Alles war gut. – Aber für mich war in Wahrheit gar nichts gut!

Ich hatte ein sehr unangenehmes Gefühl, das schwer beschreibbar ist: Irgendetwas war nicht in Ordnung mit mir und meinem Leben. Ich hatte das Gefühl: Weg hier! Raus hier! Ich muss weitergehen.

Das konnte ich mir damals zuerst gar nicht erklären. Aber ich fühlte es ganz deutlich. Ich war der Arbeit überdrüssig. Ich langweilte mich. Ich hatte Mühe morgens aufzustehen und abends konnte ich nicht gut einschlafen. Ständig hatte ich das Gefühl: Das kann ich schon. Das kenne ich schon. Das hatte ich schon mal. Meine Stimmung schwankte stark. Alle Symptome zusammengenommen bedeutete das: Ich war unglücklich.

Erfolgreiche Menschen können sehr unglücklich sein. Deswegen ist Erfolg auch kein guter Maßstab für das Leben. Damals hatte ich das Gefühl, auf der Stelle zu treten und mich nicht mehr weiterzuentwickeln. Es war klar: Ich musste mich entscheiden.

Aus meinem Innern kam eine glasklare Stimme: Ich will hier nicht bleiben. Ich will mein eigenes Ding machen.

Dabei wusste ich gar nicht, was „mein Ding" ist. Aber ich hatte eine Spur. Von meinem Arbeitgeber hatte ich schon zuvor die Genehmigung eingeholt, Moderationen für den Deutschen Skiverband zu machen, wenn es dort Events gab. Ich konnte das abrechnen. Jedes Mal, wenn ich dafür ein Engagement bekam, fieberte ich darauf hin. So richtig begeistert war ich nur auf diesem beruflichen Nebengleis. Was also lag näher, die Weiche umzuwerfen und komplett auf dieses Nebengleis zu rattern und hauptberuflich auf Bühnen in Mikrofone zu sprechen?

Es kam mir vor wie eine krude, abgefahrene, exotische Idee. Und ich war begeistert davon. Also rief ich sofort meine Frau an, mit der ich damals noch gar nicht verheiratet war, und erzählte ihr davon:

Ich muss kündigen. Was anderes machen.

Ja, okay. Und was?

Keine Ahnung. Irgendwie Seminare, Moderation, Coachings. Ich weiß nur: Ich gehe zugrunde, wenn ich bleibe.

Wie meinst du das?

Ich gehe hier kaputt. Ich muss hier weg. Es ist mir zu eng. Hier gibt es nichts mehr für mich. Ich leide. Ich habe das Gefühl, ich verliere meine Würde. Mein inneres Gefühl sagt: Kündige. Bist du einverstanden?

Hast du gut darüber nachgedacht?

Ja.

Dann kündige!

Können wir zur Not, wenn alles schiefläuft, für ein paar Monate von deinem Geld leben?

Ja, aber mir wäre es recht, wenn es schnell ginge.

Ich legte auf, schrieb die Kündigung und ging heim.

Meine Kollegen und mein komplettes Umfeld, bis auf meine Frau, hielten mich für völlig halt- und verantwortungslos. „Was machst du da bloß?", fragten mich die Kollegen.

„Keine Ahnung", sagte ich.

Alle hielten mich für verrückt. Ich war 29 Jahre alt und stellte mich voll in den Wind. Ich stürzte mich in den freien Markt. Meine Inspiration sagte: Alles wird gut.

Alle anderen sagten: Das ist naiv!

Offene Türen

Heute weiß ich, dass es tatsächlich naiv war. Und dass es gut war, dass ich so naiv war. Hätte ich gewusst, wie viele Persönlichkeitstrainer, Coaches, Moderatoren und Speaker sich da draußen tummeln, wie hart die Konkurrenz ist und welche Haifische in diesem Teich schwimmen, dann hätte ich vermutlich nicht den Mut dafür aufgebracht.

So aber war es einfach nur faszinierend, diese neue Erfahrung ohne Netz und doppelten Boden zu machen. Ich nutzte einfach alle meine Kontakte und akquirierte Aufträge. Ohne es vorher zu wissen, hatte ich bereits Zugang zur besten Kontaktbörse der Welt: Dem Selbstversorgerraum auf dem Stubaier Gletscher, dort wo die Skifahrer Mittagspause machen. Dort habe ich zig Aufträge bekommen. Mit dem einen Mann vom Bayrischen Skiverband besprach ich gerade ein Engagement, da saß nebendran eine Frau aus dem Radsport, hörte zu und war interessiert. So kam ich dort zum nächsten Auftrag bei einem Sportradhersteller und so weiter. Einfach aus dem Smalltalk heraus. Weil ich es gut machte, bekam ich aus den Aufträgen heraus neue Aufträge, ich hielt Abendvorträge, leitete Diskussionsrunden, moderierte Sportfeste und Firmenveranstaltungen. Ich bekam immer mehr Einladungen, auch von Branchenverbänden, Banken und Versicherungen.

Hätte ich das alles vorher wissen können? Niemals! Hätte ich das planen können? Nein. Hätte ich mich darauf vorbereiten können? Unmöglich. – Diese Erfahrung hätte ich niemals machen können und ich stünde heute nicht da, wo ich stehe, wenn ich damals nicht einfach blind in den Nebel losmarschiert wäre. Wenn Sie losgehen, gehen immer irgendwelche Türen auf. Sie wissen vorher nie, welche, Sie können sie nicht planen. Aber wenn Sie sie brauchen, sind sie da.

Heute bin ich stolz auf diesen Weg. Ich habe mein Geschäft von null aufgebaut, ich hatte anfangs keinen Namen, keine Garantien, kein Kapital, keinen Startvorteil. Mittlerweile sind es fast zehn Jahre und es läuft immer besser. Dafür bin ich dankbar. Wie gut, dass ich so naiv war!

My Way

Was ist das Entscheidende an dieser Geschichte, die meine eigene ist? Das Entscheidende an meiner damaligen Entscheidung ist das Kriterium, das ich damals anlegte. Ich glaube, es war eine sehr, sehr gute Entscheidung, weil ich einfach in mich hineinhörte und wahrnahm, was sich da zeigte: Dachte ich an meinen damaligen Job, ging meine Energie komplett weg. Dachte ich an die Moderationen, wurde ich geflutet von Energie. So einfach.

Oft sind die Zeichen gar nicht so deutlich, vor allem, wenn die Entscheidungen kleiner sind. Aber sie sind da. Wenn Sie an einen möglichen Weg denken: Spüren Sie Wachheit? Spannung? Aufregung? Beschleunigt sich Ihr Herzschlag? Werden körperliche Beschwerden besser? Oder seltener? Sind Ihre Gedanken fokussierter?

Irgendwann wurde mein Erfolg größer als mein Büro in Untermiete. Es fühlte sich nicht mehr stimmig an. Ich musste raus und suchte ein neues, größeres Büro, in dem ich mich wieder entfalten konnte.

Ich schaltete einen Makler ein und suchte. Kurz darauf stand ich in einem schönen, modernen, großen Büro, das voll in mein Anforderungsprofil passte. Es war ganz schön teuer, aber die Lage perfekt, ganz in der Nähe zu Bahnhof, Autobahnkreuz und Flughafen, die Technik war vorhanden, die Infrastruktur in dem Bürokomplex war perfekt. Es war teuer, aber angemessen.

Ich bat den Makler, draußen zu warten, um kurz in den Räumen alleine zu sein. Ich ging umher und suchte ein Gefühl, eine Einstellung zu diesem Büro. Aber es kam nichts. Ich setzte mich auf eine Heizung und fragte mich: Willst du dieses Büro wirklich?

Die nächste Frage kam von alleine: Willst du in einem Bürokomplex arbeiten? Willst du eine Empfangsdame im Nebenraum und ein Schild mit deinem Logo vor der Tür haben wie alle anderen hier?

Ich wartete auf eine Antwort von innen, aber da blieb es stumm.

Oder ist das die Chance, etwas komplett anderes zu machen?

Plötzlich wurde ich lebendig. Auf einmal kamen mir Bilder in den Kopf. Ich sah vor meinem inneren Auge eine große Wiese, ein großes Grundstück mit einer alten Scheune darauf. Rings herum Natur. Mit einem Mal war alles klar: Ich wollte eine alte, umgebaute Scheune als Büro. Ich wollte wieder raus aus der Stadt und zurück in die Natur!

Ob das wirtschaftlich funktionieren kann, wie meine Kunden zu mir oder ich zu den Kunden kommen würde, war plötzlich kein Thema mehr.

Ich ging raus, sagte dem Makler ab, fuhr heim und sagte meiner Frau: Wir suchen ein Haus und ein Grundstück. Einverstanden?

Meine Frau war einverstanden und freute sich.

Wir schauten gemeinsam im Internet und bemerkten irgendwann, dass wir automatisch nur noch im Bodenseeraum suchten. In kürzester Zeit fanden wir dort ein altes Haus, das genau unseren Vorstellungen entsprach, das Angebot kam und alles war klar.

Das war auch wieder so eine Mammutentscheidung, ein Neustart, der das ganze Leben betrifft. Es ist viel Geld im Spiel. Und das alles hängt an nur einem kurzen Moment der Wahrheit.

Gute Entscheidungen sind wie Energy-Drinks, sie erfrischen und machen Sie lebendig. Hören Sie auf Ihren Körper – nicht auf den Chor der Stimmen da draußen, die Sie selbstverständlich zurückhalten wollen, Ihren eigenen Weg zu gehen.

Und wenn Sie Angst bekommen? Dann gehen Sie den Weg mit vollen Hosen!

Wenn Sie sich aus Ihrer momentanen Lage befreien wollen, helfen Ihnen die Wege, die Sie dorthin gebracht haben, wo Sie heute stehen, nicht weiter. Sie brauchen die Bereitschaft, neu zu starten. Ja, Sie brauchen sogar die Bereitschaft, zigmal im Leben neu zu starten. Immer wieder neu! Und aus allen neuen Wegen setzt sich dann im Rückblick das zusammen, was Frank Sinatra am Ende seines Lebens besungen hat: I did it my way!

Kapitel 27

Das Schlimme bleibt schlimm

„Mancher findet sein Herz nicht eher,
als bis er seinen Kopf verliert."

(Friedrich Nietzsche)

Liebe ist die stärkste Macht der Welt, und doch ist sie die demütigste, die man sich vorstellen kann – sagte Mahatma Gandhi. Denn wenn ich jemanden liebe, kann ich ihn nicht hassen. Ich kann ihm nichts Böses wünschen. Ich kann mich nicht über ihn stellen. Ich kann nicht überheblich sein. Wie soll ich dem, den ich liebe, weh tun, ohne mich selbst zu verletzen?

Wenn Sie es schaffen, sich selbst zu lieben, egal was Sie getan oder erlitten haben, dann können Sie nicht überheblich sich selbst gegenüber sein, dann können Sie sich nicht demütigen, fertigmachen, kaputtgehen lassen. Egal, was geschehen ist.

Sich selbst zu lieben ist die Grundlage, um andere lieben zu können. Denn wenn die Selbstliebe groß genug ist, dann tun Sie es sich selbst nicht an, andere zu verletzen.

Wie können Sie Schlimmes tun, ohne sich selbst zu verletzen?

Finden Sie Ihre Liebe zu Ihnen selbst in allem was Sie tun

Sich selbst lieben, vielleicht sind Sie das nicht gewöhnt. Wie geht das? – Sie können sich nicht selbst lieben, indem Sie einfach nur dasitzen und gucken! Sie müssen schon etwas tun. Lieben ist ein Vorgang, eine Tätigkeit, ein aktives Verb. Lieben heißt liebevoll mit etwas oder jemandem umgehen. Wenn Sie sich selbst lieben, heißt das zum Beispiel, dass Sie gut auf sich achtgeben, dass Sie sich beschenken, sich mal einen freien Tag gönnen, etwas unternehmen, was Ihnen gut tut, auch mal an sich denken. Das ist egoistisch, ja, aber Egoismus ist ja nicht Egozentrik, Egoismus ist prinzipiell gut. Denn wie sollen Sie einem anderen etwas Gutes tun, wenn es Ihnen selbst schlecht geht? Und wie soll es jemandem, dem Sie am Herzen liegen, gut gehen, wenn es Ihnen nicht gut geht? – Also sorgen Sie für sich!

Sich selbst lieben bedeutet in erster Linie, sich anzunehmen, wie Sie sind. Auch die Dinge, die Sie an sich nicht so gut finden. Perfektion ist eine Illusion. Selbstkritik ist ja schön und recht, aber Selbstzerfleischung oder Selbstsabotage ist einfach nur bescheuert. Davon haben Sie nur kurzfristig Schadenfreude.

Sich selbst annehmen, sich wertschätzen und lieben können Sie am einfachsten dadurch, dass Sie lieben, was Sie tun. Das erzeugt in Ihnen eine tiefe Verbundenheit mit der Welt. Sie sehen dann in Ihrem Tun einen Sinn, Sie tun es mit Hingabe und Zuwendung: Sie tun Gutes in dem, was Sie tun. Es ist wert, getan zu werden.

Wenn Sie sagen können: Ich liebe, was ich tue. Und ich liebe mich dafür, dass ich es tue – dann haben Sie Frieden. Dann sind Sie zufrieden. Dieser Zustand, das ist Glück.

Wenn Sie in einem solchen glückseligen Zustand sind: Welche Sorgen haben Sie über die Zukunft? Keine. Welche Belastungen haben Sie aus der Vergangenheit? Keine. Sie fühlen nur Dankbarkeit jetzt in dem Moment.

Die Aufgabe, der Sie sich dabei mit Liebe widmen, kann die härteste Aufgabe sein. Völlig egal. Es ist eben das, was Sie tun wollen: Ihr Weg. Sie tun es trotzdem, auch wenn es dumm erscheint oder risikoreich. Auch wenn es keiner außer Ihnen tun will. Auch wenn Sie nicht wissen, ob es sich jemals lohnt oder ob Sie überhaupt etwas zurückbekommen dafür. Auch wenn es unvernünftig, ungewöhnlich, hart oder gefährlich ist. Auch wenn alle sagen, Sie sind total bescheuert, das zu tun. Auch wenn es unökonomisch, untypisch, unbequem und eigensinnig ist. Sie tun es trotzdem, weil es für Sie stimmig ist. Sie können sich nur lieben, indem Sie diese Sache tun und indem Sie es auf Ihre Weise tun. Ihr Herz sagt Ihnen, was zu tun ist. Nicht das, was die anderen sagen.

Meine Mutter hat mir damals davon abgeraten, mich selbstständig zu machen. Sie liebt mich und darum gab Sie mir diesen Rat. Aber ist das mein Maßstab? Ich muss mir treu bleiben, nicht meiner Mutter. Darum habe ich mich trotzdem – entgegen ihrem Rat – selbstständig gemacht. Meine Liebe zu mir selbst war groß genug. Ich bin mir selbst treu geblieben. Der Punkt ist: Der andere hört ja nicht auf, Sie zu lieben, nur weil Sie sich treu bleiben. Ganz im Gegenteil! Heute sagt meine Mutter: Ich bin so stolz auf dich.

Fragen Sie sich: Für was würden Sie sich selbst lieben, wenn Sie es täten?

Wenn Sie das gefunden haben, dann haben Sie kein Schweinehundproblem, denn dann müssen Sie sich nicht mehr überwinden. Alles wird dann leicht. Egal, wie schwer es im Außen ist: Hier stehe ich und kann nicht anders.

Wenn sich Ihr Kopf sträubt und Sie ihn überzeugen wollen: Stellen Sie sich vor, worauf Sie später einmal stolz sein werden. Sehen Sie? Das ist Ihr Weg, sich selbst zu lieben!

Keine Abkürzung

„Geh, wohin dein Herz dich trägt!" – das klingt alles zuckersüß und sehr kalenderspruchmäßig. Das heißt aber eben nicht, dass plötzlich alles friedefreudeeierkuchen ist. Das Schlimme bleibt nämlich schlimm.

Schlimm kann etwas aus zwei Perspektiven sein. Die erste ist die, dass Sie selbst etwas als schlimm empfinden, egal was es ist. Die zweite ist die gesellschaftliche Definition des Schlimmen. Also etwas, das moralisch nicht in Ordnung ist, worüber gesellschaftlicher Konsens herrscht. In unseren Breitengraden gibt es zum Beispiel keinen öffentlichen Zweifel, dass Vergewaltigung oder Kindesmissbrauch schlimm ist.

Mir geht es hier um die erstere Bedeutung. Es ist nicht die Frage, ob das, was Ihnen passiert ist, gesellschaftlich anerkannt bzw. objektiv schlimm ist, sondern ob Sie es als schlimm empfinden. Wenn Ihnen etwas Brutales widerfährt, Sie zum Beispiel einen geliebten Menschen verlieren, dann ist das schlimm. Und es bleibt schlimm. Das ist nicht zu verändern.

Sie sollen bitte nicht anfangen, das irgendwie gut zu finden. Sie sollen es nicht schönreden. Sie sollen nicht anfangen, positiv zu denken. Nicht gleich das Gute im Schlechten suchen. Sie kommen da nicht so schnell raus!

Schauen Sie sich das Schlimme doch erst einmal genauer an. Nehmen Sie es doch erstmal richtig wahr. Das alles braucht Zeit, nehmen Sie sich die Zeit. Trauern gehört dazu. Sie müssen das doch alles erst einmal verarbeiten.

Sie können nicht gleich schauen, was es Ihnen bringt. Oder warum es gut ist, dass Ihnen Schlimmes widerfahren ist. Fragen Sie nicht zu früh nach dem Sinn, das macht Sie doch nur ganz verrückt. Das alles kommt mit der Zeit. Das dauert so lange, wie es dauert.

Vieles im Leben können wir einfach nicht ändern. Wir sind zwar für vieles verantwortlich, sogar für viel mehr als wir im Alltag so glauben, aber Sie haben eben nicht alles im Griff. Ein Krieg bricht aus, ein Tsunami fegt über die Küste, ein Mensch stirbt, ein Unternehmen geht Pleite, jemand wird Opfer einer Straftat … Das Gute darin sehen zu wollen bringt nicht weiter. Aber hadern auch nicht. „Warum trifft es gerade mich?" – Das ist keine weiterführende Frage.

Es können schlimme Dinge passieren, und ja, es werden schlimme Dinge passieren. Ganz ohne dass Sie daran schuld wären. Verantwortlich aber sind Sie trotzdem – nämlich dafür, wie Sie damit umgehen. Wie Sie mit dem Schlimmen umgehen, das zeigt Ihren wahren Charakter.

Ich weiß, das wollen Sie am Anfang noch gar nicht hören.

Aber wenn es schlimm genug ist, dann sind Sie irgendwann bereit auf Ihr Herz zu hören. Dann sind Sie bereit zu handeln. Wenn etwas sehr schlimm ist, dann erinnert Sie das an Ihre Tugenden. Dann entwickeln Sie ungeahnte Kräfte. Sie hatten gar nicht gewusst, dass Sie so stark sind! Menschen haben unglaubliche Kräfte, wenn es darauf ankommt! Die kommen von innen. Das ist die Kraft der Liebe.

Ich wünsche Ihnen, dass es nicht erst sehr schlimm werden muss, damit Sie in Ihre Kraft kommen oder Ihren Weg entdecken. Ich wünsche Ihnen von Herzen, dass Sie es früher schaffen!

Manchmal müssen wir einfach die Klappe halten

Ich sage Ihnen: Seien Sie mutig und gehen Sie neue Wege! – Aber das ist nicht ohne Risiko. Also kann Ihnen auch Schlimmes passieren. Es gibt keine Garantie, dass Ihnen nichts geschieht. So ist das Leben. Keiner hat gesagt, dass Sie sicher sind.

Schlimm ist aber nur schlimm – und nicht schlecht. Denn wer sagt denn, dass das Schlimme nicht gut ist für Ihre persönliche Entwicklung? Sie können das nicht wissen, darum können Sie auch nicht werten, ob das Schlimme schlecht oder gut ist. Oder ob es richtig oder falsch ist. Das alles ist nur relativ. Sicher ist: Das Schlimme sorgt dafür, dass hinterher alles anders ist als vorher: Sie entwickeln sich weiter.

Aber auch das ist nicht gut oder schlecht. Stellen Sie sich vor, ein Kind ist im Krieg gestorben und einer kommt daher und sagt: Es war gut und richtig. Es hatte einen Sinn. – Hallo? Derjenige gehört kräftig verprügelt!

Diese wertenden Kategorien sind reine Kopfgeburten. Das bringt alles nichts.

Genauso wenig bringen die moralischen Kategorien, die persönliche oder öffentliche Betroffenheit, der Zuspruch von anderen. Das lindert gar nichts. Wenn Ihnen etwas Schlimmes widerfährt, dann sind Sie damit so oder so alleine und müssen das mit sich ausmachen. Man kann nur mitfühlen, aber das Schlimme bleibt schlimm und ist nicht gut zu machen.

Was für Sie schlimm ist und was nicht, das ist Ihre Sache. Für mich ist zum Beispiel schlimm, wenn ich einen Vortrag verhunze. Oder meine Knieverletzung, die war schlimm für mich.

Damals sagte jemand zu mir: Ja, okay, dein Knie ist kaputt. Aber es gibt Leute, denen geht es schlechter.

Ja, und? Aber für mich war es in dem Moment schlimm! Was hilft mir so ein Satz? Dafür habe ich in dem Moment doch gar keinen Platz. Manche Leute finden es schlimm, wenn ihnen ihr Hummer unter der Gewalt ihrer Zange vom Tisch fliegt. Sie fühlen sich dann blamiert, sie empfinden die Situation als peinlich. – Werten Sie nicht!

Introvertierte Menschen werden rot und das ist ihnen peinlich. Sie finden das sehr schlimm. Wenn ich dann sagen würde: Was ist denn daran schlimm? – Das wäre dumm. Denn etwas riskieren, was einem peinlich werden könnte, wenn es schiefgeht, das ist immerhin mutig!

Manchmal müssen wir eben einfach unsere Klappe halten. Und wenn Sie etwas schlimm finden, dürfen Sie sich vertrauen: Ja, es ist wirklich schlimm.

Angemessen

Wenn also schlimm bleibt, was schlimm ist, was haben Sie dann gewonnen durch die ganze Krise?

Sie haben sich selbst gewonnen! Sie haben sich besser kennengelernt dadurch. Sie haben Ruhe gefunden, Sie haben Ihre Kraftquelle erschlossen und sind an Ihrem Problem gewachsen. Sie haben mehr Selbstwertgefühl und sind viel klarer als zuvor. Und Sie wissen nun, was zu tun ist. Sie können mit dem Schlimmen nun besser umgehen.

Ihre Chance ist, dass Sie nun tiefer eindringen ins Leben, vielleicht sogar Ihren Weg entdecken. Sie erkennen, welchen Anteil Sie selbst an den Ereignissen hatten und Sie können damit Frieden schließen.

Sie brauchen nichts schönreden. Ich habe empfindlich etwas gegen die Don't-worry-be-happy-Haltung. Positives Denken und allgemein positive Affirmationen sind zu oberflächlich, zu lebensfremd. Das Schlimme geht dadurch nämlich nicht weg. Wer eine echte Krise hat, der weiß, dass das alles nicht funktioniert. Positives Denken ist nur kurzfristiges Verdrängen. Eine momentane Erleichterung. Wie Niesen. Aber durch Niesen geht der Schnupfen nicht weg!

Ihre Chance besteht in der tiefen Auseinandersetzung mit sich selbst, nicht in der oberflächlichen Phrase. Was viel mehr hilft: das Schlimme anschauen und aushalten. Wenn Sie das schaffen, verwandelt es sich mit der Zeit. Es transformiert sich.

Beim nächsten Mal haben Sie andere Gedanken vom Schlimmen. Diese Arbeit lohnt sich! Das geht ein Leben lang so weiter, Sie sind mit dem Transformieren nie fertig, das ist wie beim Training. Es wirkt, solange Sie dranbleiben.

Meine Mutter rief mich eines Tages an: Mein Vater hatte einen Herzanfall. Der Notarzt war da und hatte ihn abgeholt. Das war für mich damals wirklich brutal. Ich fühlte einen Stich, wie wenn jemand mir ein Messer in den Körper gerammt hätte. Mein Körper schaltete hormonell sofort auf Extremsituation. Ich stieg wie ein Roboter ins Auto und fuhr die 15 Kilometer zu meinen Eltern. Über die Fahrt weiß ich heute nichts mehr. Ich weiß nur, ich habe die ganze Zeit geweint, die Knie haben mir geschlottert, mein Sichtfeld war eingeschränkt. Vermutlich bin ich zudem auch noch viel zu schnell gefahren. Ich gabelte meine Mutter auf und raste weiter ins Krankenhaus. Mein Körper war damals völlig außer Kontrolle. Es fühlte sich sehr, sehr schlimm an.

Wenn ich heute von einem Unfall höre oder davon, dass ein Mensch stirbt, ist das für mich genauso schlimm, aber anders als damals. Mein Körper hat das eingraviert und verarbeitet. Er gerät nicht mehr außer Kontrolle.

Neulich starb ein sehr geschätzter Ex-Kollege von mir. Eine Kollegin rief mich an und brach am Telefon zusammen. Es war schlimm. Aber meine körperlichen Reaktionen waren inzwischen andere. Ich blieb in meiner Kraft. Es ist, als ob mein Körper an den Ereignissen gewachsen wäre. Ich wurde im Laufe der Zeit schon oft mit Tod und Sterben konfrontiert. Unbewusst habe ich dadurch wohl gelernt, dass Tod und Sterben zum Leben dazugehören: Wer lebt, der stirbt auch. Ich bin reifer geworden. Nicht abgebrüht oder abgestumpft, im Gegenteil, sondern stärker. Ich kann schlimme Dinge jetzt so sein lassen und angemessener damit umgehen.

Genau das ist es, was ich Ihnen wünsche!

Kapitel 28

Tun Sie's!

„Handeln, handeln ist die Bestimmung des Menschen."

(Johann Gottlieb Fichte)

Was Sie tun sollen? – Na, endlich loslaufen! Fangen Sie an! Setzen Sie's um! Kommen Sie ins Handeln!

Schauen Sie zurück auf den Platz, an dem Sie standen und schauen Sie auf den Weg, den Sie von dort aus bis hierher zurückgelegt haben. Machen Sie sich klar, was Sie gelernt haben. Vergleichen Sie den Blickwinkel, er hat sich geändert.

Kommen Sie jetzt ins Tun. Sie haben alles, was Sie brauchen. Fragen Sie nicht, was noch fehlt. Suchen Sie nicht nach der perfekten Antwort. Lesen Sie kein anderes Buch, nur dieses hier ;-)

Ich habe ein paar konkrete Vorschläge für Sie. Als Erstes: Sagen Sie der Krise Danke!

Fangen Sie als Zweites einfach mit dem an, was zu tun ist. Damit meine ich nichts Hochtrabendes und nicht irgendwas, sondern das Erstbeste. Irgendetwas Konkretes wird schon anstehen. Sie wissen, was es ist. Wenn es ein Gespräch ist, führen Sie es jetzt! Wenn Sie eine Beziehung klären wollen – jetzt ist der richtige Moment! Wenn Sie sich um Ihren Körper kümmern wollen:

Jetzt! Wenn Sie sich mehr bewegen müssen, tun Sie's! Wenn Sie Schmerzen haben, gehen Sie zum Arzt! Wenn Ihre Finanzen nicht in Ordnung sind, setzen Sie sich hin und rechnen Sie! Wenn Sie in Ihrer Arbeit unglücklich oder unzufrieden sind, entscheiden Sie sich jetzt, ob Sie gehen oder bleiben! Wenn Sie bleiben wollen, entscheiden Sie, was Sie ändern wollen! Ändern Sie es! Wenn Sie nichts finden, das Sie ändern wollen, kündigen Sie eben doch!

Sie drehen jetzt bitte keine Ehrenrunden mehr. Genug davon!

Sie brauchen jetzt auch keine weiteren Ratschläge mehr. Wenn Sie das, was Sie entdeckt haben, nun umsetzen: Wer, bitteschön, soll Sie denn dann noch aufhalten?

Stehen Sie sich selbst nicht mehr im Weg rum! Machen Sie den Weg frei für sich selbst! Laden Sie Ihre Energiespeicher auf mit den Dingen, die Ihnen gut tun. Handeln Sie proaktiv, warten Sie nicht, bis irgendetwas mit Ihnen gemacht wird. Übernehmen Sie jetzt Verantwortung!

Die Krise war doch jetzt schon da. Sie ist nun nicht mehr nötig. Tun Sie mir einen Gefallen und hören Sie auf rumzueiern! Packen Sie es an. Tun Sie den ersten kleinen Schritt.

Und, bitte! Tun Sie nicht so, als ob Sie nicht wüssten, was jetzt zu tun ist!

Wenn in Ihrem Kopf jetzt eine Frage aufleuchtet wie etwa „Warum ich?" – dann lesen Sie dieses Buch bitte noch mal. Und zwar von vorne. Oder gehen Sie in Ihre nächste Krise. Womöglich brauchen Sie noch mal eine.

Wenn Sie sich fragen: „Wie denn?" – Dann ist die Antwort einfach: Leidenschaftlich. Mit Herz und Verstand. Mit Liebe. Aktiv, nicht reaktiv. Mutig. Begeistert. Mit Pioniergeist und Entdeckerfreude.

Drittens: Kommunizieren Sie! Teilen Sie sich mit!

Viertens: Geben Sie Ihr Bestes. Sie wissen jetzt, wie das geht. Und was passiert dann? Was wird sein? – Ich verspreche Ihnen nichts. Ich bin aber sicher: Sie werden Ihren maximalen Teil dazu beitragen, dass alles gut wird. So wie Sie es sich vorgestellt haben.

Ihre Wahrnehmung, wie Sie die Welt sehen, wird sich weiter verändern. Sie werden neue Themen in Ihr Leben ziehen. Andere Menschen werden Ihnen begegnen. Sie werden mit Situationen konfrontiert, die anders eingefärbt sind. Das Leben wird bunter werden.

Und noch was: Das Leben wird leichter werden! Aber die Aufgaben, die Herausforderungen, die Lebensprüfungen, die werden größer. Wenn es gut läuft, wird sich beides ausgleichen. Möglicherweise. Und dann: Stellen Sie sich! Öffnen Sie sich! Seien Sie bereit!

Das Leben geht weiter.

Epilog

Alles wird gut!

„The sun must set to rise.“

(Coldplay)

Sind Sie wach?

Guten Morgen!

Das war eine lange Nacht! Geht's Ihnen jetzt wieder besser?

Sehen Sie? Ich sagte doch: Alles wird gut!

Warten Sie, ich mache das Fenster auf. Oh, ich glaube, die Sonne kommt raus. Lassen wir die frische Luft rein!

Dank!

Danke sagen ist immer ein schöner, aber auch ein schwieriger Moment: Ich will ja auf keinen Fall jemanden vergessen – nur: das ist unmöglich zu schaffen. Denn wie soll ich allen Menschen Danke sagen, denen ich im Leben begegnet bin?

Zunächst möchte ich meinem Buchberater Oliver Gorus und seinem Team herzlich danken. Dann danke ich meinem Verlag. Insbesondere Frau Nentwig, meiner Projektleiterin. Ich bin außerdem allen Teilnehmern und Coachees dankbar und allen Menschen, denen ich im Rahmen meiner Arbeit begegnet bin. Dann möchte ich meiner Mutter und meinem Vater danken. Ich liebe euch und bin froh, dass ich euch beide habe! Es ist schwierig zu schreiben, was ich in diesem Moment fühle.

Ich danke der tollsten Frau meines Lebens: meiner Frau. Ich liebe dich. Du bist etwas ganz Besonderes. Vor allem liebe ich Deine tiefe Loyalität mir gegenüber und ich danke dir von tiefstem Herzen, dass Du mich so lässt, wie ich bin und dass du mir genügend Raum gibst, mein Leben so zu leben, wie ich es gerne leben will. Du gibst mir den nötigen Freiraum zu wachsen und hast die innere Kraft, mir zu sagen, wann es dir zu viel wird.

Danke euch, liebe „Frankenweg-Oma" und „Frankenweg-Opa" und „Bären-Oma", Vicky und Bessy – ihr hört mich, wo immer ihr jetzt seid.

Danke den Stammgästen unseres früheren Gasthauses. Vor allem danke ich euch, liebe Christl und lieber Wolfgang. Ihr habt mich in meinem Leben immer begleitet und dafür bin ich sehr dankbar. Ich werde euch das nie vergessen. Danke dir, lieber Armin. Du hast immer gut auf mich aufgepasst. Danke auch an meine besondere Familie und Verwandtschaft. Ich bin stolz, ein „Reutter" zu sein. Danke, liebe Tante Margreth – Tante Emma rockt! Danke, Jürgen,

Klaus. Danke an Andi und Tom – Wir waren die Helden! Danke, Bruderherz. Danke an Birgit und Tina. Und danke Dir, Jochen R., für Deine langjährige Freundschaft. Danke an meine Jettinger Kumpels und Begleiter, an den VfL Oberjettingen, den VfB Stuttgart – ich habe sehr viel für mein Leben gelernt. Danke, Helmut Gross, Frieder Schrof, Wolfgang Geiger, Wolfgang Krötz, Michael H., Ralf Rangnick, Uli und Eugen. Danke an den württembergischen Fußballverband, insbesondere Thomas Albeck und Wolfgang Kopp. Danke an den DFB, insbesondere Rainer Bonhof.

Danke dem Schwäbischen Skiverband und allen Begleitern der Inline-Slalom-Zeit. Danke an die Skischule VfL Nagold, den TSV Musberg und meinen Lehrteammitgliedern und Skilehrerbegleitern. Danke, Mario, Jochen und Jochen, Volker, Klaus, Sven F., Bernd K., Carsten P., Marc, Martin K. – du bist der beste Skifahrer, den ich kenne. Danke, Nici, Stefan, Tobi, Gerdi und Familie Brodbeck. Danke liebe SV Kollegen und Freunde. Einige Namen möchte ich gerne aufzählen: Tina, Heike, Marion, Gisela, Alexandra, Gitte, Holger, German, Andrea, Uli, Sabine, Meli, Sigi, Micha, Steffen, Eugen, Armin, Timo und Alex. Danke auch an meine Schulungskollegen aus meiner angestellten Trainerzeit: Holger, Thorsten, Andi, Thomas, Philip, Christina, Tanja, Steffi, Dennis, Dirk, Peter.

Danke, Jürgen S., für den neuen „Berg". Danke an Dich, Katy, für unsere sehr intensive und unvergessliche Zeit. Danke an alle Ärzte, die mich operiert haben. Danke, Willem und Moni, Bine, Ali, Karle, Michi, Frank, Dieter, Günter und Susi.

Ich möchte auch meinen Clubkollegen vom Club 55 herzlich danken. Danke, dass Ihr mich so toll aufgenommen habt. Auch wenn ich euch nicht alle explizit erwähnt habe: Danke an all meine Freunde! Es ist sehr schön, dass es euch gibt!

Und: Alles wird gut. Immer!

Über den Autor

Stefan Reutter ist Redner, Coach und Autor. Aber als junger Kerl wollte er Profifußballer werden. Als Jugendnationalspieler spielte er internationale Turniere und bei seinem Verein, dem VfB Stuttgart, stand er kurz vor seinem großen Karriereschritt in die Bundesliga – da zog er sich eine schlimme Knieverletzung zu, die nie wieder ganz verheilte. Er schaffte es nicht mehr zurück in den Leistungssport.

Zum Glück hatte er noch andere Talente, zum Beispiel die Gabe des Redens. Er begann ganz von vorn und lernte und entwickelte von der Pike auf sein neues Handwerk. Zuerst als Kaufmann und Verkäufer, dann als Trainer von Kaufleuten und Verkäufern, dann als Moderator und Redner. Bei seinem Publikum ist er bekannt für seine fantasievolle und prägnante Sprache und seine beeindruckende Bühnenpräsenz.

Stefan Reutter ist ein Toptalent der deutschsprachigen Rednerszene. Er ist Mitglied in der German Speakers Association und im Trainer-Verband BDVT. Jüngst wurde er in den Club 55 aufgenommen, der exklusiven europäischen Expertengemeinschaft in Marketing und Sales, in der man nur per Einladung Mitglied werden kann.

www.stefanreutter.de

Diamond Approach

Lebendige Beziehung Glücksprinzip

Spirituelle Romane Stille und Meditation Zen

Persönlichkeitsentwicklung inspire!

Integral **jkamphausen** Alter & Übergang

Kommunikation Einheitserfahrung

Naikan Psychologie

TM Advaita neues Denken & Handeln

Transzendenz & Bewusstsein

Mit Liebe fürs Detail und für die Umwelt

Bei der Auswahl der Inhalte, die wir präsentieren, achten
wir auf Originalität, Kompetenz, Praxisrelevanz und Qualität.
So können wir mit Herz und Seele hinter unseren Büchern,
Hörbüchern, Filmen und den anderen Produkten stehen,
die wir mit viel Liebe und Aufmerksamkeit bis ins letzte
Detail fertigen.

Wir leisten einen aktiven Beitrag zum Umweltschutz
und verbrauchen nur wirklich notwendige Ressourcen —
so sparsam wie möglich. Wir drucken überwiegend auf 100%
Recyclingpapier oder produzieren unsere Titel klimaneutral.
99% unserer Fertigung findet in Deutschland statt, so haben
wir kurze Transportwege und unterstützen die lokale
Wirtschaft.

Inspirationen, interessante und wertvolle Neuigkeiten,
Wahres, Schönes & Gutes sowie wichtige Termine
können Sie regelmäßig in unserem Newsletter erfahren
oder hier: **www.facebook.com/weltinnenraum**

weltinnenraum.de

J.Kamphausen | Mediengruppe